Francesca Segal • Ein sonderbares Alter

Francesca Segal

Ein sonderbares Alter

Roman

Aus dem Englischen
von Anna-Nina Kroll

KEIN & ABER
POCKET

Ebenfalls von Francesca Segal:
Die Arglosen

Das Gedicht auf S. 5 ist ein von Anna-Nina Kroll übersetzter Auszug aus:
Anne Stevenson, »Poem for a Daughter«. In: *Poems 1955–2005*, Bloodaxe Books 2005

Die Originalausgabe erschien 2017 unter dem Titel
The Awkward Age bei Chatto & Windus, London

Coverbild: Kirk Demarais
Satz: Dörlemann Satz, Lemförde
Druck und Bindung: CPI – Ebner & Spiegel, Ulm
ISBN 978-3-0369-5984-9
Auch als eBook erhältlich

www.keinundaber.ch

Wozu braucht eine Mutter eine Tochter?
Dorn im Herzen, Zukunftsfessel,
Freiheitsende. Doch ist nichts größer als
der heulend klingenscharfe Schrei,
der einem Kind die Mutter gibt.
Das Blutband reißt, das sie
zusammenhielt. Das Kind,
klein und hilflos, gebiert die Mutter.

Das Leben einer Frau gehört ihr selbst,
bis es genommen wird
von diesem ersten, unverwechselbaren Schrei.
Dann ist nicht mehr nur sie,
dann ist sie Teil des Ganzen,
von allem, was es gibt:
von Ära, Stamm und Krieg.

– *Anne Stevenson*

TEIL I

1

Die Teenager würden wieder alles kaputt machen. Zumindest versuchten sie es immer. Abgesehen von ihrer gegenseitigen Abneigung war es das Einzige, was Gwen und Nathan gleichermaßen antrieb. Heute Morgen hatte Julia bei dem Gedanken daran, ihre Tochter zu wecken, ein besonders ungutes Gefühl.

Sie würden alle zusammen in die USA reisen. Das Ziel war James' Heimatstadt Boston, die Julia sich schon ausmalte, seit sie James kennengelernt hatte. Sie hatten sich eine gemeinsame Zukunft versprochen, aber nun machte seine Vergangenheit sie neugierig. Sie würde ihn nie als jungen Mann erleben, und Boston kennenzulernen schien ihr das Nächstbeste – ein Notbehelf für die unmöglich aufzuholende Zeit, in der sie ihn noch nicht gekannt hatte. Sie wollte die Orte sehen, die ihn geformt hatten. Sie wollte nach Harvard, wo er seinen Abschluss gemacht hatte, Arzt, Ehemann und Vater geworden war, wo er vom jugendlichen Niemand zu dem allseits geschätzten Erwachsenen geworden war, der jetzt neben ihr auf dem Bauch lag und gleichmäßig in sein Kissen atmete, und das in ihrem Bett unter dem Dach des gemeinsamen Zuhauses, eines schmalen viktorianischen Reihenhauses in Gospel Oak, London. Sie freute sich auf Boston. Andererseits bedeutete dieser Urlaub auch drei intensive Tage mit Nathan, der zweifellos jede Chance nutzen würde, sie mit beiläufigen Anekdoten über die glücklichen Tage zu quälen, in denen seine Eltern noch verheiratet gewesen waren. Wobei Julias Tochter Gwen es ihnen sicher noch schwerer machen würde. So war es zumindest bislang immer gewesen.

James wachte auf, lächelte Julia verschlafen an und legte einen Arm um ihre Taille. Er zog sie zu sich und brummte etwas in ihr Haar, ein muskulöser Schenkel klappte warm und marmorschwer auf ihren, und sie war festgenagelt.

»Das Taxi ist in einer Stunde hier, wir müssen die Kinder wecken. Und der Hund muss noch mal raus.«

Er schloss die Augen und schüttelte den Kopf. »Lass die Kinder ohne uns fahren, wir bleiben hier. Das würde den Nervensägen recht geschehen.«

Wie aufs Stichwort ertönte aus der Etage unter ihnen ein dröhnender Bass – zu dieser und auch jeder anderen Uhrzeit viel zu laut für ein Reihenhaus. Nathan war wach. Wenn er sonst übers Wochenende aus dem Internat in Westminster kam, war er meist nicht aus den Federn zu bekommen, aber wenn es nach Boston ging – und hinaus aus ihrem Haus, vermutete Julia –, hüpfte er vor dem ersten Sonnenstrahl aus dem Bett. Gwens lautstarke Beschwerde, die sie mit schlafschwerer Zunge vorbrachte, ließ nicht lange auf sich warten. Und weil so frühmorgens schon so viele Menschen wach waren, fing auch Mole freudig an zu bellen. »Mach den Scheiß aus!«, war das Letzte, was sie hörten, bevor Nathan die Lautstärke noch weiter aufdrehte.

»Wann werden die beiden endlich nett zueinander sein?«

James hatte sich aus dem Bett gelehnt und angelte nach dem T-Shirt vom Vortag. »Wahrscheinlich nie«, sagte er gelassen. »Aber bald sind wir sie los. College. Wehrdienst. Wir verkaufen sie einfach ans Militär.« Als keine Reaktion kam, setzte er sich auf und sagte sanfter: »Gib ihnen Zeit, sie müssen sich aneinander gewöhnen. Das ist schließlich eine ganz schöne Umstellung.«

»Aber Saskia kann sich doch auch benehmen. Warum ist deine Tochter ein Engel und meine so ein Albtraum?«

»Saskia muss ja auch nicht hier wohnen«, wandte James ein. Er schielte auf seine Uhr. »Das Taxi kommt erst in anderthalb Stunden. Hab ich noch Zeit, laufen zu gehen?«

Er stand jetzt neben ihr, reckte sich und gähnte, und Julia hielt inne und betrachtete ihn. Es war schon erstaunlich, dass dieser Mann das Bett mit ihr teilte. Er hatte eine massive, sehr ansehnliche Brust und war mit seinen fünfundfünfzig Jahren noch immer überwiegend blond – er war groß und kantig, wie es nur Amerikaner sein konnten. In ihrer englischen Fantasie sah sie ihn mit einem Strohhalm zwischen den weißen Zähnen in Latzhose auf einem Traktor sitzen oder unterwegs zum Training auf dem sonnengebleichten Baseballfeld klischeehaft die Kappe heben. Die Reise in die USA würde ihr Fantasiebild korrigieren – dass er in Wirklichkeit jüdischer Gynäkologe aus einem Arbeiterviertel Bostons war, bliebe wohl ein wunderbar unlogischer Kontrast. Im OP-Kittel wirkte er übergroß und irgendwie bedrohlich. Er rettete Frauenleben. Und Julias Leben rettete er jeden Tag.

Als James in ihr Leben trat, hatten Julia und Gwen bereits fünf Jahre lang alleine gelebt – Mutter und Tochter wie Geiseln, die lange gefangen gehalten worden waren. Er hatte Klavierstunden bei ihr genommen, und ihr war irgendwann klar geworden, dass sich ihre Woche mehr und mehr um diese gemeinsame Zeit zu drehen begonnen hatte. Er besaß einen lässigen Charme und brachte sie zum Lachen. Unter zahlreichen Vorbehalten hatte sie sich schließlich auf eine Verabredung zum Kaffee eingelassen, bei der es vorgeblich um seinen musikalischen Fortschritt gehen sollte (der trotz seiner Hartnäckigkeit dürftig war). Bei ihrem ersten richtigen Date, das zeitlich auf Gwens Erdkunde-Exkursion nach Keswick fiel, hatte Julia verkrampft dagesessen, wenig gesprochen, dabei allerdings jede Menge Rotwein getrunken und sich schließlich im Taxi nach Hause mit erschreckendem, eruptivem Hunger auf James gestürzt. Die ersten ehrlichen, zwanglosen Worte hatte sie verkatert und beschämt am nächsten Morgen mit ihm gewechselt. Ein echtes englisches Date, wie früher. Auf James' Seite festigte die Geschwindigkeit, mit der das Ganze geschah, seine Überzeugung, dass sie füreinander bestimmt seien. Und das waren sie wirklich. Er war all das, was sie sich niemals zu träumen gewagt hatte.

Gwen war James bis zu diesem Zeitpunkt höflich aus dem Weg gegangen, wenn er einmal die Woche zu seiner Stunde kam – ein weiterer Schüler ihrer Mutter, der mit Chopins *Nocturnes* und mittelmäßiger Handspanne in das Musikzimmer im ersten Stock tappte, doch über Nacht war er ihr Todfeind geworden, Rivale bis aufs Blut, erbitterter Gegner ihres Vaters und ihrer selbst. Einen Elternteil hatte Gwen bereits verloren, und ihre Mutter würde sie nicht kampflos hergeben. Julia fürchtete Gwen, und sie fürchtete *um* sie. Nie zuvor hatte sie den Wutausbrüchen ihrer Tochter standgehalten. Doch ganz ohne Absicht hatte sie nun eine neue Kraftquelle aufgetan: Sie hatte sich verliebt. Trotz aller Hindernisse brachte James die Sonne zurück in ihr Leben, und inzwischen regte sich in ihr sogar die zarte Hoffnung, mit seiner Unterstützung auch die Wunden ihrer Tochter heilen zu können. Diese neue Beziehung war ganz anders als ihre Ehe, und dafür war sie dankbar. Das machte es einfacher, in ihrem Herzen, das so lange Zeit nur Gwen gehört hatte, Platz für James zu finden. Er ermutigte Julia, sich zurückzulehnen, seine Liebe als selbstverständlich anzunehmen und an ein gemeinsames Älterwerden zu glauben, aber so weit war sie noch nicht. Sie befürchtete, ein solcher verschwenderischer Hochmut könne dieses Glück gefährden. Das Glück war eine flüchtige Sternenkonstellation, ein Sonnenstrahl, der flammendes Gold aufs Wasser zauberte, bevor Wolken aufzogen. Für Julia war das Leben eine Aneinanderreihung von Katastrophen. Sie wartete nur darauf, dass das Klavier herabstürzte, der Tornado losfegte, aber in der Zwischenzeit freute und erschreckte sie ihre eigene echte Zufriedenheit. Wenn Gwen diese Zufriedenheit nur nicht so gehasst hätte.

Als Julia in die Küche kam, traf sie dort auf beide Kinder, noch in Pyjamas, die sich in gewohnter Manier ignorierten. Nathan schaufelte sich am Herd Porridge in den Mund und starrte so interessiert in den offen stehenden Kühlschrank, als würde er fernsehen. Seine Frisur war noch nicht gemacht, und die braunen Haare über den dunklen Brauen und den milchigen, durch übertriebenes Rasieren irritierten Wangen standen ihm wie elektrisch aufgeladen vom Kopf ab. In Kürze würde er für beträchtliche Zeit das Badezimmer in Beschlag nehmen. Julia hatte sich noch nicht daran gewöhnt, dass der Junge ein derart gesteigertes Interesse an seinem Aussehen und dessen Pflege hatte, Gwen stellte er damit locker in den Schatten. Ein paar Tage zuvor hatte sie ihn ausgestreckt auf dem Sofa gefunden, wo seine Freundin seine Augenbrauen erst mit Eiswürfeln behandelte und sie dann zupfte. Er hatte Julia nur selbstgefällig und ohne jedes Schamgefühl zugewinkt.

Gwen lag auf dem Fliesenboden, streichelte eins der seidig schwarzen Ohren ihres Labradors und flüsterte Entschuldigungen für die bevorstehenden Unannehmlichkeiten hinein. Moles Antwort war ein breites Gähnen, das den Blick auf seine schwarzen Wachslippen und die lange, geschwungene rosa Zunge freigab. Das begriff Gwen als Beendigung ihres Gesprächs und stand auf. Sie war größer als ihre Mutter und auch größer als Nathan. Sie hatte die befremdlichen, hageren Proportionen eines Models, das war Julia bewusst, aber sie hoffte inständig, dass Gwen dieser Gedanke niemals kommen würde. So oder so bewegte sie sich noch mit einer ungelenken, schlaksigen Tollpatschigkeit. Wohlwollend hätte man annehmen können, sie müsste sich nur erst an ihre Körpergröße gewöhnen, aber sie war bereits seit ihrem dreizehnten Lebensjahr fast eins achtzig groß – seit drei Jahren also –, und noch immer lief sie vor Wände, stolperte über unsichtbare Gegenstände und stieß sich die Knie unterm Tisch. Die üppigen roten Locken hatte sie auf dem Kopf aufgetürmt und den dicken Haarknoten mit einem schwarz-gelb gestreiften Bleistift fixiert. Sie beugte sich vor, um sich energisch die Hose abzuklopfen, wobei ihr die Brille von der Nase rutschte, die sie nun mit dem Fingerknöchel wieder hinaufschob.

»Muss das sein?«

»Muss *was* sein?«

»Liebling, du verteilst die Hundehaare in der ganzen Küche.«

Gwen fegte ein letztes Mal mit der Hand über ihre Schlafanzughose. »Ich kann doch nichts dafür, dass Mole so haart. Ach! Hör mal, ich hab meine schwarze Jeans wiedergefunden. Sie war – ta-da! – in meiner Schultasche. Das Rätsel ist gelöst.«

Hinter ihr hatte Nathan angefangen, leise und schief *Yankee Doodle* zu pfeifen. Julia hielt den Wasserkocher unter den Hahn und gab sich für ein paar Sekunden Träumereien von Kaffee und Stille hin. »Guten Morgen, Nathan«, sagte sie schließlich in seine Richtung. Dann, an Gwen gewandt: »Hast du das ganze Hundezeug für Opa zusammen?«

Gwen deutete mit dem Kopf in Richtung Flur. »Die große Tüte an der Tür. Er hat gesagt, wir müssen nur Futter und Medikamente mitbringen, Näpfe hat er selbst.«

Nathan stierte noch immer in den Kühlschrank. Feuchtkalte, teure Luft wehte zu Julia herüber. Schließlich nahm er ein Schälchen Himbeeren heraus, die er einzeln in den Topf mit dem übrigen Porridge warf, das inzwischen auf dem Herd überkochte. Julia wandte den Blick ab. Sie war gestern erst spät im Bett gewesen, weil sie die Küche vor der Abreise noch hatte putzen wollen.

»Porridge?«, bot er an und hielt ihr den Topf hin.

»Nein, danke.«

»Ich nehme vielleicht welches«, sagte Gwen, die ihn nun, da ihre Mutter anwesend war, direkt ansprechen konnte. »Aber Himbeeren muss man doch vorher waschen, die sind voll mit irgendwelchem Zeug.«

»Dann solltest du das Risiko lieber nicht eingehen«, sagte Nathan und kippte den gesamten Topfinhalt in seine eigene Schale. Er kratzte den Topf aus und stellte ihn leer und angebrannt zurück auf den Herd. Die Methoden variierten, aber unterm Strich waren beide Kinder gleich gemein zueinander. James hatte Julia versichert, es würde ihnen nicht schaden, das untereinander auszufechten. Insgeheim tendierte sie jedoch dazu, Nathan die Schuld zu geben – ständig provozierte er.

Julia nippte am brühend heißen Kaffee und ging ihre Liste noch einmal durch. Die Fenster waren alle zu, sie hatte den Müll hinausgebracht, aber die Kinder würden weiteren produzieren, die Heizung musste heruntergeregelt werden. James würde das sicher gern für sie erledigen, wenn er nach Hause kam, aber sie hatte sich daran gewöhnt, allein für den Haushalt verantwortlich zu sein, und wollte das Schicksal nicht herausfordern, indem sie sich auf ihn verließ. Sie traten die Reise also tatsächlich an, und sehr bald würde sich herausstellen, wie gut die Idee zu diesem Familienausflug wirklich gewesen war.

Nathan holte ein Schneidebrettchen aus dem Schrank und verkündete, er werde nun ein Gemüseomelett zubereiten, was er zwar noch nie gemacht habe, aber so schwer könne das ja nicht sein. Es sei wichtig, eine Reise gut gestärkt anzutreten. Und schon stand er wieder im Kühlschrank, holte Eier, Butter, Milch, Tomaten, Zucchini und das gesamte Käsefach heraus, das, wie Julia wusste, einmal herausgenommen, beinahe unmöglich wieder in seine Plastikführung zurückzuschieben war. Wäre James da gewesen, hätte er der Sache ein entschiedenes Ende gesetzt, denn Nathan würde auf dem Weg von Gospel Oak zum Flughafen sicher nicht verhungern und hatte außerdem noch nicht gepackt. Aber James war noch nicht von seiner Joggingrunde zurück, und Julia hatte es bisher bewusst vermieden, seinen Sohn erziehen oder ihm auch nur Ratschläge erteilen zu wollen. Sie sah auf die Uhr. Die Zeit rannte, und sie mussten den Hund noch bei Philip absetzen.

2

Das Zusammenleben war noch ungewohnt. Das Haus im Queen's Crescent war schon vor Gwens Geburt Julias Zuhause gewesen. Daniel und sie hatten es gekauft, als sie hochschwanger gewesen war. Mondgesichtig und schwerfällig packte sie Umzugskartons aus und half Daniel dabei, das Kinderzimmer in blassem Hellgrün und kräftigeren Mint-Tönen zu streichen, ein grasfarbener Hintergrund, vor dem ihre zierliche, rotgesichtige Tochter mit dem orangen Haar später wie ein rabiater, schlafloser Kobold wirkte, in gleichem Maße fordernd und bezaubernd. Als Daniel vor fünf Jahren gestorben war – innerhalb von sechs Monaten war er dem aggressiven Lebertumor erlegen, den er schon einmal, vor langer Zeit, mit solch irreführender Leichtigkeit besiegt hatte –, hatte sie sich nicht dazu durchringen können, auszuziehen. Queen's Crescent war der Ort, an dem Daniel war, oder eben gerade nicht, doch diese greifbare Abwesenheit war alles, was Gwen und sie noch von ihm hatten. Zu ihrer verbitterten und vom Leben enttäuschten Mutter hatte Julia keinen Kontakt mehr, aber Daniels Eltern, Philip und Iris Alden, hatten ihr seit Daniels Tod immer wieder unter die Arme gegriffen. Was sie von den neuesten Entwicklungen hielten, war eine Frage, die Julia umtrieb. Kam die Sprache auf James, reagierten sie stets höflich und wohlwollend. Iris hatte schon länger angedeutet, angeregt, verlangt, Julia solle »einen Schlussstrich ziehen«. Es sei ungesund für Julia und Gwen, in so enger, innerer Symbiose zu leben, und beide bräuchten nun aus unterschiedlichen, aber gleichermaßen berechtigten Gründen einen Mann im Haus. Doch »einen Schlussstrich ziehen« war abstrakt, wohingegen »zusammenziehen« sehr konkret war. Julia hatte James sogar über Philip kennengelernt, der sich auf einer Neonatologie-Tagung mit ihm angefreundet hatte. Eigentlich hätte diese Tatsache ihr Gewissen erleichtern müssen, doch das tat sie nicht, schließlich hatte Philip sie als Klavierlehrerin empfohlen, nicht als Lebensgefährtin. Wenn sie die Zeit fand, machte Julia sich neben allem anderen auch noch um ihre Schwiegereltern Gedanken.

Mit fünf Koffern, diversen Kisten teuren Rotweins, zwölf Bücherkartons (der Inhalt bestand zum größten Teil aus US-Taschenbuchausgaben der Werke, die bereits in ihrem Regal standen), einer edlen Musikanlage mit frei stehenden Boxen und einer gepflegten amerikanischen Kaffeemaschine hatten James Fuller und sein Sohn Nathan eines Nachmittags im weichen, goldenen Licht und der Wärme des beginnenden Septembers vor der Tür gestanden, und in den seitdem vergangenen elf Wochen war die Luft im Haus vor Anspannung und Groll fast schneidbar gewesen. Gwen war von Natur aus nicht in der Lage, Hass und Kummer zu verbergen; Nathan, ein Jahr älter und schon etwas reifer, war genauso unglücklich mit der Situation, hätte dies jedoch nie offen zugegeben und verhielt sich Julia gegenüber daher spürbar gönnerhaft.

Wenn er mit Gwen allein war, ignorierte er sie meist, wenn er sie nicht lustlos piesackte, ihre Grammatik korrigierte oder sich über ihren Blog lustig machte, auf dem sie Schlüsselszenen ihrer Woche mit Miniaturknetmännchen nachstellte, die in sorgfältig ausstaffierten Schuhkarton-Kulissen auftraten. James' Stellvertreter war ein Darth Vader mit schwarzem Helm, unheilvoll und zerstörerisch. Nathan trat stets Händchen haltend mit seiner Freundin Valentina auf, einer aparten, herrischen kleinen Elfe, die Dauerübernachtungsgast war, wenn er übers Wochenende aus dem Internat kam. Gwen hatte Valentina zwar attraktiv dargestellt, das seidig blonde Haar und die üppige Brust naturgetreu nachgeformt, doch erschien das Paar ewig im Partnerlook und trug Sonnenbrille, selbst drinnen und selbst im Dunkeln. Ein raffinierter Schachzug, der den beiden einen Hauch Lächerlichkeit verlieh. Julia, Philip und Iris nutzten den Blog als Indikator für Gwens aktuelle Stimmung. Einst fröhlich und heiter, war diese ausnahmslos verzweifelt, seit ihre Mutter sich in Darth Vader verliebt hatte.

»Ich wollte euch nur *bon voyage* wünschen, Liebes.«

Julia klemmte sich das Telefon zwischen Ohr und Schulter und kämpfte weiter mit dem Reißverschluss ihrer Reisetasche. Selbstsicher, durch nichts aus der

Ruhe zu bringen und herrisch auf jene herabschauend, die keins von beidem waren, hatte Iris einen unfehlbaren Riecher für die chaotischsten Momente in Julias Leben.

»Danke. Diese *voyage* könnte allerdings ein bisschen stressig werden, wir sollten längst unterwegs sein. Es ist, als würden wir für einen ganzen Monat verreisen.«

»Unter den gegebenen Umständen kommen einem die drei Tage vielleicht wirklich wie ein Monat vor. Hast du ein wenig Zeit für dich und Dings eingeplant, *à deux*? Etwas Luft zum Durchatmen?«

»Nein, ich glaube, das können wir diesmal nicht machen. Das wäre den Kindern gegenüber nicht fair.«

Nach einer bedeutungsschweren Pause bemerkte Iris trocken: »Mit Säuglingen zu verreisen kann ja so anstrengend sein.«

»Iris!« Julia versuchte noch einmal, den Reißverschluss zuzuziehen, der endlich mühelos bis ans Ende glitt und dabei mehrere feine Fäden ihres Lieblingsschals fraß. Sie senkte die Stimme zu einem Flüstern. »Ich habe mir zu Herzen genommen, was du gesagt hast. Ich versuche ja, Gwen wie eine Erwachsene zu behandeln, doch das Wochenende wird sicher schwierig für sie –«

»Es wird sicher auch schwierig für dich. Aber so weit ich unterrichtet bin, wolltet ihr Spaß haben.«

»Das werden wir auch.«

»Ich bitte darum. Kein Märtyrertum da drüben, das gehört sich nicht. Amerikaner glauben auch nicht an so was. Lass dich vom amerikanischen Geist anstecken. Sei tapfer und ehrgeizig.«

Julia versprach, sich Mühe zu geben, allerdings gehörten Tapferkeit und Ehrgeiz nicht zu ihren Stärken. Sie kippte die restliche Milch in den Ausguss und suchte um sich blickend die Küche nach anderen Dingen ab, die innerhalb von drei Tagen verderben würden. Als es an der Tür klingelte, war sie gerade dabei, mit Küchenreiniger den Herd einzusprühen, auf dem die Spritzer von Nathans Porridge bereits steinhart geworden waren, und parallel dem Bericht von Iris' letzter Reise in die USA und einer Aufführung von *Indian Ink* am Broadway zu lauschen. Julia sei prädestiniert für einen Besuch des Boston Symphony Orchestra, und Dings möge Musik doch auch, oder nicht? Ob sie sich denn bestimmt nicht davonstehlen könnten? Und ob sie nicht auch der Meinung sei, sie habe sich das verdient?

»O Gott, tut mir leid. Das Taxi ist da. Ich muss auflegen. Ach, Moment! Iris?«

»Ja, ich bin noch da.«

»Bist du sicher, dass Philip das mit dem Hund schafft? Ich weiß, wie sehr er ihn liebt, aber Mole ist so groß …«

»Philip Alden wird das schon hinbekommen. Ein bisschen Bewegung tut seinen Knien gut, und außerdem droht er ohnehin dauernd damit, sich einen Streuner aus dem Tierheim zu holen. Du weißt doch, wie sehr er alles auf vier Pfoten liebt. Die zwei alten Knacker werden sich prächtig verstehen.«

Julia biss sich auf die Lippe. Bilder tauchten vor ihren Augen auf: wie der Hund einem der frechen Londoner Eichhörnchen hinterherjagte, den schwerfälligen Philip auf den Gehweg riss, gebrochene Rippen, Lungenentzündung, Tod. Sie verdrängte die Vorstellung. Mole hatte sich seit Jahren nicht mehr losgerissen, und sein grauer Star ließ ihn ganze Möbelstücke übersehen, es war also unwahrscheinlich, dass er ein Eichhörnchen ins Visier nehmen konnte. Zudem hielt seine Arthritis locker mit der von Philip mit.

Julia konzentrierte sich jetzt auf das Thermostat der Heizung. Es hatte eine Urlaubseinstellung, da war sie sicher. Wahllos und ohne große Hoffnung drückte sie irgendwelche Knöpfe. Iris interpretierte ihr Schweigen anders.

»Du willst, dass ich ihn nehme, wenn es nicht klappt. Julia, das Tier stinkt zum Himmel! Fünfzig Jahre lang habe ich kein stinkendes Viech in mein geliebtes Heim gelassen.«

»Nur, wenn irgendwas schiefgeht. Wenn Philip nicht mehr kann.«

»Es wird schon nichts schiefgehen. Aber gut, wenn es dich beruhigt: Ich nehme ihn, falls es mir notwendig erscheint. Und jetzt los, genieß die Zeit. Und lass dich nicht von der Exfrau einschüchtern. Denk dran, es gibt Gründe dafür, dass sie die Ex ist.«

James war hereingekommen und bedeutete ihr, er bringe jetzt ihr Gepäck zum wartenden Taxi.

»Mhm, dazu kann ich gerade nichts sagen.«

»Wie subtil, Liebes. Na dann, *bon voyage* und *bonne chance*. Und in Gottes Namen, habt ein bisschen *Spaß*.«

»Danke. Alles Gute, Iris, danke.«

Von oben rief Gwen: »Ist das Omi? Kann ich mit ihr sprechen?«

»Das Taxi wartet! Tut mir leid, Iris, Sekunde, Gwen ruft nach mir –« Mutter und Tochter trafen sich im Flur, und Gwen, noch immer ohne Schuhe an den Füßen, streckte die Hand nach dem Telefon aus. Die Haare hatte sie zu einem dicken, tropfenden Zopf geflochten, aus dem ein Kranz aus gold- und kupferfarben schimmernden trocknenden Locken hervorsprang. Sie hatte drei Packungen Polymerknete in der Hand, weiß, kirschrot und pfauenblau. Nathan kam die Treppe heruntergedonnert, riss den Garderobenschrank auf und fing an, Sachen herauszuwerfen wie ein grabender Hund. Der Haufen aus Mützen, Handschuhen und Schals hinter ihm wurde immer größer.

»Mum, sind das wohl Flüssigkeiten? Kann ich die mit ins Handgepäck nehmen?«

»Zieh dir bitte die Schuhe an, Gwen. Iris, tut mir leid. Ich melde mich, wenn wir wieder da sind.« Obwohl er mit dem Kopf tief zwischen Mänteln steckte, hörte sie Nathan murmeln: »Ist ja wohl recht eindeutig, dass das keine Flüssigkeiten sind, wenn man mal drüber nachdenkt, dass sie fest sind.« Es würde ein langes Wochenende werden. »Hab ihn!«, rief er schließlich triumphierend und verschwand samt gefundenem Schal nach draußen zu dem wartenden Wagen.

Gwen legte ihr spitzes kleines Kinn auf die Schulter ihrer Mutter und brüllte: »Ich rufe dich vom Flughafen aus an, Omi! Hab dich lieb!«, drückte ihr die folienverpackte Knete in die Hand und schlitterte den Flur hinunter, um ihre Turnschuhe zu suchen, während Julia weiterhin dilettantisch auf dem Thermostat herumdrückte. Auf dem Display stand jetzt: ++SOMMER-MODUS AKTIVIEREN?++ Das musste reichen.

In ihrer Küche am Parliament Hill goss sich Iris eine zweite Tasse Kaffee ein und wählte die Nummer von Philip Alden. Irgendjemand in der Familie musste doch auf die Stimme der Vernunft hören.

Das Telefon riss Philip aus einem Nickerchen. Seit seinem achtzigsten Geburtstag war sein Nachtschlaf unbefriedigend, sodass er nun jeden Morgen um fünf Uhr aufstand, weil er das Rattern seiner Gedanken nicht mehr aushielt, während sein Körper steif im Bett lag. Dann lieber in Bewegung sein, egal wie langsam und schwerfällig. Um diese Zeit – kurz nach acht Uhr morgens – schaffte er es manchmal, noch ein kurzes Nickerchen im Sessel einzulegen.

In seine Souterrainwohnung fiel gerade für kurze Zeit die Morgensonne; breite, gelbe Strahlen drangen durch die hohen Fenster und machten vorübergehend die Staubpartikel sichtbar, die in dichten Wolken zwischen den ramponierten Möbeln schwebten. Ansonsten war das Wohnzimmer recht dunkel, nur beleuchtet von zwei fransenbesetzten orangeroten Nachttischlampen, die zu beiden Seiten des Sofas auf furnierten Tischchen standen. Das Sofa mit dem fadenscheinigen, schokoladenfarbenen Samtbezug war in den Siebzigerjahren das stolze Herzstück des Aldenschen Wohnzimmers gewesen. Eine Federzugleuchte stand vor den Bücherregalen auf vier gebundenen Ausgaben des *Therapiehandbuchs zur klinischen Geburtshilfe, 6. Auflage*, herausgegeben von Philip selbst. Gwen hatte im letzten Sommer einen Patchworkkurs in einem Gemeindezentrum in Kentish Town absolviert, und der einzige Quilt, den sie seitdem fabriziert hatte, lag nun ausgebreitet auf den Beinen ihres Großvaters. Er hatte ein grelles Fischgrätmuster aus lila- und senffarbener Baumwolle und war mit einem Schaumstoffvlies gefüllt. »Ich hab dich lieb, Opa«, stand in gestickten Buchstaben darauf, drum herum glitzernde Herzen, die von glitzernden Pfeilen durchbohrt wurden. In seinem Schoß lag eine ausgedruckte Kurzgeschichte von Stefan Zweig, die Iris ihm per E-Mail geschickt hatte, mit der Aufforderung, sie zu analysieren, damit sie sich später über die Intention des Autors streiten könnten.

Als Iris in sein Leben rauschte, war Philip ein gestandener Junggeselle von sechsunddreißig Jahren gewesen, frischgebackener Oberarzt auf der Station für Frauenheilkunde und Geburtshilfe am University College Hospital, in seiner spärlichen Freizeit leitete er eine klinische Studie zur Zangengeburt bei hinterer Hinterhauptslage. Iris interviewte Ärzte für einen Artikel zum ersten Jahrestag der Zulassung der Antibabypille. Sie entführte Philip in den Pillars of Hercules Pub, verabreichte ihm Whisky, brachte ihn zum Lachen. Sie hatte stechend graue Augen und glänzendes, kohlschwarzes Haar, das wie Seide durch seine Finger glitt. Sie war stürmisch, lebhaft, furchtlos, jung. Er war erweckt worden und hatte das Glück kennengelernt. Iris hatte eine Neugier und einen frischen Wind in sein Leben gebracht, die ihn mitrissen und schwindelig machten, aber er hatte nie zu glauben gewagt, dass das ein Leben lang anhalten würde.

Als die Ehe schließlich nach drei Jahrzehnten endete, weil Iris fand, Philip dürfe die langjährige Affäre mit ihrem Redakteur Giles Porter nicht länger ignorieren, hatte Philip dies ohne großes Aufheben hingenommen. Er kaufte eine bescheidene Souterrainwohnung in Greencroft Gardens, abgehend von der Finchley Road. In gewisser Weise war es eine Rückkehr zur alten Routine. Ihm war bewusst, dass das Leben unspektakulär war, es war eine ernsthafte und einsame Angelegenheit. Die Familie seines verstorbenen Sohnes sowie seine Freundschaft mit Iris waren ihm ungemein wichtig und mehr, als er sich je erhofft oder erwartet hatte.

Iris blieb in dem Haus am Parliament Hill wohnen, und Giles zog ein. Die drei hatten eine freundschaftliche Beziehung zueinander aufgebaut, und Philip war hin und wieder zu Besuch – zum Abendessen, zu Cocktailpartys oder auf einen Drink auf der Terrasse des Gartens, den er selbst angelegt hatte. Mit dem Zusammenzug hatten Iris und Giles jedoch angefangen zu streiten, und drei Jahre später hatte Giles sich dauerhaft in sein Ferienhaus in Frankreich zurückgezogen, woraufhin die Streitereien dank der zivilisierenden Trennung durch den Ärmelkanal aufhörten. Als Giles kurz nach seinem Umzug in die Provence gestorben war (an einem, wie Philip fand, wahnsinnig vorhersehbaren Herzinfarkt durch Arteriosklerose nach Jahren des beharrlichen, beinahe krankhaften Genusses von Baconsandwiches und filterlosen Zigaretten), war Philip aufrichtig traurig gewesen. Sollte Iris seitdem andere Beziehungen gehabt haben, so hatte sie nicht darüber gesprochen, und obwohl Philip häufig zu Besuch war, hatte er keinerlei Hinweise darauf entdecken können.

Zahllose Nächte im Bereitschaftsdienst hatten ihn geschult; das Telefon am Ohr, hatte er stets pflichtgetreu den Namen der Patientin, die Symptome, den Zustand des Kindes aufgeschrieben, noch ehe er voll bei Bewusstsein war, und dabei wach und kompetent geklungen.

»Iris?«

»Gwen mobbt den Amerikaner noch immer. Und ich habe ein schlechtes Gefühl bei dieser Boston-Sache.«

Philip dachte nach. »Das ist doch sicher nicht mit Mobbing zu vergleichen.«

»Sie sagt kaum ein Wort, wenn er dabei ist, sie rührt das Essen, das er kocht, noch immer nicht an, selbst Julias Essen lässt sie stehen, wenn er es war, der es ihr hingestellt hat. Und jetzt tut sie offenbar so, als würde sie ihn wegen seines Akzents nicht verstehen. Den Teil finde ich ehrlich gesagt ziemlich genial. Aber so kann es doch nicht weitergehen. Und jetzt soll sie auch noch einen fröhlichen Wochenendtrip mit diesem unerträglichen Sohn machen.«

»Ich glaube nicht, dass James sich triezen lässt. Er hat immerhin bei Steingold in Harvard studiert.«

»Sie darf sich aber nicht daran gewöhnen. Die erste Zeit ist entscheidend.«

»Er hat doch selbst Teenagerkinder, er wird schon

wissen, dass das eine schwierige Situation für sie ist. Er ist sehr nett, Iris. Ich mochte ihn schon lange vor … vor dieser ganzen Sache.«

»Ja, schön. Ich habe trotzdem kein Interesse an ihm«, sagte Iris spröde. Das war eine freche Lüge. Sie verging fast vor Neugier auf James Fuller und seine Familie. »Mich interessiert nur, dass Gwen glücklich ist, und deswegen darf sie sich nicht so sehr danebenbenehmen, dass er es irgendwann nicht mehr aushält. So was merkt man sich. Und jetzt hocken sie alle aufeinander, steigen heute Abend aus dem Flugzeug und feiern Thanksgiving bei der Exfrau. Was für eine groteske Expedition! Für ein romantisches Wochenende zu zweit hätten Julia und Dings lieber irgendwo in ein nettes Landhotel fahren und sich austoben sollen!«

»Er will ihr doch nur ein bisschen was von Boston zeigen.«

»Meinetwegen, das ist das eine, aber ihr die Exfrau zu zeigen, ist etwas ganz anderes. Warum müssen sie die unbedingt besuchen?«

»Sie ist Nathans und Saskias Mutter. Und offenbar kommen die beiden sehr gut miteinander aus.«

»Da ist doch eindeutig was faul«, verkündete Iris entschieden. Keiner von beiden erwähnte ihre eigene jahrelange treue und ungezwungene Freundschaft, die aus der Asche ihrer phasenweise stürmischen Ehe erstanden war. Sie waren schon lange übereingekommen, dass sie die Ausnahme waren. Stattdessen ging Iris zum eigentlichen Anlass ihres Anrufs über. »Ich möchte, dass Gwen nächste Woche mit uns in die Puccini-Oper geht. Ich will damit nicht ihren Hang zur Theatralik unterstützen, sondern ich plane eine subtile Intervention.«

»Deine Interventionen sind nie subtil. Fragst du sie, oder soll ich?«

»Du fragst sie. Sie sind gerade auf dem Weg zu dir, um das sabbernde Viech bei dir abzuladen. Hör zu, ich weiß, du liebst dieses Tier abgöttisch, aber wenn Mole dir zu anstrengend wird, dann setz ihn in ein Taxi zu mir. Und lass es nicht wie eine lockere Einladung klingen, besteh drauf, dass sie mitkommt.« Sie legte auf.

3

James klopfte an Gwens Hotelzimmertür und verkündete, sie seien nun so weit. Er hatte wahrscheinlich auch diesen unerträglichen, militärisch anmutenden Trommelwirbel an die Zwischenwand geklopft, den sie vorhin ignoriert hatte. Die Kampfeslust war für den Augenblick aus ihr gewichen, aber sie würde ganz sicher nicht anfangen, so zu tun, als wären sie alle zusammen in einer Art lustigem Ferienlager. Bisher war hier gar nichts lustig – eisiger Regen hatte ihnen auf dem kurzen Sprint vom Terminal zum Taxi ins Gesicht gepeitscht, und der frühabendliche Himmel verhieß nichts Gutes. Dass Nathan sich dauernd über das Londoner Wetter beschwerte, ergab bei ihrem ersten Eindruck von Boston überhaupt keinen Sinn.

Gwen trat auf den Hotelflur hinaus, auf dem dünne Teppiche mit Blumenmuster unter aufwändig getäfelten, dunkelgrünen Wänden lagen, und zog ruckartig die Tür hinter sich zu, es war kein richtiges Türknallen. Julia stand neben James, blickte sie entschuldigend an und sah unerwartet gut angezogen aus. Auch wenn es Gwens großes Ziel war, James loszuwerden, wollte sie nicht, dass ihre Mutter von der mysteriösen Pamela übertrumpft wurde. James' Exfrau war Engländerin (da hatte James offenbar einen Fetisch), aber Gwen stellte sie sich trotzdem immer als Amerikanerin – und damit sehr kultiviert – vor. Nathan hatte angedeutet, dass sich seine Eltern wegen der nicht zu bändigenden sexuellen Energie getrennt hatten, die zwischen den beiden herrschte, und es ihn nicht überraschen würde, wenn die beiden irgendwann wieder zueinanderfinden würden. Gwen hatte diese Information nicht an Julia weitergegeben, sondern sie geschützt und in ihrem Sinne gehandelt. Sie spürte einen Anflug von schlechtem Gewissen und Zärtlichkeit für ihre Mutter, die verletzlich wirkte ohne ihre Kokonschichten aus Wolle und Jeans und uralten, zweckmäßigen Seidenhemdchen. Heute trug sie stattdessen ein schwarzes Seidenoberteil mit weitem, weichem Kragen und einen schwarzen Bleistiftrock aus Wolle, der den Blick auf ihre Knie fast, aber nicht ganz freigab.

Julia hatte eine tadellose, sehnige Figur und einen reinen, sehr blassen Teint. Alles an ihr war blass – Adern schimmerten grasgrün durch transparente Haut, die Augen waren vom blassesten Blau und Augenbrauen und Wimpern fast unsichtbar, ein Makel, den sie schon lange ignorierte. Ihr dickes Haar war aschblond, genau der richtige Ton, um die grauen Strähnen zu kaschieren, die sich in den letzten Jahren eingeschlichen hatten. Sie trug es zu lang, da sie selten die Energie aufbrachte, mit ihrem Friseur über Strähnchen und Stufen und andere altersrelevante Maßnahmen zu diskutieren, und ihn deswegen so selten wie möglich aufsuchte. Die Wanderschuhe waren schon lange in den täglichen Gebrauch übergegangen, weil sie den Fuß stützten und gleichzeitig deutlich wie ein Plakat im Schaufenster signalisierten, dass sie kein Interesse mehr an männlichen Avancen hatte. Mit der Liebe war es nun vorbei, das war ihr mit ihren sechsundvierzig Jahren bewusst gewesen, und es kam ihr armselig und unschicklich vor, sich anders anzuziehen. Und dann kam James.

Jetzt hatte Julia eine Kampfausrüstung angelegt. Ihre Beine, so lange unter dicken, verwaschenen Strumpfhosen, unförmigen Hosen oder einer praktischen Kombination aus beidem versteckt, mussten nun einem Vergleich standhalten. Sie mussten nicht einfach fabelhaft aussehen, hatte Gwen angeordnet, sondern fabelhafter als Pamelas, wobei sie beide nicht wussten, wie Pamela aussah, und daher gar nicht beurteilen konnten, wie hoch die Messlatte lag. Gwen hatte darauf bestanden, shoppen zu gehen, und sich im Schneidersitz auf den Boden der engen Umkleidekabine von Whistles auf der Hampstead High Street gesetzt, auf ihrem Smartphone herumgedrückt und nur aufgeblickt, um kurze, scharf formulierte und – das musste Julia zugeben – treffende Bewertungen der diversen Kleidungsstücke abzugeben, die Julia vorführte. Zu der Kombination, für die sie sich schlussendlich entschieden, hatte Gwen gesagt: »Mit hohen Schuhen sehen deine Waden darin großartig aus. Los, Schuhe kaufen«, und hatte ihre Mutter die Straße hinunter zu Hobbs geschleppt. Das war bisher Gwens einziges Zugeständnis an die Beziehung mit James, was Julia erst gerührt und sie dann in eine *folie à deux* gestürzt hatte. »Du musst die Schuhe tragen, die wir gekauft haben, dafür sind sie doch da!«, hatte Gwen gekreischt, als Julia Zweifel gekommen waren und sie ein Paar zweckmäßige schwarze Schnürschuhe mit Gummisohle eingepackt hatte. »Das sind doch voll die Nonnenschuhe. Du musst sexy sein!« Gwen sprach ihre Mutter fast immer im Befehlston an, aber diesmal schien es um mehr zu gehen, und ihre Stimmung war ansteckend.

Es war fünf Uhr nachmittags an Thanksgiving, und dem Concierge war es nicht gelungen, ein Taxi aufzutreiben. Sie könnten entweder eine Stunde warten, bis der Kleinbus des Hotels wieder da sei, oder zu Fuß gehen. James' Stimme hatte eine energische, überschwängliche Tonlage erreicht. »Es ist ganz nah, das laufen wir!«, dröhnte er durch die Lobby. »Das macht euch doch nichts aus, oder, ihr fleißigen Wandersleut?« Solche Nervosität kannte Julia gar nicht von ihm, daher fügte sie sich lieber. Selbst Gwen, die sonst keine Gelegenheit ausließ, ihn auflaufen zu lassen, sagte nichts. Sie holte nur die Kapuze ihres Pullovers unter dem Mantelkragen hervor, zog sie sich tief ins Gesicht und folgte ihnen hinaus auf die windige Straße.

Sie hatten ein kurzes trockenes Zeitfenster an einem ansonsten völlig verregneten Tag erwischt, und die unebenen Gehwege waren zu einer gefährlichen Piste aus vereisten Gullys und rutschiger Laubpampe geworden. Julia sah zu, wie Gwens langer Körper sich in den Wind stemmte und sie gehorsam hinter James her auf diese seltsame, neumodische Zusammenkunft zutrottete. Ihre untypische Nachgiebigkeit tat Julia im Herzen weh. Sie wollte ihr Kind auf den Arm nehmen und sie in ein warmes Taxi setzen, oder noch besser, sie zurück zum Hotel mit all seinen Annehmlichkeiten bringen, wo sie in Ruhe zu Abend essen und sich dann gemeinsam der wundersamen, stumpfsinnigen Vielfalt des amerikanischen Kabelfernsehens hingeben konnten. Im hoteleigenen Restaurant hatte sie aus der Lobby heraus Kellner mit Cobb Salad, dicken, gegrillten Frikadellen mit ölig glänzenden Zwiebelringen und schwarzen Pfännchen voll Käsemakkaroni gesehen. Gwen würde das Essen lieben. Julia wollte mit ihrer Tochter die Speisekarte wälzen, absurde Mengen bestellen, die sie niemals aufessen konnten, das amerikanische Essen mit den unzulänglichen englischen Imitationen vergleichen – kurz gesagt: als Mutter und Tochter die Neue Welt erkunden. Es war für sie immerhin das allererste Mal in den USA, und für Gwen ebenso. Plötzlich bereute Julia es, während ihrer Jahre zu zweit keine Reisen unternommen zu haben, und stellte mit einem unerwarteten Stich fest, dass sie diese Chance wohl vertan hatte, jetzt da es James gab. Vor ihr entfernten sich James und Gwen immer weiter auf der dunklen Straße. Julia war denkbar schlecht für dieses Wetter angezogen, aber sie hatte keine andere Wahl, als ihnen zu folgen.

Sie eilten durch die Straßen des South End, in denen sich ein Brownstone ans nächste reihte, die breiten, steilen Treppen, die zu den Haustüren führten, waren herbstlich dekoriert. Lichterketten wanden sich wie Efeu um Zäune mit pikförmigen Zierspitzen. Es war wirklich kein weiter Weg, aber der Wind war eisig und ließ eine stetig dicker werdende Eisschicht auf den schwarzen Pfützen entstehen.

Wenige Meter bevor sie Pamelas Haus erreichten, geschah das Unglück. In England gab es kein Wetter, das Ziegelpflaster in eine Achterbahn verwandelte, weshalb Julia, an milde englische Pfützen gewöhnt, die freundlicherweise nicht tiefer als anderthalb Zentimeter werden, vom Bordstein in einen Pfuhl stapfte, der ihren Fuß bis zum Knöchel mit schmierigem Eiswasser umspülte. Sie schrie auf vor Schreck.

James war vorangegangen, hatte Gebäude und Restaurants aufgezeigt und eine nur mittelmäßig widerwillige Gwen dazu ermutigt, ihm von den diversen Souvenirs zu erzählen, die sie ihren Großeltern mitbringen wollte. Beschämt hastete er zurück zu Julia.

»O Gott, das tut mir so leid, wir hätten auf den Bus warten sollen. Ich Idiot. Ich bin total nervös. Auf einmal kommt mir das alles verrückt vor, ich habe ja wohl nicht alle Tassen im Schrank, euch zu Pamela zu schleppen. Wir hätten lieber mit den Kindern nach Mexiko fliegen sollen, statt – hast du dir wehgetan? Soll ich dich den Rest des Weges tragen? Sollen wir das Ganze abblasen und zum Chinesen gehen?«

Julia schüttelte den Kopf. Ihr rechter Fuß brannte vor Kälte, Schmerz schoss ihr durch die Knochen. Sie schüttelte ihn mehrmals und humpelte dann auf James gestützt weiter. Die Schuhe, die Gwen ihr aufgedrängt hatte, unbestreitbar schmeichelhaft und aus entsetzlich teurem, weichem, grauem Wildleder, waren ruiniert. Julia spürte, wie der Schuh mit jedem Schritt weiter wurde und schlappte. Ihre Zehen hingegen spürte sie nicht mehr, was eine willkommene Erleichterung war. Es fing wieder an zu regnen.

Vor der Tür angekommen, bereitete sich Julia auf Pamela vor, indem sie sich sehr viel Mühe für einen offenen, enthusiastischen Gesichtsausdruck gab, doch es war ein älterer Herr, der die Tür öffnete. Er wollte James gerade die Hand schütteln, als er ziemlich heftig von einer fülligen Frau in üppigen, herbstlichen Gewändern zur Seite geschubst wurde. Blond, vollbusig, als Derwisch aus losen Tüchern und Seide sowie beunruhigenden Einblicken in die Falten der übereinandergeschichteten Stoffe kam Pamela über sie. Sie trug eine thailändische Fischerhose aus weit fließender lila Rohseide, die in der Taille zu einer komplizierten Schleife geschlungen war, und ein Seidenhemdchen in leuchtendem Orange. Die Ärmel waren so tief ausgeschnitten, dass man, wenn sie die Arme hob, fast bis zur Taille sehen konnte, was auch den Blick auf eine ziemlich hängende Brust freigab. Ein ungeschliffener, in Silber eingefasster Amethyst hing an einer gewaltigen Kette um ihren Hals. Jede Oberfläche – und davon gab es bei ihr viele – glänzte: der Schmuck, die Rohseide, die offenen blonden Haare. Auf Gesicht und Dekolleté schimmerte ein leichter Schweißfilm. Gwen, die in den vergangenen Monaten gleich für mehrere Personen stürmischen Hass entwickelt hatte, empfand augenblicklich Abscheu Pamela gegenüber. Ihre Haare waren zu lang für eine alte Frau. Und warum trug sie eigentlich keinen BH?

Julia fand sich plötzlich an Pamelas Brust wieder

und hatte sofort ein verstörendes Bild davon im Kopf, wie James die Behaglichkeit dieses moschusduftenden Gebirgsmassivs früher genossen hatte. Der Amethyst drückte ihr schmerzhaft aufs Schlüsselbein. Pamela wirkte sehr jung, das Übergewicht, das sie mit sich herumtrug, polsterte ihr Gesicht und machte es mädchenhaft glatt. Sie sah nicht aus, als wären ihre Kinder schon im Teenageralter.

»Schwester!«, rief Pamela und hielt Julia jetzt auf Armeslänge, als wäre sie ein Kleidungsstück auf dem Markt, dessen Kauf sie in Betracht zog.

»Sie ist nicht deine Schwester«, sagte Gwen unwillkürlich, lauter als beabsichtigt, und sah einen müden Ausdruck über das Gesicht ihrer Mutter huschen. Nun wandte Pamela sich strahlend an sie. »Wir sind alle Schwestern im gleichen Kampf, Süße. Gwendolen.« Dann war Gwen an der Reihe, gedrückt zu werden, und einzig ihre Größe bewahrte sie davor, halb zu ersticken wie ihre Mutter. Über Pamelas Kopf hinweg versuchte sie, Blickkontakt zu Julia aufzubauen, aber sie erwischte nur James, der irgendwie irre grinste.

»Julia braucht was Trockenes für die Füße«, erklärte er Pamela, die Gwen losließ, mit wehender Seide herumwirbelte und sich über Julias Fuß beugte. Julia wurde freier Blick in den Ausschnitt ihres Oberteils gewährt, weit tiefer, als der pendelnde Kristall hing.

»Boston ist brutal. Echt brutal. Wir haben zwei Winter gebraucht – weißt du noch? Zwei lange Winter, um uns darauf einzustellen. Man muss angezogen sein wie Shackleton auf Polarexkursion, um hier zu überleben.

Ich habe im ersten Jahr den ganzen Winter mit einem Kaufhausmantel zugebracht und wäre beinahe gestorben. Ich war so unglücklich, dass ich James angebettelt habe, mit mir ins elende alte England zurückzugehen oder sich nach Stanford oder irgendwo anders hin versetzen zu lassen. Und dann kam er eines Tages mit einer Fellmütze nach Hause, und ich dachte: Vielleicht überlebe ich doch ganz knapp. Ich weiß, Fell ...«, sagte sie zu dem grauhaarigen Mann, der ihnen die Tür aufgemacht hatte. »Du wärst entsetzt gewesen, wenn du mich damals gekannt hättest. Aber diese Tiere sind gestorben, um mir das Leben zu retten. Die Mütze habe ich immer noch. Eigentlich wollte ich sie Saskia vermachen, aber vielleicht sollte ich sie lieber begraben. Und jetzt zieh diese unnützen Dinger endlich aus«, befahl sie. Mehrere weitere Gäste waren durch die offene Wohnzimmertür zu sehen, und Julia merkte nun, dass diese Leute sie neugierig beäugten. »James, das hättest du ihr doch sagen müssen! Boston ist keine Stadt für süße kleine Stöckelschuhe. Komm mit nach oben, wir haben keine Eile, es steht schon alles auf dem Tisch. Wir waren viel zu viele, um gemeinsam am Tisch zu essen, also habe ich ein Büfett zusammengeworfen. Fangt an, Leute! Los, esst!«

Julia stand jetzt in Strümpfen im Flur, und Pamela hatte ihre Schuhe als Geiseln genommen und hielt sie an den Fesselriemchen wie zwei erlegte Vögel. »Komm hoch, Süße«, befahl sie, wallte die Treppe hinauf und zog Julia am Handgelenk mit. »Ich stelle dich vor, sobald wir dich versorgt haben. Jamesy, du übernimmst die Bar, bis wir wieder da sind.«

4

Gwen hielt sich an Saskia, die kurz nach Julias Entführung heruntergekommen war. Das bedeutete leider auch, in James' Nähe zu sein, der seine Tochter seit dem Sommer nicht mehr gesehen hatte, obwohl sie, so weit Gwen das mitbekam, neun Millionen Mal am Tag miteinander skypten. Mürrisch aß sie gebrannte Erdnüsse und wartete auf ihre Mutter. Ihr war Familienzeit versprochen worden, aber offensichtlich hatte Julia nicht die gleiche Definition von Familie wie sie.

»Ich hab dich vermisst. Lass dich mal anschauen.«

»Ich seh immer noch genauso aus wie gestern auf Skype.« Saskia wand sich aus der ungestümen Umarmung ihres Vaters, machte eine träge Drehung und einen langsamen, tiefen Knicks. Sie strich sich das lange offene Haar hinters Ohr, aber es fiel ihr gleich wieder ins Gesicht.

»Du siehst toll aus, Kleine, wirklich. Hat deine Mom dir schon die Flüge für Weihnachten gebucht?«

»Weiß nicht, muss ich sie fragen. Steht das jetzt fest? Kann ich auf jeden Fall kommen?«

»Du kommst. Sag Bescheid, wenn Pamela noch nicht gebucht hat, dann erledige ich das, ich brauche mein Mädchen mal wieder ein paar Wochen lang zu Hause. Ich sag dir, dein Bruder ist eine absolute Nervensäge. Lass doch den Quatsch mit dem College und dem Selbstständigwerden und komm nach Hause. Aber jetzt erzähl, wie gehts dir denn so? Wie war die Fahrt? Wie ist das mit der Hausarbeit ausgegangen? Hast du sie noch rechtzeitig abgegeben?«

Saskia legte James den Kopf auf die Schulter und lächelte sanft. »So viele Fragen«, sagte sie und gähnte, als würde es sie schon ermüden, diese nur zu hören. »Ich hab dir doch schon was erzählt.«

»Dann erzähl mir mehr. Erzähl mir von der Hausarbeit.«

Gwen tat so, als würde sie sich ganz auf eine Schale Chips auf dem Kaminsims konzentrieren, die zwischen einem Foto der kleinen Saskia und des noch kleineren Nathan auf Fahrrad beziehungsweise Dreirad und einer polierten Ebenholzskulptur stand, die aussah wie eine Vagina, aber das konnte ja nicht sein. Sie hoffte, James würde seine ekelhafte Zurschaustellung elterlicher Fürsorge bald anderswo fortsetzen, doch er hatte bemerkt, dass sie sich abgewandt hatte, nahm den Arm von der Schulter seiner Tochter und bezog Gwen wieder in das Gespräch mit ein. »Wenn du Lust auf eindrucksvollen Small Talk hast«, flüsterte er, zog eine blonde Augenbraue hoch und deutete mit dem Kopf in Richtung eines rundlichen, weißhaarigen Mannes mit rahmenloser Brille, der an einem großen Whiskyglas nippte und Pamelas aus allen Nähten platzende Bücherregale studierte, »der Typ da hat einen Lehrstuhl für Gastroenterologie am MIT. Er ist der weltweit führende Experte für Flatulenzen. Im Ernst. Viel Spaß.« Dann ließ er die beiden Mädchen mit dem Versprechen, ihnen Limonade zu besorgen, allein.

Gwen hatte Saskia von Anfang an gemocht – ein einziger blasser Hoffnungsschimmer, der die schwarze Wolkenwand durchbrach, die mit James über ihrem alten Leben aufgezogen war – und bewunderte sie für ihre Ruhe und Gelassenheit angesichts lebensverändernder Familienereignisse. Saskia war drei Jahre älter als sie, ein stabil gebautes Mädchen mit ungekämmtem dunkelblondem Haar, breiten Schultern und Busen (das war ein unvorstellbarer Vorzug für Gwen, die inständig hoffte, dass ihre eigene Brust bis zu ihrem siebzehnten Geburtstag noch nennenswerte Fortschritte machen würde). Ganz anders als die hochgewachsene, unruhige Gwen bewegte sie sich in träger Zeitlupe. Ihre Abgeklärtheit war radikal und aufregend. Nicht, dass sie nicht mitbekommen hätte, was ihre Eltern machten, aber es ließ sie völlig kalt, und sie wandte sich unbeeindruckt ihrem eigenen Leben zu. Darum beneidete Gwen, die aktiv nach Eigenschaften für ihr künftiges erwachsenes Ich suchte, sie besonders. Solange sie denken konnte, hatte ihre Mutter stets in der Gefahr geschwebt, Fehler zu machen oder sich versehentlich selbst zu verletzen, und nur Gwens bange Wachsamkeit und Interventionen konnten gewisse Katastrophen abwehren. War dieser Abend – Thanksgiving bei James' Exfrau – nicht Beweis genug für Julias mangelndes Urteilsvermögen? Gwen hätte das alles von vornherein unterbinden müssen.

»Cool, dass du da bist«, sagte Saskia, legte einen drallen Arm um Gwens Taille und drückte sie.

»Ist es nicht superkomisch für deine Mum, dass meine Mum hier ist?«

»Ach, Quatsch. Pamela liebt es, das Haus voller wahllos zusammengewürfelter Leute zu haben, und nur zur Info, du bist bei Weitem nicht die, die am zufälligsten hier gelandet ist. Ich glaube, diesen Furz-Professor hat sie sogar mal gedatet. Sie ist jedenfalls *superhappy*, dass ihr da seid. Wie läufts denn bei dir so?«

»Komisch. Na ja, egal. Alles beim Alten. Mum und dein Dad sind verrückt nacheinander, das hört nicht auf. Es ist so was von widerlich.«

»Wie kommt man wohl drauf, so was zu studieren? Denkt man sich: ›Cool, ich studiere mal Furzen?‹«

Gwen murmelte eine unbestimmte Antwort und kehrte zu dem Thema zurück, das sie beschäftigte. »Sie sind buchstäblich *verrückt*.«

Saskia zuckte mit den Schultern. »Wenn sie doch glücklich sind …«

»Außerdem hasst mich dein Bruder«, fuhr Gwen mit ihrem düsteren Lagebericht fort, »und Valentina hasst mich auch, und immer wenn sie am Wochenende da ist, ist sie *überall* und wirft sich die Haare über die Schultern und ist einfach fies. Ich lebe in der Hasshölle, die beiden hassen mich offiziell.«

Nathan trat von hinten an sie heran, und Gwen erschrak und spürte, wie ihr die Röte ins Gesicht schoss. Er trug enge, verwaschene Jeans, graue Wildledersneaker und einen langen Kapuzenpulli in knalligem Lila, dessen übergroße Taschen den gleichen Markenschriftzug trugen wie der schwarze Pulli, den sie selbst anhatte, was ihr gar nicht gefiel. Er war unerfreulich attraktiv, obwohl ein schmerzhaft aussehender Pickel auf seiner Stirn prangte, was Gwen überhaupt nicht werten wollte. Sie hatte ihre eigenen Erfahrungen mit fettiger Haut. Anders als bei seiner Schwester, die beneidenswert amerikanisch klang, schwebte Nathans Akzent diplomatisch irgendwo über dem Atlantik und schlug je nachdem, in wessen Gesellschaft er sich befand und worauf er mehr Lust hatte, gen Westen oder Osten aus. Gwen fand, das beweise nur seinen Wankelmut und eine allgemeine Unzuverlässigkeit. Große, neongrüne Kopfhörer hingen um seinen Hals, als wäre er ein DJ, der gerade Pause machte. Er war immer so provozierend selbstsicher. »Stimmt«, sagte er, legte den Kopf schief und fuhr sich selbstverliebt mit der Hand durchs dunkle Haar, um die leichte Welle zu betonen. »Endlich ist es offiziell. Ich hab die Papiere diese Woche bei der Hassbehörde eingereicht.«

»Halt die Klappe.«

»Och, Leute.« Saskia legte beiden einen Arm um die Schulter und zwang sie zu einer Gruppenumarmung. Beide mussten sich zu ihr hinunterbeugen. »Seid nett zueinander! Spürt die Liebe!«

»Ich spüre sie schon.« Nathan ließ den Kopf voll religiösem Eifer auf die Brust sinken. »Ich spüre sie. Ich bin geheilt! Sas, hör zu«, flüsterte er, jetzt da sie nah genug beieinander waren, »lass mich bloß nicht noch mal mit Wentworth allein, klar? Der ist so was von lahm.«

Sein Handy klingelte, und er befreite sich aus dem Menschenknoten. *»Amore mia.«* Langes Schweigen, dann: »Ja, kann ich dich später zurückrufen? – Stimmt, tut mir leid, bei dir ist es ja schon so spät. Können wir morgen skypen? Ich weiß, aber ich hab mich doch entschuldigt –«, er fuhr sich in die Haare und hielt ein dickes Büschel zwischen den Fingern fest. Ein paar Sekunden später murmelte er: »Ich liebe dich, *cara mia.* Schöne Grüße von Saskia und Gwen. *A domani.*«

»Die Auszeit wird fortgesetzt«, erklärte er seiner Schwester in ganz anderem Ton und steckte das Handy wieder ein.

»Was? Soll das heißen, ihr seid getrennt?«, wollte Gwen wissen. Sie war überrascht. Es war zwar allgemein bekannt, dass Teenagerbeziehungen nicht ewig hielten, auch wenn statt weniger Tage mehrere Jahre daraus wurden. Und doch hatte sie geglaubt, Nathan und Valentina wären die Ausnahme, ihre Beziehung hatte immer so gefestigt, so unumstößlich gewirkt. Wie bei Erwachsenen. Valentina hatte offen über die geplante Hochzeit gesprochen und einmal sogar fallen lassen, dass ihre erstgeborene Tochter Fabia heißen solle. Diese Entwicklung war äußerst interessant. »Warum hast du sie denn Cara-Blara genannt, wenn sie nicht mehr deine Freundin ist?«

»Wir nehmen uns nur eine Auszeit.« Nathan klang gereizt. Er schob Gwen zwei Schritte zur Seite, um sein Aussehen in dem antiken Spiegel hinter ihr zu überprüfen. »Sie wollte eigentlich, dass wir zusammen in London im Haus deiner Mutter bleiben, während ihr hier seid. Typische Valentina-Logik, ist doch klar, dass ich meine Mutter und meine Schwester an Thanksgiving sehen will. Und jetzt brauche ich ein bisschen Zeit zum Nachdenken.«

»Es klang gar nicht so, als hättet ihr Stress. Und wir haben auch nicht gegrüßt.«

»Ich hätte es gemacht!«, protestierte Saskia halbherzig.

»Wir hören doch nach zweieinhalb Jahren nicht einfach auf, miteinander zu reden.«

»Das heißt also, ihr habt beschlossen, euch dieses Wochenende nicht zu sehen, obwohl ihr euch sowieso nicht hättet sehen können, weil euch der Pazifik trennt. Wie drastisch.« Gwen war zufrieden mit sich, weil sie fand, sie habe seine wichtigtuerische Art gut nachgeahmt. »Und außerdem verbringst du mehr Zeit vor dem Spiegel als ich.«

Nathan machte eine letzte, für jeden außer ihm selbst unsichtbare Korrektur. »Ich bin mir ziemlich sicher, dass das nichts ist, womit du angeben solltest. Außerdem ist es der Atlantik, aber lass dich von Details nicht verunsichern. Kommt, wir holen uns was zu essen.«

»Es hat geregnet, ja?«, verteidigte sich Gwen mürrisch und versuchte, die Korkenzieherlocken zu zähmen, die sich, wie sie nun feststellte, aus ihrem Pferdeschwanz herausgekräuselt hatten. Ihr Haar, um das sie von vielen älteren Frauen beneidet wurde, war störrisch, viel zu dick und drahtig und leuchtete entsetzlich orange, aber ihr fehlte die Geduld, es zu zähmen. In Kombination mit ihrer Größe machte sie das auffällig, und auffällig zu sein war mit sechzehn die Hölle. Nathan war in Richtung Büfett aufgebrochen, und im Spiegel sah sie Saskia neben sich sorgenvoll den Kopf schütteln.

»Ihr seid so gemein zueinander.«

»Er ist gemein zu mir!«

Saskia reichte ihr Plastikbesteck, das in eine Serviette mit stolzierenden Truthähnen eingewickelt war. »Die arme Valentina. Das wird schlimm für sie, wenn die beiden sich trennen.«

»Dann ist sie noch mal glimpflich davongekommen, wenn du mich fragst«, murmelte Gwen, aber als sie sah, wie geknickt Saskia dreinblickte, entschuldigte sie sich und beschloss, die Sticheleien für ihre Mutter, ihre Großeltern oder ihre Freundin Katy aufzusparen, die gleichzeitig auf Nathan stand und ihn hasste, was sie zu einer unersättlichen Zuhörerin machte. Sie sprachen jedes Mal ausgiebig über ihn, wenn sie unter sich waren.

Gwen war erschüttert, als sie Julia mit nackten Beinen und schlabbrigen lila Mohair-Haussocken die Treppe herunterkommen sah. Sie stellte den Teller auf einem Regal ab und stürmte auf ihre Mutter zu.

»Mum! Du siehst ganz komisch aus.«

»Was anderes hat sie mir nicht gegeben, Liebling, ich konnte nicht anders.«

»Zieh das aus!«

»Ich habe mir auch die Schuhe ausgezogen, dann bist du nicht so allein«, rief Pamela, die mit überschwänglicher Geste hinter Julia auftauchte und Gwens Hand drückte. Gwen blickte nach unten und sah nackte weiße Füße, leuchtend rote Zehennägel und einen Zehenring aus schwarz angelaufenem Silber. Eine Schlange, die sich um den zweiten Zeh wand.

Beim Anblick dieses Rings wusste Julia, dass James ihr ein Familienbild verkauft hatte, das nicht ganz zutreffend war, geschweige denn möglich. Pamela und sie, das erkannte sie jetzt, würden nie Freundinnen sein. Pamela wirkte nicht wie eine Frau, die mit anderen Frauen befreundet sein konnte, egal, was sie von Schwesternschaft erzählte. Sie konnte sich kaum vorstellen, dass James diese raumgreifende, bedrohliche Person einmal geheiratet und Kinder mit ihr bekommen hatte.

»Es ist so schön, dass du heute bei uns sein kannst«, flüsterte Pamela jetzt, als hätte Julia dem Tod ins Gesicht gesehen und sei tapfer genesen, um diese Party zu besuchen. Sie hakte sich bei Julia unter und drückte ihr den Arm wie eine vertraute Schulfreundin. James, der sich am anderen Ende des Raumes einen der vielen unangetasteten Mince Pies von Marks & Spencer aufgetan hatte, die er für Pamela aus London hatte einfliegen müssen, eilte Julia zu Hilfe und nahm ihre andere Hand. Einen seltsamen Augenblick lang fühlte es sich an, als wären die beiden ihre Eltern, die sie zum Altar führten, für eine Hochzeit oder für ein Opfer, das wusste sie nicht so genau. Pamela rief den Mann herbei, der sie hereingelassen hatte.

»Ich stelle dich mal allen vor. Das ist Wentworth.«

»Wentworth Hale.« Er nickte, hielt Julia zum zweiten Mal die Hand hin und lüpfte einen imaginären Hut vor Pamela. Hinter einem Ohr steckte eine selbst gedrehte Zigarette, und auf der Brust seiner Lederweste prangte ein kleiner weißer Anstecker mit der Aufschrift: LOVE, PEACE & LSD. Sein grauer Pferdeschwanz wurde von einem blauen Gummiband zusammengehalten, das aussah, als hätte es vor Kurzem noch einen Bund Spargel umwickelt.

»Wentworth kämpft mit uns den guten Kampf, er sitzt im Vorstand unseres Geburtshauses und hat fantastische Lobbyarbeit für uns geleistet, ich kenne niemanden, der seinen Ruhestand besser nutzt, das kann ich euch sagen. Er ist auf die Straße gegangen und hat Briefe für uns geschrieben, als unsere Finanzierung zu kippen drohte – aber das kann er dir ja alles selbst erzählen, ich mache uns mal ein paar Drinks. Gwen«, rief Pamela, »möchtest du einen Gin Tonic?«

»Ich bin sechzehn«, erwiderte Gwen eisig, doch als ihr aufging, dass sie dadurch Nathan am Büfett aus dem Weg gehen konnte, fügte sie freundlicher hinzu: »Aber ich kann euch gerne welche machen.«

»Danke, Süße, das wäre ganz toll. Limetten sind in der Minton-Schale.«

Pamela war zwar nicht mit Thanksgiving aufgewachsen, aber als Gastgeberin hatte sie das Wesentliche erfasst: An diesem Tag verbrachten hart arbeitende Amerikaner fünf Stunden und mehr auf dem Freeway (für eine Strecke), um viel zu spät abends bei schummrigem Licht Truthahn in Gesellschaft von Familienmitgliedern zu essen, die sie den Rest des Jahres tunlichst mieden. Da sie selbst keine Verwandten in der Nähe hatte, sorgte Pamela auf ihren Partys für Spannungen, indem sie ungleiche Freunde, Kollegen und Yoga-Bekanntschaften einlud, deren einzige Gemeinsamkeit war, dass sie nicht wussten, wohin sie sonst gehen sollten. Die Strecke, die James und Julia vom Hotel aus zurückgelegt hatten, war nichts gegen die Anreise einer kürzlich geschiedenen Logopädin, die von Amherst aus an drei Unfällen und einer zwei Meilen langen Fahrstreifensperrung vorbeigekommen war, oder die eines Professors der pädiatrischen Onkologie, der mehrere Monate zuvor ein gescheitertes Date mit Pamela gehabt hatte, seit acht Uhr morgens auf der Interstate 95 unterwegs gewesen war, jetzt wegen eines großen Pumpkin Latte und einer Tüte puderzuckerbedeckter Munchkins von Dunkin' Donuts leichte Übelkeit verspürte, schweigend an seinem Calvados nippte und wünschte, er wäre zu Hause geblieben. Die zufriedensten Gäste waren Zwillinge im Kleinkindalter, die sich gegenseitig mit Pfauenfedern jagten und deren Ausbruch in zuckrig-klebrige Tränen bereits überfällig war.

Julia verhielt sich, wie es von ihr erwartet wurde. Sie aß trockene Scheiben Truthahnbrust – aus artgerechter Haltung, wie Pamela ihr versicherte. Sie probierte Süßkartoffeln mit rußgeschwärzten Marshmallows, die extrem süß, aber auch viel leckerer waren, als sie es sich vorgestellt hatte. Sie verglich Pamelas selbst gemachte Cranberrysoße mit dem glibberigen Abklatsch aus der Dose und lobte Erstere artig (sie hatte sie nach einem Rezept zubereitet, das seit Generationen in James' Familie weitergereicht wurde). Sie schlürfte lauwarmen, übersüßen Apfelsaft, in dem scharfkantige Stückchen

Zimtrinde schwammen und der zu ihrem Bedauern keinen Alkohol enthielt. Sie lernte Hebammen und Geburtsbegleiterinnen, eine Expertin für Hypnobirthing und einen betrunkenen, rotgesichtigen Akupunkteur kennen. Sie hörte zu, während Pamela der Runde von dem Tag erzählte, an dem James als junger Assistenzarzt eine frischgebackene Mutter so gewissenhaft genäht hatte, dass er ihre Harnröhre verschlossen hatte, weshalb er sie zurück in den OP zitieren, seinen Fehler gestehen und drei Stiche wieder entfernen musste. Julia begriff, dass diese Anekdote James lächerlich machen sollte, und sah, wie sich ihre Wirkung bei James erfolgreich entfaltete: Seine Kiefer mahlten. »Das Pinkeln kann man sich doch mal verkneifen, oder?«, sagte er achselzuckend mit einem Grinsen, aber er war eindeutig unglücklich darüber.

Der Besuch war seine Idee gewesen, doch seit ihrer Ankunft hatte James nur noch gewirkt, als wolle er sofort wieder weg. Julia verstand jetzt, dass Pamela und er nur am Telefon oder per SMS befreundet sein konnten – und in der Geschichte, die er sich selbst über das Ende seiner Ehe zurechtgelegt hatte. Sie vertrugen sich über die Distanz, im wahren Leben hingegen waren sie empfindlich und ständige Konkurrenten. Als er von hinten an Julia herantrat und die Hände um ihre Taille schlang, flüsterte James ihr eindringlich zu: »Ich muss hier weg, am besten schon vor zehn Minuten.« Sie drückte seinen Unterarm und versprach, sich auf die Suche nach Gwen zu machen. Der Besuch war sehr aufschlussreich gewesen, und Julia war froh, gekommen zu sein.

Sie suchte gerade den Raum ab, als sie merkte, dass ihr Handy vibrierte. Es war Philip. In London war es Viertel nach eins in der Nacht, rechnete Julia. Philip hatte noch nie nach halb neun angerufen.

»Ist alles in Ordnung mit dir?«

»Ja, *Maidele*, mach dir keine Sorgen, mir geht es gut. Hast du trotzdem einen Moment für mich?«

»Natürlich.« Sie ging die gewundene Treppe hinauf und schloss sich in das Gästezimmer neben Pamelas Ankleidezimmer ein, in dem sie früher am Abend zwischen hauchdünnen Schals und Seidenhaufen gezwungen worden war, Pamelas grässliche Socken anzuziehen. Hier hingen die klammen Mäntel der Gäste auf einer Kleiderstange, hinter der sich diverse Utensilien für Hausgeburten häuften. Drei Gasflaschen mit Sauerstoff standen an einer Wand und daneben ein Turm aus losen, plastikverpackten saugfähigen Unterlagen. Auf dem Nachttisch stapelten sich Nierenschalen, und auf dem großen Bett lag eine gehäkelte Patchworktagesdecke in Hellgrün, Braun und Orange. Julia setzte sich aufs Bett und rollte sofort unwillkürlich auf die Seite. Ein Wasserbett, stellte sie fest, richtete sich wieder auf und spürte eine Welle unter sich wogen. Sie erhob sich und fühlte sich hereingelegt und ein bisschen dumm.

»Du brauchst dir keine Sorgen machen, ich wollte nur Bescheid sagen, dass es Mole nicht so gut geht, aber er ist jetzt beim Tierarzt, und da kümmern sie sich um ihn.«

»Jetzt? Es ist schon so spät. Wie hast du ihn denn da hingebracht? Was ist passiert?«

»Ich habe ihn schon vor einer Weile gebracht, aber ich wollte dableiben und hören, was sie meinen. Er ist hauptsächlich dehydriert, daher haben sie ihm jetzt einen Tropf gelegt und beobachten ihn über Nacht.«

»Armer Mole. Und du tust mir auch leid, bitte entschuldige.«

»Als ich ging, hat er schon wieder mit dem Schwanz gewedelt. Flüssigkeitsmangel ist keine schöne Sache, aber nach einer halben Stunde sah er schon viel besser aus. Ich wollte dich eigentlich nicht damit belästigen, ich dachte nur, du hast vielleicht mit Iris gesprochen und dir Sorgen gemacht.«

»Danke. Tut mir wirklich leid, dass dich das um den Schlaf bringt. Gehts dir gut? Du musst doch völlig erschöpft sein.«

»Alles bestens. Wie ist es bei euch?«

Julia trat auf den Flur und warf einen Blick über das Geländer, um zu sehen, ob jemand in Hörweite war. Zurück im Zimmer sagte sie: »Ich formuliere es mal so: Pamela hat eine ziemlich vereinnahmende Persönlichkeit. Ich glaube, du würdest sie nicht mögen, sie hat ein Buch über Orgasmen unter der Geburt geschrieben.«

»Ach du lieber Gott«, sagte Philip mit einem Lachen, das geradewegs in Husten überging. »Als hätten die Gebärenden keine anderen Sorgen.«

»Sie hat ein Exemplar für dich signiert.«

»Ich freue mich schon drauf. Wie geht es meiner Enkelin?«

»Gut, würde ich sagen. Die Mädchen verstehen sich so toll.« Damit beruhigte sie sich immer selbst. Vorsichtig setzte sie sich wieder auf das Wasserbett. »Ich gehe mal lieber wieder zu den anderen, ich schleiche hier in einem Gästezimmer mit ihrer ganzen medizinischen Ausrüstung herum.« Sie linste in eine Tüte, die offen zu ihren Füßen lag, und sah ein Paket leerer Spritzen und steril verpackter Injektionsnadeln mit rosa Steckkopf, Glasfläschchen und Schläuche. Sie nahm eine winzige Trockenampulle mit grobem weißem Pulver in die Hand, schüttelte sie forschend und legte sie wieder zurück. »Dabei würde ich mich viel lieber weiter hier verstecken und mit dir sprechen. Es ist so schön, deine Stimme zu hören. Machst du dir wirklich keine Sorgen? Meinst du, ich sollte Gwen etwas sagen? Sie wäre am Boden zerstört, wenn Mole etwas zustoßen würde.«

Langes Schweigen. »Weißt du, der Hund ist zwölf Jahre alt«, sagte Philip sanft. »Aber denk jetzt nicht darüber nach. Iris und ich besuchen Mole gleich morgen früh.«

Julia wartete kurz ab, bevor sie wieder hinunterging. Gwen war noch ganz klein gewesen, als Daniel mit dem Welpen nach Hause gekommen war. Seine Entscheidung hatte Julia überrascht, da sie damals noch versuchten, ein zweites Kind zu bekommen. Vielleicht hatte er kommen sehen, dass es länger dauern würde als erhofft; er hätte aber nicht ahnen können, dass es niemals passieren würde. Rückblickend, dachte sie müde, hatte er vermutlich nur versucht, dieses nervenaufreibende und unschöne Kapitel ihrer Ehe abzuschließen. In den ersten Jahren hatte Gwen den Hund heiß und innig geliebt, ihm Hüte und Kleider angezogen und mit wechselndem Erfolg versucht, ihn in ihre Spiele miteinzubinden. Später war ihre Begeisterung abgeklungen; jahrelang war er für sie eine Art Möbelstück und in Wirklichkeit Daniels Hund gewesen, denn Daniel war mit ihm Gassi gegangen, hatte ihn gefüttert und gepflegt und die Familienwochenenden zur Zufriedenheit des Tieres geplant, indem er hundefreundliche Pubs und Spazierrouten aussuchte. Er kam ganz nach seinem Vater (Philip wäre beinahe Tierarzt geworden, hatte sich dann aber doch für Humanmedizin entschieden). Doch nach Daniels Tod hatte Gwen sich Mole wieder zugewandt. Das hatten sie beide getan, merkte Julia jetzt, und ihm stellvertretend für Daniel ihre Liebe und Aufmerksamkeit gewidmet. Das warme Hundefell hatte sie getröstet, und wenn er abends neben ihr auf dem Sofa lag, suchte sie den schnellen, gleichmäßigen Galopp seines Herzens. Gwen und Julia waren sich einig, dass er sehr weise sein musste, und dieser Eindruck hatte sich noch verstärkt, seit das raue schwarze Fell um seine Augen dunkelgrau geworden war. Moles Sterblichkeit war wie die von Philip und Iris – und ihre eigene – ein weiterer Punkt auf der langen Liste ihrer Ängste. Sie mussten einfach alle ewig weiterleben, weil es anders nicht ging. Für Gwen.

Ihr war bewusst, dass Iris und Philip fanden, sie habe Gwen verhätschelt. Sie habe kleine Ungezogenheiten nicht hinreichend kritisiert und Gwen reflexartig jegliche Verantwortung abgenommen. Aber warum hätte sie ihr auch Wünsche verwehren sollen, die so einfach zu erfüllen waren? Julia war es zum Beispiel immer egal gewesen, was es mittags zu essen gab, also hatte das kleine Mädchen entscheiden dürfen. Warum sich über Zeugnisse ärgern oder Hausaufgaben erzwingen, die sie frustrierten oder traurig machten, wenn es ihr ein Lächeln ins Gesicht zauberte, ihre eigene kleine Welt aus Knete zu bauen, und sie sich auch noch Kontakte im Internet aufbaute, durch die sie sich nicht mehr so einsam fühlte? Sie hatte noch ihr gesamtes Erwachsenenleben lang Zeit, Wäsche zu waschen und zusammengeknüllte Jeans vom Boden aufzuheben, den Sisyphuskampf gegen das Chaos eines Haushalts kennenzulernen. Julias eigene Mutter hatte sie den Haushalt nie vergessen lassen. Es war doch wunderbar arglos zu glauben, dass ein benutztes Wasserglas vom Nachttisch plötzlich von alleine wieder gespült im Küchenschrank auftauchte. Gwen hatte nicht mehr lange Zeit, diese Art Zauberei zu genießen. Mole durfte also nicht krank sein, weil sie dann unglücklich wäre, und Julia ertrug es nicht, ihre Tochter unglücklich zu sehen. Stetiger Pessimismus hatte einen einzigen, ultimativen Vorteil: Man konnte nie kalt von der Traurigkeit erwischt werden. Erst jetzt merkte sie, dass sie die Zügel gelockert hatte. Sie hatte nicht aufgepasst – unverantwortlich! –, sie hatte vollkommen vergessen, sich Sorgen um den Hund zu machen. Und das hatte sie jetzt davon.

5

Nathan und Saskia übernachteten bei ihrer Mutter, und Gwen verkündete im Hotel, sie werde jetzt in der Badewanne Sitcoms schauen und Süßigkeiten essen. James und Julia spazierten zum Fluss. Es war noch immer sehr kalt, aber der Himmel war klar, und Julia sollte unbedingt die Anziehungskraft dieser schönen, stolzen Stadt erkennen und verstehen. James war in einer Mietwohnung in einem Dreiparteienhaus im Stadtteil Dorchester aufgewachsen. Später führte ihn ein Stipendium auf die andere Seite des Flusses, und er verbrachte sein vierjähriges Grundstudium in Harvard, gefolgt von vielen weiteren an der medizinischen Fakultät sowie dem praktischen Jahr und der Spezialisierungszeit am Beth Israel Hospital. Das tiefe, dramatische Schwarz des Charles River berührte ihn. Um es mit den Worten der Siegeshymne aus dem Baseballstadion der Red Sox zu sagen: *He loved that dirty water.* Den Song würde er ihr vorspielen, wenn sie wieder im Hotel waren. Er fühlte sich an ihrer Hand wie ein kleiner Junge, der ihr jeden Ort schenkte, an dem er glücklich gewesen war. Sie sollte diese Orte mit ihrem Blick beehren. Sie sollte verstehen, dass er immer alles mit ihr teilen würde.

»Ich verstehe, warum Pamela wieder herziehen wollte«, sagte Julia und lehnte sich ans Brückengeländer. Sie waren zur Harvard Bridge gelaufen und blickten jetzt in die schwarze Tiefe zwischen den Bootshäusern und diamanten leuchtenden Kuppeln des Cambridge-Campus auf der einen und dem soliden, ehrlichen Boston auf der anderen Seite. Vom Wasser her wehte ein scharfer Wind, und Julia zog den Mantelkragen hoch, bis nur noch ihre Augen herausschauten. Sie war schon eine Weile still gewesen, und er hatte geduldig gewartet, dass sie ihm verriet, was sie auf dem Herzen hatte. Einen Augenblick später fügte sie hinzu: »Wolltest du nicht auch zurückkommen, als sie umgezogen ist?«

Er zog sie zu sich heran. In seinen Armen fühlte sie sich zierlich, selbst unter den dicken, wärmenden Schichten ihres Wintermantels. Sie hatten schon früher ähnliche Gespräche geführt, aber in Boston war es anders. Hier hörte er die unausgesprochenen Fragen hinter ihrer harmlosen Erkundigung und verstand nun auch ihr vorheriges Schweigen. *Gehst du weg aus London? Verlässt du mich?*

»Du siehst aus, als würdest du frieren«, sagte er sanft. »Ist dir kalt?«

»Ein bisschen.«

Er führte sie langsam wieder zurück Richtung Storrow Drive. »Hier, nimm meinen Schal. Komm, wir gehen Manhattans in der Hotellobby trinken. Oder was Warmes, Irish Coffee vielleicht. Weißt du, ich liebe diese Stadt wirklich sehr. Aber London liebe ich auch, und in London bist du, und das macht London zur einzigen Stadt, in der ich jemals leben will. Ich gehe nirgendwohin. Du bist mein Zuhause«, fügte er hinzu und grinste in sich hinein, weil er die Red-Sox-Hymne diesmal unbewusst zitiert hatte. Aber er meinte es wirklich so.

»Danke. Das weiß ich doch … glaube ich. Tut mir leid. Ich habe einen Blick auf dein Leben vor mir erhaschen können und bin eifersüchtig geworden. Auf eine Stadt. Du hast ein ganzes Leben gelebt, bevor ich dich kennengelernt habe, und das habe ich alles verpasst.« Ihre behandschuhten Finger waren ineinander verschlungen, und sie drückte seine Hand.

»Dabei liegt das einzige Leben, das ich will, vor mir – mit dir. Alles davor war nur eine Trockenübung.« Nach einer kurzen Pause fügte er hinzu: »Pamela ist … ein Erlebnis.« Julia hatte sich, wie er fand, anmutig gegen Pamelas Anstürmen geschlagen. Früher hatten ihn das Theatrale und ihr Selbstbewusstsein gefesselt, aber an diesem Wochenende, an dem er beide Frauen nebeneinander erlebt hatte, war ihm seine Exfrau mehr als sonst auf die Nerven gefallen.

James war im vierten Studienjahr gewesen, als sie sich kennenlernten. Pamela hatte ihn gereizt – britisch, vollbusig, voller Vertrauen in ihre Sexualität und ihren Intellekt. Sie waren zusammen im Seminar zur Urogynäkologie gewesen. Tag für Tag hatte sie einen für seinen Jähzorn berüchtigten Chirurgen mit Fragen provoziert, die ihn zur Weißglut trieben, und während selbst angepasstere Studenten regelmäßig in Tränen ausbrachen, war sie immun gegen seinen Hass gewesen. James hatte sich in ihrem überladenen, ungemachten Bett wiedergefunden, wo er für den Rest des Studiums blieb. Sie passten gut zusammen – jedenfalls auf dieser Ebene.

Mit zunehmendem Alter wurde es schwieriger. Er fühlte sich allmählich unwohl, sie wurde zunehmend abwehrend und kampflustig, während er immer weniger auf die Aufbaukuren ihrer Selbstüberzeugung angewiesen war. Sie hatte ihn ausgesaugt, und sie waren sich gegenseitig auf die Nerven gegangen. Die Scheidung, da waren sie sich einig – manchmal in aller Güte, manchmal mitten in einem versehentlich losgetretenen, uralten Streit –, war die beste Entscheidung, die sie je zusammen getroffen hatten.

Jetzt war er fünfundfünfzig und zum ersten Mal in seinem Leben wirklich und wahrhaftig verliebt. Heute war er ganz besonders dankbar dafür, dass Julia ihm vertraut hatte und mit nach Boston gekommen war. Sie verstand, wie wichtig es ihm war, mit der Familie nicht auf Kriegsfuß zu stehen. Er zog sie näher an sich heran, während sie weitergingen. Seine Liebe zu ihr wuchs jeden Tag.

»Sie ist sehr attraktiv. Ich war ein bisschen eingeschüchtert.«

»Das ist doch Quatsch, Julia, du bist so schön! Bitte lass dich von gar nichts einschüchtern. Wir sind Freunde geblieben, aber wir haben uns aus gutem Grund scheiden lassen.« Dieser Satz war wahr und keiner Partei gegenüber verletzend. Er wollte kein schlechtes Wort über die Mutter seiner Kinder verlieren.

»Warum habt ihr geheiratet?«

Er dachte über die Frage nach. Er hatte Julia viel über die Trennung erzählt, aber nur wenig von dem, was vorher gewesen war. Generell verbrachte er nicht viel Zeit damit, zurückzuschauen. »Ich war von ihr …«, setzte er an, erwog kurz, »überfordert« zu sagen, und sagte dann: »überwältigt. Sie war – sie *ist* – unglaublich selbstbewusst und bewegt sich mit Leichtigkeit unter Leuten. Das wollte ich auch. Sie hat mir … in den Hintern getreten, würde ich sagen. Ich war damals nicht mehr blutjung, aber noch ziemlich unreif. Ich hatte noch nie jemanden wie sie kennengelernt. Sie war sozusagen das britische Äquivalent zu den arroganten amerikanischen Oberschichtmädchen, die ich anhimmelte und die mich keines Blickes würdigten. Nur dass sie mich nicht ignorierte.«

»Und dann?«

»Und dann wurde ich erwachsen, ein bisschen verzögert wahrscheinlich, und indem ich reifer oder selbstsicherer wurde, fingen wir an zu streiten. Wir hatten uns auseinandergelebt.« Er hatte genug erklärt und kehrte wieder zur weit glücklicheren Gegenwart zurück. »Und jetzt bin ich mit dir zusammen, ich bin genau da, wo ich hingehöre.«

Sie waren auf die Fußgängerpromenade in der Mitte der Commonwealth Avenue eingebogen und gingen unter dem gelben Blätterdach der Ulmen, die sich schwarz in der Dunkelheit abzeichneten, eine Weile schweigend nebeneinanderher. Vor ihnen fuhr der Wind in das Laub am Boden und wirbelte es auf.

»Pass auf«, sagte er sanft, »wenn wir wieder im Hotel

sind, suche ich dir im Internet den besten Tierarzt in ganz London. Ich finde für dich diesen Arzt, der sich um die Corgis der Queen kümmert, sag mir einfach, was ich tun soll. Deine Familie ist auch meine Familie. Und dein Hund ist mein Hund.«

6

Am Vorabend hatte sich Boston nicht von seiner besten Seite gezeigt, aber früh am nächsten Morgen hieß die Stadt sie mit blassgelbem Sonnenschein und blauem Himmel willkommen, die Luft war frisch, das Licht gleißend hell. Auf dem breiten, glatten Schwarz des Charles River waren Ruderer unterwegs, auf der Promenade liefen die Jogger mit Mützen und Ohrenschützern, Fleecejacken und Handschuhen durch ihre eigenen weißen Atemwolken. Die gefräßige Thanksgiving-Lähmung lag hinter ihnen, die Bostoner kehrten an den Fluss zurück.

»O-Em-Geh!«, Gwen sprang mit wehendem Schal aus dem Bus und rief Saskia hinter sich zu: »Wie krass!« James hatte Julia und die Mädchen nach Cambridge gebracht, um sie über die laubbedeckten Wege zwischen den efeubewachsenen Ziegelbauten seiner Alma Mater zu führen, und Gwen interessierte sich für einen Hydranten. Mit einem Freudenschrei stürzte sie sich darauf, als wäre sie einem alten Freund begegnet, den sie nur aus dem idyllischen, unwirklichen Fernsehamerika kannte. Sie machte ein Foto und ließ sich dann von Saskia mit ihm zusammen fotografieren. Sie umfasste ihn mit beiden in Handschuhen steckenden Händen.

Für den Blog würde sie einen nachbauen, erklärte sie. Sie kicherte über das Schild, das Anweisungen im Falle einer SCHNEE-NOTLAGE gab, und bat ihre Mutter, Saskia und sie darunter zu fotografieren.

»Nathan steigt gerade aus dem Bus aus, er ist bald da. Ich weiß nicht, ob die Widener Library mit dem Hydranten und dem Schild mithalten kann. Aber vielleicht gibt es ja noch mehr Schilder auf dem Harvard Yard. RAUCHEN VERBOTEN zum Beispiel, oder NOTAUSGANG, so was in der Art.«

Julia beobachtete Gwen besorgt, aber die grinste nur und sagte: »Hydranten sind voll cool. Die sind so amerikanisch.«

Nicht unhöflich, stellte Julia fest, sondern geradezu plauderhaft. Das war ein Fortschritt.

James führte sie zu einer kleinen Eisdiele. Im Eingang blieb Saskia stehen und tippte ihrem Vater auf die Schulter.

»Ich hau ab, Dad. Ich treffe mich noch mit ein paar Leuten zum Mittagessen.«

»Wir sind doch auch Leute. Und wir sind hier. Drei Leute, die alle in England leben und sich auf der anderen Seite des Ozeans nach dir verzehren …«

Sie tätschelte ihm zärtlich den Kopf. »Tschüss, Dad.«

»Hast du genug Geld? Deinen Schal? Notfalltelefon? Ruf mich an, wenn ich dich irgendwohin fahren soll.«

»Du hast hier doch gar kein Auto, aber danke trotzdem.« Saskia wandte sich Gwen zu. »Wenn ihr auf den Harvard Yard geht, lass dir nicht erzählen, dass du John Harvards Zeh reiben sollst, die Studenten pinkeln da drauf. Also, bye. Und nimm am besten ›Schwarze Himbeere‹!«

Nathan brauchte länger, und sie bestellten ohne ihn. Gwen hielt James ihre Waffel hin, ganz unverbindlich, als wäre es das Normalste auf der Welt. James probierte, überlegte mit schief gelegtem Kopf, fand es lecker und gab es zurück. Er bot Gwen seine Kugel Weiße Malzschokolade an. Sie einigten sich darauf zu tauschen, und Julia schaute mit angehaltenem Atem zu. So etwas wäre in London undenkbar gewesen. Bestimmt lag es an Nathans Abwesenheit, vielleicht auch an Boston oder an der Sternenkonstellation. Das Handy vibrierte in ihrer Tasche, und sie entschuldigte sich, drückte Gwen ihren unangetasteten Frozen Yogurt in die Hand und trat in die Kälte auf die lärmende Massachusetts Avenue.

»Es tut mir so leid, *Maidele*«, sagte Philip, als Julia sich meldete. Sie stand wie betäubt in der Kälte. »Es ging nicht mehr. Wir konnten ihn nicht weiter leiden lassen.«

Die Hoffnung war umsonst gewesen. Jede Veränderung war so gekommen. Gwens erster Tag an der weiterführenden Schule, der plötzliche, sich rapide ausbreitende Mehltau, der die prächtigen verwilderten lachsrosa Rosen an der Gartenmauer vernichtet hatte, die Verwandlung ihres Lieblings-Inders in ein neonbeleuchtetes Nagelstudio mit Linoleumboden. Jedes dieser Ereignisse war eine Welle gewesen, die Daniel weiter von seinem kleinen Mädchen fortspülte, sie verursachten eine stärkere Strömung als all die Minuten, die vergangen waren, seit sie sein Gesicht zum letzten Mal gesehen hatte. Und Julia konnte nichts weiter tun, als am Ufer zu stehen und verzweifelt dabei zuzusehen, wie er immer weiter abgetrieben wurde, allein mit dem kleinen verwundeten Mädchen, das er zurückließ. Gwens Sehnsucht nach ihrem Vater war der Grund, aus dem Julia kein neues Auto kaufte und die unzuverlässige Mikrowelle nicht ersetzte – ausgerechnet die hatte Gwen als Erinnerungsstück auserkoren und sie gebeten, es nicht zu tun. Durch das beschlagene Schaufenster beobachtete sie, wie Gwen gestikulierte, das Eis aß, das James mit ihr getauscht hatte, und sich ihm wahrscheinlich zum allerersten Mal öffnete. Und jetzt würde sie wieder leiden müssen. Julia konnte an nichts anderes denken, als sie sich von ihrer Familie abwandte, das Gesicht in den beißenden Wind hielt und sich selbst nur ein paar stille Tränen erlaubte, ehe sie wieder ins Café trat.

7

James war Optimist. Er war überzeugt, dass Gwen ihn irgendwann mögen würde und dass auch er sie eines Tages mögen würde, auch wenn das momentan schwer vorstellbar war. Keine Frage, Gwendolen konnte extrem anstrengend sein, und Julias schuldbewusste Nachgiebigkeit hatte einen gewissen Anteil daran. Sie wäre sicher weniger fordernd und – viel wichtiger – ausgeglichener gewesen, dachte er, wenn die Erziehung ihrer Mutter nicht so von Buße und Rechtfertigung geprägt gewesen wäre. Aber sie waren jetzt eine Familie, und es konnte nur mit einer positiven Einstellung weitergehen. Dass er sich in ihre Mutter verliebt hatte, gab ihm nicht das Recht, sich in Gwens Erziehung einzumischen, deswegen würde er seine Ansichten für sich behalten. *Primum non nocere.* Man musste nicht ihr Vater sein, um zu erkennen, dass sie wegen des Hundes am Boden zerstört war. Julia hatte sie auf die Toilette begleitet, um den Blicken der anderen Gäste zu entfliehen. Sie waren schon eine ganze Weile weg.

Als sie wiederkamen, ging Gwen noch gebeugter als sonst, als würde sie etwas Zerbrechliches an die Brust drücken. Ihre Augen waren rot gerändert, aber sie war gefasst und zog die Jacke enger um sich, schmiegte sich in die schützende Wolle ihres Schals. Julia legte ihrer Tochter den Arm um die Schulter, strich ihr rotes Haar zurück und gab ihr einen Kuss auf die Stirn. In letzter Sekunde beschloss James, von einer Lobrede auf den Hund abzusehen. Stattdessen drückte er ihre Schulter, was sie mit einem kurzen, matten Lächeln erwiderte. Sie suchten ihre Sachen zusammen und wollten aufbrechen.

Als sie die Stühle gerade zurückschoben, kam Nathan beschwingten Schrittes mit einem Edelstahlkaffeebecher in der Hand hereinspaziert, den James sofort als Pamelas identifizierte. Das Echo Dutzender Streite stieg aus diesem Becher empor wie unerwünschte Flaschengeister – Streitereien über Pappbecher, die »unsere Müllkippen verstopfen«, über Wegwerfwindeln und das Wiederverwenden von Plastiktüten sowie eine besonders hysterische Diskussion über die »giftigen und menschenunwürdigen« Chicken-Nuggets, die James bei einem Ausflug zu Sea World für Saskia gekauft hatte. Die Diskussion hatte nur stattgefunden, davon war er überzeugt, weil sie zu diesem Zeitpunkt bereits seit fast drei Monaten keinen Sex mehr gehabt hatten. Alle Unstimmigkeiten zwischen ihnen hallten in diesem Becher nach, all die kleinlichen, lachhaften, todernsten Reizthemen, die man als inkompatible – und folgerichtig geschiedene – Elternteile ansammeln konnte. Sie waren beide gereift und hatten eine freundschaftliche Basis, und doch wusste er, dass sie an diesem Wochenende fleißig daran arbeitete, viele seiner Entscheidungen zu untergraben. Er konnte es ihr nicht verübeln – und würde seine eigene kleine Teufelsaustreibung damit beginnen, dass er am Flughafen alle zu McDonald's einlud.

»Na, hallo auch«, sagte Nathan und blickte verdutzt in die Runde. »Nicht so überschwänglich.«

»Wir sind nur ein bisschen traurig«, sagte Julia und drückte Gwens Arm. »Gwens Opa hat angerufen und uns mitgeteilt, dass Mole gestorben ist.«

Nathan ließ zischend die Luft durch die Zähne entweichen. »Mein Gott, erschreckt mich doch nicht so! Ich dachte, es wäre was Schlimmes passiert. Na, sehen wir's mal von der guten Seite«, sagte er grinsend und prostete Gwen mit seinem Becher zu, »jetzt musst du wenigstens nicht mehr dauernd die Kacke in der Küche wegmachen.«

James wurde bewusst, dass er diese Reaktion lange vor Nathans Ankunft gespürt hatte wie aufziehenden Regen, und trotzdem war er kurzzeitig geplättet, dass sein Sohn die Situation so dermaßen falsch einschätzte. Er wandte sich um, aber bevor er etwas sagen konnte, war Gwen schon draußen und überquerte die dicht befahrene Massachusetts Avenue. Die Fußgängerampeln waren rot, und sie hatte für einen schrecklichen Moment – er hoffte, Julia hätte es nicht gesehen – in die falsche Richtung geschaut. Julia stand auf und lief ihrer Tochter hinterher. Mit einer Hand an der Tür blieb sie stehen und drehte sich noch einmal zu Nathan um. »Das war absolut unangebracht. Das war geschmacklos und grausam.« Dann rannte sie los.

Jetzt mussten sie mit Gwen wieder ganz von vorn anfangen, dachte James frustriert. Warum konnte Nathan seine große Klappe nicht halten? Und warum war Gwen nur so wahnsinnig dünnhäutig?

Nathan rührte betreten in Julias Frozen Yogurt. »Sie ist echt hypersensibel.«

»Bei dir muss ich mir diesbezüglich jedenfalls keine Sorgen machen.«

»Ich hab doch nur einen Witz gemacht. Sie ist wie eine Dreijährige, so wie sie dauernd wegrennt und Trotzanfälle schiebt.«

James wollte widersprechen, überlegte es sich aber doch anders. »Ich weiß. Und ich will dir gar nicht die Schuld in die Schuhe schieben, ich weiß ja, dass du nur witzig sein und die Stimmung auflockern wolltest. Aber wir sind in eine Familie gekommen, die ganz anders ist als unsere –«

»Aber hallo!«

»Jedenfalls«, beharrte James und ließ sich nicht auf Lästereien ein, »musst du auch verstehen: Es geht bei der Sache um ihren Vater. Eigentlich will ich nicht, dass du dir über so etwas Gedanken machst, aber kannst du dir vielleicht mal einen Moment lang vorstellen, wie es sein muss, seinen Vater zu verlieren? Sie vermisst ihn von morgens bis abends. Und dann waren die beiden jahrelang auf sich gestellt, und das ist sicher keine Entschuldigung für ihr Verhalten in anderen Situationen, ich gebe dir recht, Gwen kann sehr schwierig sein, aber der Hund hat ihrem Vater gehört. Er hat diesen Hund gekauft, und er hat diesen Hund erzogen und vermutlich viel Zeit mit Gwen und dem Hund verbracht, und sie denkt heute wahrscheinlich besonders an ihren Vater und hat vielleicht das Gefühl, eine Verbindung zu ihm verloren zu haben. Sie leidet wirklich sehr darunter. Du musst lernen, die Dinge im Zusammenhang zu sehen.«

»Tut mir leid. Es war doch nur Spaß.«

James hielt inne. Sein Sohn war, wie er fand, durchweg erwachsen und entgegenkommend mit den erdrutschartigen familiären Veränderungen umgegangen. Die Scheidung war für beide Kinder schwierig gewesen, und Pamelas Umzug zurück in die USA im Jahr darauf war ein weiterer herber Verlust gewesen. Jetzt war ihre Zeit zu dritt vorbei, Saskia war ebenfalls in den USA, er hatte die Wohnung in Kilburn verkauft, und Nathan und er waren zu zwei nahezu Fremden gezogen. Sein schlechtes Gewissen erinnerte ihn daran, dass seine Kinder es auch nicht einfach gehabt hatten. Sie waren wunderbar erzogen, was ihre Traurigkeit kaschierte, aber das quietschende Rädchen sollte nicht immer das Einzige sein, das geölt wird.

»Ich finde, ihr habt das bisher fantastisch gemeistert. Ich bin so stolz auf dich und deine Schwester. Es war nicht immer einfach, und ihr beide habt es mir so leicht gemacht.«

»Anders als manch andere?«, soufflierte Nathan.

»Es ist kein Wettbewerb.«

»Aber wenn es einer wäre«, sagte Nathan und stellte Pamelas Thermosbecher zwischen seine Füße auf den Boden, sodass James dem Reflex widerstehen musste, ihn umzutreten, »würden wir gewinnen, oder?«

Niemand konnte ihn hören; es wirkte unheimlich erleichternd zuzugeben, dass er seine eigenen Kinder vorzog. Natürlich tat er das, wer hätte das nicht? Die Behauptung des Gegenteils war anstrengend und die einzige Lüge, die er Julia je erzählt hatte und erzählen würde. Sie war die erste Frau, bei der er sich nicht verstellen musste. Trotzdem war er nicht ehrlich gewesen, als er gesagt hatte, ihre Tochter sei »ein Bonus«, auch wenn er wünschte, es wäre so. »Ich meine es ernst. Niemand braucht mit siebzehn eine Stiefmutter und eine neue Schwester. Komm, wir gehen, ich kann hier nicht mehr sitzen. Eigentlich wollten wir ja heute Morgen alle Sehenswürdigkeiten von Cambridge abklappern, begleitest du deinen alten Dad auf einen nostalgischen Spaziergang über den Harvard Yard? Und dann runter zum Eliot House? Ich mache mit dir die James-Fuller-Erstsemester-Führung. Als Erstes zeige ich dir, wo in der Bibliothek ich es nie geschafft habe, mit Mädchen zu knutschen.«

»Dad, nein.«

»Nein?«

»Einfach nein.«

Sie betraten den Harvard Yard durch den McKean-Bogen, auf dem mit leerem Blick und offenem Maul der steinerne Wildschweinkopf des Porcellian Club prangte. Die Erstsemester-Wohnheime zu beiden Seiten waren leer, die Bewohner zum ersten Mal seit ihrer Ankunft in Harvard zu Hause, über Thanksgiving bei ihren Familien, wo sie ihre jüngeren Geschwister herumkommandierten, sich die Wäsche waschen und die Bäuche füllen ließen, um viel zu lange in brandneuen Harvard-Pullis,

Schlafanzughosen und Stoppersocken mit aufgesticktem H zu schlafen und sauer auf die Eltern zu sein, weil die sich verhielten, als hätte sich an ihnen rein gar nichts verändert.

Ohne die Studenten gab es im Harvard Yard nur Touristen. Die Rasenflächen waren in der Mitte noch grün, aber an den Rändern wurde das Gras lichter und brauner, sie waren abgesperrt, um sich von hoher Beanspruchung und heftigen Regenfällen zu erholen. James und Nathan gingen um die bedrohlich aufragende graue Flanke der Widener Library herum, einen vom Laub der Eichen und Ulmen rutschigen Weg entlang und weiter zu der Statue des Mannes, der entgegen der anderslautenden Plakette nicht John Harvard war. Er saß riesenhaft und krumm und gefällig unter einer gewaltigen Flagge, die wie ein Schiffssegel im Wind flatterte und knallte. Sie warteten, während eine Familie aus Deutschland Fotos machte, auf denen sie den polierten Bronzezeh der Statue rieben. Drei blonde Töchter, klein, mittel und groß, alle im gleichen Anorak mit grünen und rosa Blümchen und brandneuen Red-Sox-Baseballkappen auf dem Kopf, reckten sich abwechselnd nach der Oberkante des Sockels. James bot an, die ganze Familie zusammen zu fotografieren, und sie bedankten sich, drückten ihm eine Kamera mit riesigem Objektiv in die Hand und posierten lächelnd und fast ohne zu blinzeln, obwohl die Kälte stechend und das Licht blendend hell war. Als sie gegangen waren, legte Nathan seinem Vater zärtlich schützend den Arm um die Taille.

»Du und Mom, ihr seid beide immer total scharf darauf, mit Wildfremden zu quatschen.«

»Ich weiß, wir sind wirklich unerträglich. Wenn du hier aufs College gehst, dann verspreche ich dir, nicht hier herumzulaufen und mit Studenten zu sprechen. Los, rubbel den Zeh, das bringt Glück für die Bewerbung.«

»Dad, das letzte Mal hat das funktioniert, als ich acht war. Aber mal was anderes«, wechselte Nathan das Thema. »Vorhin hast du ›Stiefmutter‹ gesagt. Heißt das, du willst noch mal heiraten?« Saskia und er waren sich bei dem Thema uneinig, konnten sich jedoch auch nicht darüber einig werden, ob es wirklich eine Rolle spielte. Nathan war der Meinung, dass ein Vertrag eine Beziehung nicht haltbarer machte, und nahm die Ehe seiner Eltern als bestes Beispiel dafür. Und doch hatte er das Gefühl, eine Hochzeit würde der Sache eine gewisse Endgültigkeit verleihen.

»Ich glaube nicht«, bekannte James, »Julia möchte nicht. Sie macht sich Sorgen um Gwen. Und ich finde, es ist alles gut, so wie es ist. Komm, wir gehen noch zum Longfellow-Haus.«

»Da war ich doch schon tausendmal.«

»Nur um noch ein wenig zu gehen.«

»Aber für dich ist sie jetzt unsere Stiefmutter.«

»Ich kenne keinen anderen Begriff für eure Beziehung. Aber Hochzeit hin oder her – wir planen auf lange Sicht.«

»Weil du glücklich mit ihr bist«, bemerkte Nathan. Auf dem Harvard Square spielte ein Straßenmusikant mit Nikolausmütze und lila-gelb gestreiften fingerlosen

Handschuhen *Feliz Navidad* auf dem Akkordeon. Der Wind frischte auf, und ohne nachzudenken, drückte Nathan seinem Vater den Kaffeebecher in die Hand und steckte seine eigenen Hände befreit in die Hosentaschen. Das erinnerte James daran, wie sein Sohn ihm, als er noch viel kleiner gewesen war, selbstvergessen verschmierte Schokoriegelverpackungen und rot gefärbte Eisstiele hingehalten oder das Kaugummi direkt in die Hand seines Vaters gespuckt hatte, damit er vorrennen konnte. Kein Rennen mit Kaugummi im Mund, das war eine von James' wenigen Regeln gewesen. Für Pamela war Kaugummi natürlich schon aus ökologischen Gründen ausgeschlossen.

»Ja, ich bin glücklich. Ist das erlaubt?«

»Vielleicht kommen wir irgendwann über unser kindisches Staunen darüber, dass Eltern auch nur Menschen sind, hinweg und erlauben dir – Schreck, o Schreck –, dein eigenes Leben zu leben. Du kannst ja dann später für unsere Therapie aufkommen, wenn du willst. Sogar Mom findet, dass ihr gut zusammenpasst. Sie hat gesagt, du brauchst gerade jemanden, der dich nicht zu sehr fordert.«

»Ach ja? Hier entlang«, sagte James bestimmt.

Sie kamen am Coop vorbei, wo die Harvard-Insignien sich wie Pocken auf Handtüchern, Bettwäsche, Manschettenknöpfen, Schmuck, Kuscheltieren, Zahnbürsten, Zinnandenken und Gläsern ausbreiteten. Es gab Harvard-Flaschenöffner und -Pingpongbälle, -Babylätzchen und -Federmäppchen. Sie blieben stehen, um die Ware zu begutachten, und James bot an, seinem

Sohn einen Ivy-League-Schokoriegel zu kaufen. Wenig erfolgreich versuchte er, sich seinen eigenen Vater an einem Ort wie diesem vorzustellen.

»Lass mal, du forderst nur das Schicksal heraus«, wehrte Nathan ab. »Kauf mir lieber einen, wenn ich angenommen bin.«

»Wenn du angenommen wirst, kannst du sogar die gravierten Sektflöten haben.«

»Danke, Dad. Lächeln!«, sagte Nathan, lehnte sich zurück, legte den Kopf fast auf James' Schulter und streckte den Arm aus, um ein Selfie zu machen. Er schien zufrieden mit dem Ergebnis und zoomte und schnitt das Bild so lange zu, bis nur noch sie beide lächelnd vor dem weinrot-weißen VERITAS-Spruchband zu sehen waren. Er fotografierte sie noch an verschiedenen anderen Orten. Nathan, der seinem Vater vor der frisch gestrichenen hellgelben Holzfassade des Longfellow-Hauses Hasenohren machte. Mit heißem Kakao vor Peet's Coffee. Arm in Arm vor den verschlossenen Toren von Eliot House. James' Kinder dokumentierten ihr Leben exzessiv. Aber was machten sie mit all den Fotos? Wenn er sie um Abzüge bat, lachten sie ihn nur aus.

»Du und Gwen, ihr seid keine kleinen Kinder mehr, und ihr werdet beide in den nächsten Jahren aufs College gehen«, kehrte James zum Thema zurück, um es zu beenden und sich angenehmeren Themen zuzuwenden. Der Gedanke daran, dass Nathan ausziehen würde – möglicherweise hierher, auf die andere Seite des Atlantiks –, erzeugte ein seltsam trauriges Ziehen in seiner Brust. »Lass uns über die Brücke zurückgehen und ein bisschen am Fluss entlangspazieren. Ihr müsst ja nicht so tun, als wärt ihr Geschwister. Sondern einfach … Mitbewohner, wir alle zusammen als Wohngemeinschaft, oder Freunde. Das nimmt vielleicht etwas den Druck raus.«

»Ja, vielleicht. Guck mal, cooles Foto von uns.«

»Tolles Bild, schickst du mir das? Ich weiß gar nicht, warum ich das sage, du machst es ja doch nie. Also, entschuldigst du dich bei ihr?«

»Versprochen. Und bei Julia auch. Aber darf ich noch mal ganz unter uns sagen, dass ich nicht völlig am Boden zerstört bin, dass in Zukunft nicht mehr die riesigen Haufen eines Hundeopas in der Küche liegen werden?«

»Nathan.«

»Okay, okay.« Er grinste seinen Vater entwaffnend an. »Sollen wir ihnen einen neuen Hund kaufen? Wie wärs mit einem Husky?«

8

Es war erst zehn, aber sie waren alle erschöpft und die Stimmung gedrückt. Besonders Gwen sehnte das Ende des Tages herbei. Ein Leben ohne Mole war undenkbar, daher versuchte sie es möglichst zu verdrängen. In der betäubenden Gesellschaft des Fernsehers konnte sie die Wahrheit noch etwas vor sich herschieben, aber die empfindliche Außenhaut ihres Schutzschildes erforderte Einsamkeit, daher hatte sie das Angebot ihrer Mutter, bei ihr zu bleiben, abgelehnt und sie an der Zimmertür abgewiesen. Wenige Monate zuvor hätte Julia nicht wie eine höfliche Bekannte angeboten zu bleiben, sondern wäre einfach da gewesen, hätte Gwens Hand gehalten, während sie nebeneinandersaßen und in vertrautem Schweigen in eine flackernde, unechte Welt eintauchten. Sie waren eins gewesen. Auf diese Weise hatten sie die Trauer in der Vergangenheit zurückkämpfen können. Aber als laut ausgesprochenes Angebot konnte sie es nicht annehmen. Außerdem wollte sie nicht, dass James sie für ein Kleinkind hielt, auch wenn der Gedanke verlockend war, die beiden zu trennen und sich von der Übelkeit erregenden Vorstellung der beiden in ihrem Kingsize-nicht-ganz-Ehe-Bett zu befreien.

Es klopfte. Vor der Tür stand Nathan, dick in seinen Mantel eingepackt und mit tief ins Gesicht gezogener Wollmütze. Gwen wollte direkt wieder zumachen, doch er stellte den Fuß in die Tür.

»Warte«, flüsterte er eindringlich. »Warte doch mal. Gib mir eine Sekunde.«

Ihr Schlaf-T-Shirt war ein altes Laufshirt ihres Vaters, das ziemlich sicher durchsichtig war. Sie verschränkte die Arme fest vor ihrer unscheinbaren Brust und starrte auf den abblätternden blauen Nagellack auf ihren Zehen. Sie bemerkte, dass ihre Hose hochgerutscht war, aber aus Angst, ihre Brust zu entblößen, konnte sie die Hände nicht benutzen. Die Shorts waren rotbraun mit aufgedruckten schwarzen Schnurrbärten, einem weniger gleichmäßigen Muster aus hellvioletten Bleicheflecken darüber und eigentlich nicht für öffentliche Auftritte geeignet. Sie zog die Schultern nach vorn und stand unbehaglich schweigend da. Sie würde ihm die Genugtuung nicht gönnen, sie traurig zu sehen.

»Es tut mir leid, wirklich. Ich weiß, du hältst mich für einen Vollidioten …«, begann Nathan. Gwen setzte zu sprechen an, aber er fuhr hastig fort. »Ich weiß, ich weiß, ich *war* ein Vollidiot.« Er trat einen Schritt näher, und Gwen wollte schon wieder Protest erheben, doch er umfasste nur den Türknauf und drehte ihn hin und her, um zu sehen, wie der Mechanismus funktionierte. »Wir hatten nie auch nur einen Goldfisch oder einen Hamster oder so, weil Pamela findet, dass Tiere nicht zur Befriedigung menschlicher Bedürfnisse versklavt werden sollten. Ich will damit nicht sagen, dass Mole ein Sklave war, ich meine nur, meine Mutter ist ein bisschen exzentrisch, wie du sicher selbst gemerkt hast, und ich habe einfach nicht drüber nachgedacht. Deine Mom war total sauer auf mich, was ich echt verdient habe, und mein Dad meinte, dass Mole deinem Vater gehört hat, und das wusste ich ja vorher auch nicht. Ich will mich gar nicht rausreden – ich … ich will nur sagen, dass ich mir gar nicht vorstellen kann, wie traurig du sein musst.«

Gwen nickte heftig. Sie wandte sich ab, um sich die Tränen mit dem Handrücken aus dem Gesicht zu wischen, und als sie Nathan wieder ansah, fiel ihr auf, dass auch er ehrlich bekümmert wirkte. Er räusperte sich und wiederholte mit festerer Stimme: »Na ja, ich wollte dir nur Bescheid sagen, dass die Jury mich einstimmig als Vollidioten verurteilt hat.«

»Ist schon okay«, sagte Gwen, weil es sich so gehörte. Aber jetzt, wo er hier war, sollte er auch die anderen Worte zurücknehmen, die sie am Morgen so verletzt hatten. Sie wollte nicht nur, dass er Reue zeigte, sondern dass er die Worte irgendwie ungesagt machte. »Hast du ihn wirklich kein bisschen gemocht?«

Nathan verstand die Aufforderung nicht. Seine Schwester war selten sauer auf ihn, und wenn, dann vergab sie ihm meist stillschweigend und ohne große Diskussion. Valentina hatte sich auf spektakuläre Wutausbrüche, Anrufewegdrücken und beleidigtes Auflegen spezialisiert, und bei den wenigen Gelegenheiten, bei denen sie selbst im Unrecht war, rief sie so lange an, bis er ranging, und forderte gebieterisch seine Vergebung.

Seine bisherige Erfahrung hatte ihn also nicht gelehrt, zu beschwichtigen und zu trösten. Als Erwachsener hätte er verstanden, dass er Mole zu etwas ganz Besonderem und Wertvollem erklären sollte, nicht nur für Gwen, sondern für die gesamte Menschheit. Wie unglaublich sanftmütig er gewesen sei, welch untrüglichen Instinkt er gehabt habe, wie einzigartig er gewesen sei. So banal und unersättlich kann Trauer sein; sie braucht die stetig wiederholte Versicherung des Wertes, der Einzigartigkeit ihres Subjekts. Das würde er schon noch lernen. Aber mit siebzehn überhörte er das Stichwort und sagte nur: »Ich kenne mich mit Hunden nicht so aus.«

»Er war kein normaler Hund«, sagte Gwen enttäuscht und fing wieder an zu weinen.

»Komm, wir setzen uns aufs Dach und trinken was, ich hab Whisky, und unten an der Bar gibt es heißen Apfelsaft. Es ist erst zehn. Ich kann uns einen holen, während du dich anziehst, und dann mache ich uns Hot Toddys«, bot Nathan an, um sie auf andere Gedanken zu bringen, griff in seine geräumige Jackentasche und zog einen Flachmann daraus hervor. Er wollte, dass es ihr besser ging, und sicherstellen, dass sie ihm verziehen hatte. Er war erpicht darauf, Julias Anerkennung zurückzugewinnen, um der seines Vaters gerecht zu werden.

»Es ist schon spät. Was ist denn da drin? Ich trinke keinen Alkohol. Nur Malibu.«

»Wahrscheinlich weil du noch nichts anderes probiert hast«, sagte Nathan und hatte damit recht. »Whisky ist wie Medizin. Deswegen habe ich ihn ausgesucht, er hat eine belebende Wirkung. Die Bernhardiner in den Alpen hatten immer ein Fässchen davon dabei. Oder war das Brandy? Na ja, egal.« War die Erwähnung einer Hunderasse taktlos? »Komm einfach hoch. In fünf Minuten?«

Sie nickte und stieß die Tür mit dem Ellbogen zu, damit sie die Arme nicht von der Brust lösen musste.

Zehn Minuten später trafen sie sich auf dem Dach an einem tiefen quadratischen Pool. Das Wasser war für den Winter aus dem Becken gelassen worden, aber die kleinen runden Scheinwerfer in der Poolwand waren eingeschaltet und warfen überlappende Ringe aus kaltem, türkisem Licht an die jeweils gegenüberliegenden Wände. Auf dem blau gefliesten Boden hatte sich ein kleiner Haufen Laub von einer Kletterpflanze gesammelt, die schwer an einem Rankgitter neben dem Sprungbrett hing.

Die Sonnenliegen waren übereinandergestapelt, angeschlossen und mit Planen winterfest gemacht, also setzten Gwen und Nathan sich auf die Betonkante am tiefen Ende des Pools. Sofort drang die Kälte durch Mäntel und Jeans. Dort konnten sie unmöglich sitzen, also sprangen sie wieder auf und schauten sich nach alternativen Sitzmöglichkeiten um. Nathan entdeckte in der Nähe des Aufzugs einige Schalter und probierte jeden aus, bis schließlich ein großer Heizstrahler über der Tür anging. Gwen fand zwei kleine Cafétischchen aus Aluminium, die eiskalt waren und Tau angesetzt hatten, und zog sie zur Tür. Am Morgen hatte James Gwen und Saskia jeweils ein Paar gelbe Kunstfell-Ohrenschützer geschenkt, die sie jetzt, als sie sich zu Nathan setzte, fester über ihre Ohren klemmte.

Gwens wenige, vorsichtige Experimente mit Malibu und Ananassaft waren unspektakulär gewesen. Sie hatte ihre Getränke auf Partys immer selbst gemischt und zur Sicherheit den kleinen Schraubverschluss der Saftflasche als Messbesser benutzt. Sie sah zu, wie Nathan große Schlucke karamellfarbener Flüssigkeit in zwei weiße Pappbecher mit heißem Apfelsaft schüttete. Weit unten auf der Straße heulte die Sirene eines Krankenwagens.

Vom ersten Schluck musste sie husten. »Das brennt«, sagte sie und verzog das Gesicht, probierte aber gleich noch mal. »Das schmeckt echt grauenvoll, wie kann man so was trinken?«

Nathan nahm angeberisch einen Schluck aus dem Flachmann. »Der ist recht rauchig, es dauert eine Weile, bis man den Geschmack lieben lernt. Ich hab ihn aus einem Dekanter bei meiner Mutter. Der aktuelle Lover steht anscheinend auf schottischen Malt-Whisky.«

»Ist dieser Wentworth ihr Freund?«, fragte Gwen. Nathans überdeutliche Aussprache von »Malt-Whisky« hatte sie hellhörig gemacht, es klang fast, als hätte er das Wort ausgespuckt.

»Wer weiß. Meine Mutter verteilt ihre Gunst recht großzügig.«

Gwen kicherte verdutzt.

»Ich sage nur, wie es ist. Vielleicht ist er ihr Freund. Aber ich meine«, er versuchte mit Gesten anzudeuten, worauf er hinauswollte, »er bewahrt seinen *Whisky* bei ihr *zu Hause* auf.«

»Merkt deine Mum nicht, dass du ihn geklaut hast?«

»Ich hab ihn ja nicht geklaut, sondern nur seiner Bestimmung zugeführt. Ich habe ihn dekantiert.«

Gwens Ohrenwärmer juckten. Sie nahm sie ab und schüttelte die Haare. Nathan grinste.

»Die sehen echt lächerlich aus.«

»Das musst du mit deinem Dad ausmachen, er hat die Dinger gekauft.«

»Na ja, niemand hat behauptet, er wäre eine Koryphäe des guten Geschmacks.«

»Was ist denn eine ›Koryphäe‹? Warum redest du immer so?«, fragte sie, durch die Dunkelheit und diesen unerwartet freundschaftlichen Vorstoß mutig geworden.

»Meinst du vielleicht ›mit Worten‹? ›In ganzen Sätzen‹? Eine Koryphäe ist jemand, der auf einem bestimmten Gebiet außergewöhnliche Fähigkeiten besitzt. Das Wort hat perfekt gepasst.«

»Du hättest auch einfach sagen können: ›Niemand hat behauptet, dass er Ahnung von Klamotten hat.‹«

»Orwell hätte an deiner Hingabe an die Einfachheit seine helle Freude gehabt.«

»Ich bin nicht einfach!«

»Das habe ich auch nie behauptet. Du bist sogar ziemlich komplex. Wie alle Frauen«, fügte er salbungsvoll hinzu.

Trotzig setzte sie ihre Ohrenschützer wieder auf.

»Du siehst mit den Dingern aus wie ein Fraggle.«

»Die Sendung hab ich nie gesehen. Hatte die Hauptfigur nicht rote Haare?«

»Genau. Wie kommts eigentlich, dass du ein Geschenk von meinem abhorreszierten Vater annimmst?«

»Ich frage gar nicht erst, was das Wort heißt.« Sie zuckte mit den Schultern, die Hände in den Taschen. »Meine Ohren waren eben kalt. Und ich versuche mich mit der Situation zu arrangieren. Ist das nicht das, was von uns erwartet wird? Uns mit unserer neuen Familie zu arrangieren? Meine Mum will, dass ich nett zu ihm bin, also versuche ich, nett zu ihm zu sein.«

»Ich würde nicht allzu viel Energie darauf verwenden«, sagte Nathan. Er tippte etwas in sein Handy, während er sprach. »Es dauert so lange, wie es dauert, und wer weiß, wie es dann weitergeht.«

Gwen verstummte. Sie hatte noch nie – nicht ein einziges Mal – darüber nachgedacht, dass die Beziehung nicht halten könnte. Beziehungen zwischen Erwachsenen dauerten für immer oder bis einer starb, deswegen war James' Auftauchen ja so niederschmetternd gewesen. Der Gedanke, es könnte einfach irgendwann zu Ende sein und sie würden wieder zur Normalität zurückkehren, war aufregend. Sie und ihre Mutter könnten wieder in ihre alten, gemütlichen Gewohnheiten verfallen, in die bequeme Lieblingsjeans schlüpfen, nachdem sie dieses steife, unnatürliche Kostüm getragen hatten.

»Warum glaubst du, dass es nicht hält?«

»Mir fallen tausend Gründe ein. Als Allererstes glaube ich nicht an die Ehe.«

»Sie sind doch gar nicht verheiratet!«, rief Gwen entsetzt.

»Du musst nicht immer alles so wörtlich nehmen.

Dann glaube ich eben nicht an lebenslanges monogames Zusammenleben.«

»Ich glaube, es geht nicht darum, ob *du* daran glaubst, sondern ob *die beiden* daran glauben.«

»Tja, mein Vater glaubt offensichtlich auch nicht daran, sonst wäre er ja noch mit meiner Mutter verheiratet.«

Gwen dachte nach – James wirkte plötzlich besonders bedrohlich. »Wer hat mit wen Schluss gemacht?«

»Mit *wem*. Wer hat mit *wem* Schluss gemacht. Egal«, sagte Nathan großzügig, »das war nie so ganz klar. Ich glaube, es war so eine Nicht-mit-aber-auch-nicht-ohne-einander-können-Sache. Als Mom noch in London gelebt hat, hat Dad öfter bei uns übernachtet. Wenn sie mal wieder einem ihrer Lover den Laufpass gegeben hatte, war Dad am Sonntagmorgen plötzlich da, froh und munter, machte Pfannkuchen und trug irgendwelche alten Klamotten, die er nicht mitgenommen hat, als er ausgezogen ist. Man darf gar nicht drüber nachdenken. Leute über vierzig sollten zum Zölibat gezwungen werden. Das ist doch ekelhaft.«

»Und warum sind sie dann nicht mehr verheiratet?«

»Ach, ich wäre nicht überrascht, wenn sie irgendwann wieder offiziell zusammen wären, wenn sie im gleichen Land leben.« Und dann fügte er, als würde er über seine eigenen Kinder reden, großmütig hinzu: »Ich habe aufgegeben, Vorhersagen treffen zu wollen. Bei den beiden überrascht mich gar nichts mehr. Guck nicht so erschrocken, ist ja nicht so, als würde er deiner Mutter je fremdgehen oder so. Er ist total in sie verknallt. Ich glaube nur nicht daran, dass irgendwas für die Ewigkeit ist, das ist alles.«

In Gwens Fantasieszenarien kam ihre Mutter irgendwann zur Vernunft und setzte James vor die Tür. Ihr gefiel der Gedanke nicht, dass Julia für eine Verführerin verlassen werden sollte, die ihn mit Pfannkuchen und der Wiederherstellung seines alten Familienlebens zurücklockte. Dann musste sie wieder an Mole denken und stellte bestürzt fest, dass ihr plötzlich ein Kloß im Hals steckte.

Nathan sah sie an. »Dieses Fragglemädchen, Red, war eigentlich ganz süß.«

»Rothaarig sein ist furchtbar«, sagte Gwen missmutig.

»Rote Haare sind doch schön.« Er rückte näher und nahm eine Strähne von ihrer Schulter in die Finger. Gwen vergrub die Hände noch tiefer in den Taschen. Ihre Gesichter kamen einander ganz nah, als er die Locke unter dem mattgelben Licht aus dem Treppenhaus untersuchte.

»Nicht schlecht«, sagte er.

Es folgte der Bruchteil einer Sekunde, in dem Gwen dachte, er würde sie küssen. Und einen weiteren Bruchteil später wurde ihr klar, dass es ein Missverständnis war, aber dass das – nur einen schmerzhaften Augenblick lang – genau das gewesen war, was sie wollte. Sie spürte, wie sie rot wurde. Nathans Gesicht war noch immer nur wenige Zentimeter von ihrem entfernt, mit großem Interesse betrachtete er ihre Haarsträhne. Dann sah er ihr in die Augen, richtete sich aber nicht wieder auf.

»Ich mag Rot«, sagte er leise, so nah, dass sie seinen

Atem auf ihren Lippen spürte. Er wickelte sich die Strähne um den Finger.

Sie sah ihn an und dachte: *Ich bin betrunken. Es ist peinlich,* wie *betrunken, und das von einem halben Pappbecher mit lauwarmem Apfelsaft und Whisky. Er ist quasi mein Stiefbruder. Was, wenn das illegal ist?* Und im gleichen Augenblick hob er die Hand an ihre Wange, und ihre Lippen berührten sich.

Eine Grenze war überschritten. Unerforschtes Gebiet, ungeahnte Ängste. Seine unerwartet feste Zunge war jetzt in ihrem Mund und blieb dort, suchte ihre eigene. Sie wusste nicht, ob man die Lippen kurz schließen durfte, und fragte sich, ob sie wohl eine Pause einlegen konnte, um zu schlucken. Aber wenn sie jetzt aufhörten, würden sie miteinander sprechen müssen, und das würde, wenn es so weit war, grauenvoll werden. Ihre Köpfe waren nach rechts geneigt – gab es einen vorher festgelegten Moment, in dem man den Kopf um neunzig Grad zur anderen Seite drehte und sich nach links neigte? Nathan schien weder aufhören zu wollen noch Speichelprobleme zu haben.

Das war es also. Und es war nicht in der popcorngesättigten Dunkelheit eines Kinos passiert oder Jahre zuvor zu einer Powerballade unter bunter Diskobeleuchtung, neidischen Anfeuerungsrufen und Gekicher auf der Tanzfläche einer Bar-Mizwa. Es war in Amerika passiert, auf einem eiskalten Hoteldach mit einem Jungen, der erfahrener, älter und sehr viel cooler war als sie, der vielleicht eine Freundin hatte, vielleicht aber auch nicht, und mit dem sie vielleicht verwandt war, vielleicht aber auch nicht. Möglicherweise war sie die einzige Sechzehnjährige in London gewesen, die noch nie einen Jungen geküsst hatte, aber sie wusste schon jetzt, dass sich allein für diese Story, die sie einer neidischen Katy erzählen würde, das Warten gelohnt hatte.

Nathans Hand lag in ihrem Nacken, er zog sie jetzt überraschend fordernd an sich. In einem mutigen Moment wich sie zurück, schluckte verstohlen, vollführte die Drehung, von rechts nach links, und löste damit die zunehmende Verspannung. Als das erledigt war, entspannte sie sich langsam. Ihre Gedanken hörten auf zu rasen, und triumphierend und voll neu gewonnenem Selbstvertrauen kam ihr die Erkenntnis, dass ihre Mutter, James, Katy und Valentina alle aus unterschiedlichen, kostbaren, berechtigten Gründen schockiert sein würden.

9

Philip hatte seine Andrew-und-Fergie-Gedenktasse verlegt, die in den letzten Jahren zu einem seiner meistgeschätzten Besitztümer avanciert war. Ohne darüber zu urteilen, hatte Gwen schon lange akzeptiert, dass er an dieser Tasse hing. Julia war amüsiert, während Iris es lächerlich und peinlich fand. Aber das machte Philip nichts aus. Sollten sie doch glauben, er wäre auf seine alten Tage leidenschaftlicher Sammler von Royal-Fanartikeln geworden. Iris besaß schließlich nicht das Familienmonopol auf Exzentrik. Außerdem war es weit weniger peinlich als die Wahrheit: dass nämlich seine Chirurgenhände von Arthritis geplagt waren und ihm diese zweihenkelige Tasse wieder ermöglichte, morgens als erste Amtshandlung einen Tee zu trinken. Er hatte Gwen gegenüber zufällig erwähnt, dass er sie vermisste, und sie war sofort vorbeigekommen, um ihm bei der Suche behilflich zu sein.

»Wo hattest du sie denn das letzte Mal?«, fragte sie mit in die Hüften gestemmten Händen. Auf den linken Handrücken hatte sie sich einen Schmetterling gemalt, den sie hin und wieder zufrieden betrachtete. Sie drehte sich auf dem Absatz und ließ den Blick durch den Raum wandern, wobei ihr das zu zwei dicken Zöpfen geflochtene Haar gegen Rücken und Brust schlug. Es gefiel ihr, wie sich das anfühlte, und sie wiederholte die Bewegung mehrere Male. »Können wir nicht noch mehr Licht machen?«

»Es ist doch schon alles an. Ist doch nicht so wichtig, Liebling«, sagte Philip und bedeutete ihr, sich wieder hinzusetzen. Gwen blickte sich noch einmal um, ohne sich dabei von der Stelle zu bewegen, ließ sich dann aufs Sofa fallen und zog das Handy aus der Bauchtasche ihres Pullovers. »Komm, wir suchen dir eine neue bei eBay, ich biete mal auf ein paar mehr, nur zur Sicherheit. Oh! Vielleicht gibt es auch Charles und Diana!«

»Später, später. Irgendwo muss sie ja sein. Aber jetzt erzähl mir doch erst mal, wie es dir geht. Was hast du so erlebt?«

»Mir gehts gut.« Gwen zuckte mit den Schultern und steckte das Handy wieder ein. »Schule ist langweilig wie immer, du weißt schon.«

»Dein letzter Blogeintrag war sehr ergreifend«, sagte Philip. »Die Porträts waren wirklich schön. Ich weiß gar nicht, wie du immer auf solche Ideen kommst. Ganz toll! Deine Großmutter hat vor Rührung geweint.«

»Wirklich?« Gwens Stimmung hellte sich auf. »Das geht?«

»Das geht. Nicht oft, aber manchmal passiert es. Wir waren beide sehr ergriffen.«

Gwen hatte sich und Julia Hand in Hand im Museum of Fine Arts in Boston dargestellt, vor einer Miniaturgalerie voller bekannter Werke der alten Meister, auf denen statt der vertrauten Gesichter ein betagter schwarzer Labrador zu sehen war. Mole in pfauenblau-goldener Robe in seinem Atelier; ein unsicherer Mole als Afrikaner mit weißem Turban; Mole in der doppelreihigen, messingknopfbesetzten Uniform des Briefträgers in Arles.

Die letzten rasselnden Atemzüge des Hundes hatten Philip das Herz zerrissen, aber nach außen hin war er ruhig und professionell geblieben, als die schöne, junge Tierärztin betrübt die Spritze gesetzt hatte. Er verschwieg Gwen, dass er selbst beim Betrachten der Bilder geweint hatte, bis die schweren Tränen auf die Tastatur getropft waren. Er hatte sich erst gesammelt und dann Iris angerufen, und sie waren sich einig gewesen, dass ihre Enkelin ein Genie war. *»Memento mori«*, hatte Iris gedankenverloren gesagt, und er hatte zugestimmt, obwohl er dafür dieser Tage keinerlei Erinnerung von außen mehr bedurfte.

Gwen sah ihn mit ernstem Blick an. »Ich wollte noch mal sagen: *Vielen, vielen Dank*, dass du dich um ihn gekümmert hast. Ich bin froh, dass du bei ihm warst. Du bist der Einzige ... Du hast eine sehr beruhigende Wirkung, Opa. Mole hat dich sehr lieb gehabt.«

»Ich ihn auch. Danke, *Maidele.* Ich verspreche dir, ich habe mir die Entscheidung nicht leicht ...«

»Ich weiß«, sagte Gwen entschieden nickend. »Ich hätte mich schrecklich gefühlt, wenn du ihn meinetwegen hättest leiden lassen. Das wäre so selbstsüchtig gewesen. Ich vertraue deiner Einschätzung, du bist ein Hundemensch. Und Arzt noch dazu.«

»Du bist alles, nur nicht selbstsüchtig.«

»Ich weiß nicht.« Gwen legte die Stirn in Falten. »Ich gebe mir ja Mühe, aber manchmal bin ich es trotzdem und merke es gar nicht. Ich bin wegen irgendwas unglücklich, und das macht Mum unglücklich, und dann habe ich ein schlechtes Gewissen, und ich merke es immer erst hinterher, verstehst du? Auf einmal haben wir einen Riesenstreit, und ich weiß gar nicht, wieso überhaupt. Und ich kann nie richtig mit ihr reden, weil wir nie alleine sind. Nie. Sonst hatten wir wenigstens immer zehn Millisekunden im Auto, wenn sie mich zum Töpferkurs gefahren hat, aber jetzt kommt James mit, weil sie dann zusammen ins Fitnessstudio gehen. Ins *Fitnessstudio*. Ich meine, Mum im Fitnessstudio, die Vorstellung ist doch einfach lächerlich. Sie biedert sich an, weil er von Sport besessen ist. Sie hat nicht mal richtige Sportklamotten und geht da in Leinenhose hin oder so. Also müssen wir uns echt im Badezimmer einsperren und flüstern und solchen Quatsch, und darüber bin ich unglücklich, und das macht sie wiederum traurig, und sie macht sich Sorgen und fühlt sich ›hin- und hergerissen‹, und dann bin ich unglücklich, weil sie unglücklich ist. Ohne Witz, ich muss sie körperlich entführen, um mit ihr reden zu können.« Gwen wirkte jetzt nachdenklich. Philip sah die trotzigen dunklen Augen seines Sohnes im Gesicht seiner Enkelin aufblitzen.

»Das hört sich an, als würdest du sie vermissen. Hast du mal mit ihr darüber gesprochen?«

»Nur ungefähr sieben Millionen Mal. Sie spricht dann immer von einer Übergangsphase. Wenn ich ihr irgendwas sagen will, das zwischen uns bleiben soll, schreibe ich ihr inzwischen eine SMS, aber sie ist so eine Niete im Tippen, dass es wehtut, ihr dabei zuzugucken. Ich beobachte sie am anderen Ende des Raums, und sie braucht fünf Stunden, um drei Wörter zu tippen, das heißt, es ist eigentlich Elternmissbrauch, sie dazu zu zwingen. *Du* schreibst immer superschnell zurück. Das ist echt Wahnsinn.« In ihrer Stimme schwang eine Portion Stolz mit.

»Ich benutze die Spracherkennung. Deswegen ist meine Zeichensetzung auch manchmal ein bisschen daneben.«

»Zeichensetzung interessiert doch niemanden, Opa«, sagte Gwen milde. Philip, der da ganz anderer Ansicht war, musste sich auf die Zunge beißen, aber er sagte nichts. Stattdessen fragte er: »Und, wie war das Wochenende? Abgesehen von den sicher sehr schwierigen Teilen? Wie hat dir Boston gefallen? Deine Mutter sagt, du verstehst dich gut mit James' Tochter?«

»Saskia ist supercool, sie kommt, glaube ich, über Weihnachten zu uns, weil ihre Mutter – kennst du Pamela? –, sie kommt jedenfalls auch nach England, um ihre Schwester zu besuchen. Pamela ist der absolute Psycho. Es macht mir echt Angst, wie verrückt sie ist. Kein Wunder, dass James so ein Waschlappen ist. Wahrscheinlich hat sie sein Gehirn gefressen. Richtig gruselig.«

Philip lachte und beugte sich mühsam vor, um sich einen der Zitronenkekse zu nehmen, die Gwen für ihn gebacken hatte. Sie sprang auf und reichte ihm den Teller. »Was meinst du mit gruselig?«

»Na ja, sie wirft sich allen an den Hals, echt ekelhaft. Nathan glaubt, sie macht das, weil sie immer noch in Softie-James verliebt ist, aber da kann sie lange warten, er ist doch offensichtlich total in Mum verknallt, und das hab ich ihm auch gesagt, aber er meinte nur: ›Ja, ja, *fürs Erste.*‹

»Also habt ihr euch angefreundet? Das hört sich doch an, als würdet ihr Fortschritte machen.«

Gwen machte den Mund auf und klappte ihn dann so plötzlich wieder zu, dass Philip ihre Zähne aufeinanderschlagen hörte. »Na ja, angefreundet nicht gerade, er ist voll ätzend. Aber wir müssen es wohl noch eine Weile miteinander aushalten, das sagen jedenfalls immer alle.«

10

James und Julia hatten Gwen bei ihrem Großvater abgeholt, und Julia freute sich darüber, wie herzlich James von Philip begrüßt wurde.

Die beiden Männer hatten sich auf einer Neonatologie-Tagung kennengelernt. Ihre Zimmer hatten nebeneinander in einem abgelegenen Block ganz am Ende des Campus gelegen, und jeden Morgen hatte der blonde Amerikaner von nebenan bei Philip geklopft und ihn zum Frühstück abgeholt. Gemeinsam waren sie über die gepflegten Rasendreiecke zwischen den ziegelroten Fakultätsgebäuden spaziert, und in der Cafeteria hatte Philip ihnen einen Tisch gesucht, während James sich für das ölige, lauwarme Spiegelei anstellte. Als die Konferenz zu Ende war, bot James an, Philip zurück nach London mitzunehmen. An einer Raststätte auf der M4 erwähnte er beim Kaffee, dass er darüber nachdachte, Musikunterricht zu nehmen. In seinem Elternhaus sei für Musik kein Platz gewesen, nur für geflüsterte Geldsorgen und den Missklang erhobener Stimmen. Ob das albern sei mit über fünfzig? Philip stellte vorsichtig den Kaffeebecher ab und suchte in seiner Brusttasche nach einem Stift. Ein Chirurg sollte seine Finger trainieren, riet er James, er müsse unbedingt Klavierspielen lernen. Mit Nachdruck gab er ihm Julias E-Mail-Adresse.

James war ein katastrophaler, zu allem entschlossener Pianist. Er war zwar hochmotiviert, aber Julia musste sich eingestehen, dass er wohl ihr erster echter Fall von Tontaubheit war. Er kam müde aus dem Krankenhaus, doch während der Stunde schien seine Energie unerschöpflich. Er behauptete, unerbittlich zu üben, und machte doch keinerlei Fortschritte. Er grinste und fluchte und beugte sich über das Klavier, um seine Bemühungen nochmals zu verstärken. Wenn er einem Satz nicht gewachsen war, spielte er ihn umso lauter. Er wickelte sie um den Finger, aber sie wusste, dass er keine Augen für sie hatte.

Und dann war er zu seiner vierten oder fünften Stunde gekommen und hatte gesehen, wie sie Programme für das Winterkonzert ihrer Schüler zusammentackerte. Der jüngste, erst fünf Jahre alt, würde mit *When the Saints go Marching in* eröffnen; Susannah Gowers, die mit zwölf Jahren die Älteste war, brachte den Abend mit Mozarts *Klaviersonate in F-Dur, KV 332*, zum Abschluss. James hatte eine der festen weißen Karten in die Hand genommen.

»Ein Vorspiel.«

»Genau.«

»Wie viele Schüler treten auf?«

»Alle. Insgesamt sechzehn.«

Er wanderte mit dem Finger die Zeilen entlang und runzelte die Stirn. Bach, Brahms, Chopin, Mozart und noch mal Bach. »Wann bin ich denn dran?«

Sie unterdrückte ein Lachen. Es war ein Kinderkonzert auf einem klebrigen Pearl-River-Pianino in einer Schulaula um vier Uhr nachmittags. Es würde Orangenlimo und pinke Waffelschnitten geben. Stolze Eltern würden filmen, die meisten davon jünger als James Fuller.

»Keine Sorge, verschwenden Sie auf keinen Fall Papier, indem Sie alles neu ausdrucken, Sie können es ja mit der Hand nachtragen. Vielleicht kann ich das Stück von Schubert spielen, das wir geübt haben. Oder was Neues? Ich finde, Sie sollten entscheiden, was am besten zu mir passt. Wie wäre es mit *Für Elise*?« Er blickte sie unverwandt und todernst an.

»Ich …« Sie musste ihn gewähren lassen, aber sie war bitter enttäuscht. Sie hatte ihn gemocht, dabei war er offensichtlich unzurechnungsfähig. »Wenn Sie möchten«, sagte sie kraftlos.

»Super.« Er setzte sich ans Klavier und fing an, die ersten paar Takte der *Fantasie* zu meucheln. »Und ich habe nachgedacht«, sagte er schwungvoll über die Schulter wie ein Entertainer, »ich will mein Musikexamen Grad 3 ablegen. Ich glaube, ich bin fast so weit, was meinen Sie?«

Julia schnappte nach Luft, und im gleichen Moment ließ James die Stirn auf das Notenpult sinken und schüttelte sich vor stummem Lachen. Japsend rief er: *»Für Elise!«*, und endlich verstand sie. Er war nicht unzurechnungsfähig. Er war traumhaft und albern, und er hatte so herrlich muskulöse Schultern – und damit war es um sie geschehen. Am gleichen Tag hatte er zwischen zwei Patientinnen angerufen und vorgeschlagen, sich auf einen Kaffee zu treffen. Sie wusste nicht, ob Philip sie absichtlich verkuppelt hatte, und sie würde ihn auch nie danach fragen können. Mal kam es ihr so vor, mal wieder nicht. Ob Philip sie wohl jemals spüren lassen würde, dass er es qualvoll oder geschmacklos fand, die beiden zusammen zu sehen?

Julia kam in die Küche und fand Nathan und die offensichtlich wieder in seiner Gunst stehende Valentina Karten spielend am Esstisch vor. Das ganze Wochenende hatte jede Spur von ihr gefehlt, eine beispiellose Zeit der Gelassenheit in ihrem Haus. Sonst saß sie entweder mit am Tisch, oder sie unterbrach das Abendessen mit Anrufen und SMS. Es war eine Erleichterung gewesen, ihr beleidigtes Schmollen, ihre gelangweilte Affektiertheit nicht mehr um sich zu haben. Sie klimperte James mit getuschten Wimpern an, sprach mit Julia wie mit einem Dienstmädchen und ließ sich selten überhaupt dazu herab, mit Gwen zu sprechen. Julias vage Hoffnung, Nathan wäre ohne sie umgänglicher, hatte sich erfüllt. Er war viel entspannter gewesen, hatte sich seinem Alter entsprechend verhalten und seinen vor Weltschmerz triefenden, arroganten Zynismus abgelegt. Es konnte kein Zufall sein, dass Gwen und Nathan sich auf einmal viel besser verstanden. Am Freitag hatten die Kinder sogar freiwillig angeboten, zusammen fürs Abendessen einzukaufen, und später hatte Nathan bestimmt zehn Minuten lang Gwens Lieblingssendung mitgeschaut, ohne auch nur einmal darauf hinzuweisen, dass die Fans von Reality TV hirnamputierte Vollidioten sein mussten. James hatte von Pamela erfahren (die es von Saskia wusste), dass Nathan und Valentina sich getrennt hatten. Hätte das gestimmt, hätte es eine radikale Veränderung, eine vielversprechende Zukunft bedeutet. Aber nun war Sonntagabend, und da war sie wieder und saß barfuß in der Küche.

Es war Valentinas vielsagender Blick in Richtung Kühlschrank, zusammen mit einem unterdrückten, leicht irren Kichern, das Julias Aufmerksamkeit auf die Tafel an der Kühlschranktür lenkte. Manchmal machte Gwen Notizen auf dieser Tafel, übte darauf ihre zahlreichen Schönschriften oder malte mit kreidebestäubtem Finger Regenbogen und Selbstporträts. Meistens waren es jedoch aufwändige Illustrationen der Einkaufsliste, die sie zeichnete. »Weintrauben«, schrieb Julia, und am nächsten Tag rankte sich eine Weinrebe mit schweren, taubedeckten Trauben um die Buchstaben. Neben dem Wort »Hüttenkäse« erschien die Zeichnung einer reetgedeckten, rosenumrankten kleinen Hütte auf einem großzügig gelöcherten Rad Emmentaler Käse. Gwens Darstellung einer gewinnend grinsenden Sardelle hatte monatelang in einer Ecke der Tafel überlebt. Julia hatte diese kleinen Kunstwerke, die wie so vieles andere in den Monaten nach Daniels Tod aufgekommen waren, immer sehr gemocht. Eine Form der stillen Kommunikation, ein weiterer Akt, mit dem sie sich gegenseitig zum Lächeln brachten. Kleine Traditionen konnten einiges dazu beitragen, aus zwei Leuten eine Familie zu machen.

Heute war eine neue, dritte Art von Beschriftung hinzugekommen. In Julias Handschrift standen »Olivenöl«, »Pilze« und »Cheddar« auf der Tafel. James hatte »Kartoffeln« aufgeschrieben, was Gwen ausgewischt und durch eine gezeichnete Kartoffel ersetzt hatte. Außerdem hatte sie eigene Ergänzungen gemacht, doch »Majonese« und »Mamelarde« waren nun mit dicker roter Kreide in fremder Handschrift korrigiert. Ein Fischstäbchen mit menschlichen Zügen, das seit Tagen nicht weggewischt worden war, war nun verschwunden, und an dessen Stelle stand in verschnörkelten Großbuchstaben: »5 VON 7 PUNKTEN. STRENG DICH GEFÄLLIGST MEHR AN.«

Julia warf Nathan einen finsteren Blick zu, aber seinem Gesichtsausdruck nach zu urteilen, hatte er es auch eben erst entdeckt. Neben ihm sah sie Valentina große Augen machen und einen Schmollmund ziehen. Sie ließ eine Karte auf den Tisch flitschen, sah voll theatralischer Unschuld auf ihre Hand, fuhr sich mit den Fingern durchs lange Haar, drapierte es nach vorn über die Brust und streckte sich. »Hallo, Julia«, flötete sie.

James kam herein, zog den Reißverschluss seines Mantels auf und ließ sich, als er Valentina sah, keinerlei Überraschung anmerken, wofür Julia ihn bewunderte. Sie wollte gerade einen nassen Lappen holen, um die Tafel abzuwischen, aber im gleichen Augenblick tauchte Gwen auf. Erschrocken blieb sie im Türrahmen stehen.

»Mein Beileid zu deinem Verlust«, gurrte Valentina mit übertrieben traurig verzogenem Gesicht.

Gwen schien mit mehreren widersprüchlichen Gefühlen zu kämpfen und sagte dann: »Ich hab nichts verloren.«

»Sie meint Mole«, erklärte Nathan und wirkte peinlich berührt.

Gwen schien ihn gar nicht zu hören. »Ich hab jedenfalls nichts verloren, was ich wirklich *haben wollte.*«

Während dieses seltsamen Schlagabtauschs hatte sich Julia zum Kühlschrank vorbewegt, um den grausamen, unerbetenen Rechtschreibtest zu verdecken. Doch das zog nur die Aufmerksamkeit aller Anwesenden auf sie.

Julia war die Einzige, die von ihrem Blickwinkel aus sehen konnte, dass in Gwens Gesicht zuerst Verunsicherung und dann rohe, ungekannte Scham standen. Gwen machte den Kühlschrank auf, nahm einen Apfel heraus, knallte die Tür nur leicht fester zu als nötig und ging wieder. Ihre Schritte entfernten sich auf der Treppe. Ihr jetzt hinterherzulaufen würde die Demütigung nur noch vollständiger machen, dachte Julia, obwohl sie ihrer Tochter wie magnetisch angezogen hinterherstrebte. James warf ihr einen Blick zu, drehte sich um und ging wieder zur Tür hinaus. »Ich hab noch was zu erledigen«, sagte er. »Bis nachher.«

Julia bemerkte, wie Nathan Valentina wütend anfunkelte. »Es wird spät«, sagte sie schließlich. »Ich mache jetzt Abendessen. Würde es euch was ausmachen, ins Wohnzimmer zu gehen?«

»Val bleibt nicht zum Abendessen«, sagte Nathan, wischte die auf dem Tisch liegenden Karten mit einer Hand zusammen und zog sie wie ein Croupier in Vegas gekonnt zu sich heran. »Sie hat sich sowieso vorgenommen, bis zum nächsten Jahr nichts mehr zu essen. Da wird so lange subtrahiert, bis sie kleiner/gleich null ist.« Es klang ungeniert, aber er wirkte schuldbewusst, dachte Julia. Eigentlich gehörte es sich auch nicht, dass er sich über Valentina lustig machte, und James hätte ihn zurückgepfiffen, aber Julia war nicht geneigt, die Angreiferin ihrer Tochter zu verteidigen. Diese verfeindeten Teenager im Zaum zu halten war wirklich mühselig. Sie nahm zwei Auberginen aus dem Kühlschrank und fing an, sie klein zu schneiden. Hinter sich hörte sie Valentina sagen: »Bitte entschuldige, dass ich dachte, wir hätten etwas Wichtiges zu besprechen«, und dann leiser: »*Was denn?* Das kann ihr doch egal sein. An ihrer Schule glaubt man doch sowieso nicht an so was wie Rechtschreibung, oder? Das ist doch alles viel zu starr und einengend. Wer muss denn schon wissen, wie man richtig schreibt, wenn man solche süßen kleinen *Fischstäbchen* malen kann?«

Julia öffnete eine Schublade und klapperte auf der Suche nach dem Durchschlag mit den Töpfen darin. Sollte Nathan etwas geantwortet haben, hatte sie es nicht hören können, aber das Nächste, was sie hörte, war, wie Valentina bockig hinzufügte: »*E ho già detto:* Nenn mich nicht Val!«

Aus der Traum, dachte Gwen. Stechende Scham machte sich in ihr breit, sie zitterte. Valentina mochte unausstehlich sein, aber Gwen war noch schlimmer, denn sie war dumm. Welches Wurmloch sich in Boston auch immer aufgetan und Nathan vorgegaukelt hatte, er fände sie attraktiv, es hatte sich nun wieder geschlossen, und die natürliche Ordnung des Universums war wiederhergestellt.

Die ganze Woche lang hatte sie Mut gesammelt, um ihm zu schreiben und nach Valentina zu fragen. Im Stillen hatte sie formuliert und umformuliert und versucht, ein Gleichgewicht zu finden zwischen ihrer brennenden Neugier und dem noch dringenderen Bedürfnis, völlig desinteressiert an der Antwort zu wirken. Reine Energieverschwendung. Offensichtlich waren sie wieder zusammen – wenn sie überhaupt je getrennt gewesen waren.

Aber warum? Warum dann die Küsse? Sie wurde schon rot, wenn sie nur daran dachte. Nathan hatte sie über das Wochenende verteilt insgesamt fast zwei Stunden lang geküsst – das hatte sie ausgerechnet –, und jedes Mal war es von ihm ausgegangen.

Gut, er hatte nie versucht, sie im Haus zu küssen, aber das hatte sie als angemessene Vorsichtsmaßnahme gedeutet. Wenn sie zusammen sein wollten – und das war seit der ersten Sekunde auf dem Dach in Boston ihre nachhaltigste und meistgehegte Fantasie –, wenn sie eine ernsthafte Beziehung führen wollten, dann war ein gewisses Taktgefühl gefragt. Sie hatte sich schon alles ausgemalt.

Am Freitag hatte er bereits an der Bushaltestelle herumgelungert, als sie von der Schule kam, obwohl er freitags normalerweise in Westminster blieb. Sie waren zusammen durch Belsize Wood nach Hause spaziert, wo er sich plötzlich zu ihr umgedreht und sie mitten im Satz an sich gezogen hatte, zusammen mit ihr vom Weg gestolpert war und sie an den breiten, rauen Stamm einer alten Eiche gedrückt hatte. Auf dem Weg aus dem Park hinaus hatte er sogar ihre Hand gehalten, und ihre Finger waren ineinander verschränkt geblieben, bis sie in die wohlbekannte und allzu gut einsehbare Lawn Road kamen.

Und es hatte weitere Entwicklungen gegeben. Als es zum ersten Mal passiert war, am Abend nach ihrer Rückkehr nach London, hatte sie die Hände abgewehrt, die sich unter ihren Pullover geschoben hatten. Am Freitag in Belsize Wood hatte sie einen dritten und einen vierten Augenblick gewartet, bis sie ihn gestoppt hatte. Seine kalten Finger hatten sie zusammenzucken lassen, aber da war noch etwas anderes gewesen. Es hatte an diesem dunklen winterlichen Spätnachmittag gerade angefangen zu regnen, und sie hatte tief in ihrem Bauch ein Ziehen gespürt, einen plötzlichen Hunger, der Nathan am liebsten hätte gewähren lassen. Allein der Gedanke war unmöglich – es war aufregend, dass jemand wie Nathan so etwas bei ihr versuchte, aber sie durfte nicht nachgeben. Ihr erster Kuss war gerade mal eine Woche her; für alles andere war es viel zu früh. Auf jeden Fall würden seine Hände keinen Zentimeter weiter kommen, hatte sie für sich beschlossen, solange er nicht die Sache mit Valentina geklärt hatte. Hätte er nachgefragt, hätte sie ihm von dieser Bedingung erzählt.

Jetzt war klar, dass Nathan ein untreues Schwein und ein Lügner war, und zu Hause war es unerträglicher denn je. Ihr Zimmer war die einzige Rückzugsmöglichkeit, und selbst dort würde sie nicht sicher sein, sobald Valentina wieder bei Nathan übernachtete. Nicht nur im Film schlugen Bettgestelle rhythmisch und unmissverständlich gegen die Wand, das wusste Gwen inzwischen. Sie saß allein in ihrem Zimmer, und ihr brannten die Wangen. Eigentlich wollte sie ihre neue Knete ausprobieren, ein tiefes Indigo-Blau, das sich hoffentlich perfekt für Jeans eignen würde, aber Valentinas bloße Anwesenheit ließ ihre Kunst albern erscheinen, und dafür hasste sie sie am allermeisten. Diese Kunst war der Anker ihrer Persönlichkeit, ohne den sie unscheinbar wurde, sich nicht mehr von anderen abhob, und gleichzeitig war er kindisch und sinnlos.

Es klopfte fröhlich an der Tür, und James steckte den Kopf herein.

»Deine Mom hat mir telepathisch zu verstehen gegeben, dass ich mal nach dir schauen soll. Sie wäre ja selbst gekommen, aber sie ist gerade damit beschäftigt, Arsen ins Essen zu mischen.«

»Gut, sag ihr, ich nehme eine doppelte Portion.«

»Nicht für dich. Ich glaube, sie hat es eher auf unseren Gast abgesehen.« James trat einen Schritt vor und öffnete die Tür ein Stückchen weiter. Das tat er immer, wenn sie allein waren, wie Gwen genervt festgestellt hatte. Stets rückte er auf dem Sofa von ihr weg und verhielt sich demonstrativ anständig, diese Tipps hatte er sicher aus einem dieser Ratgeberbücher. *Wie Sie verhindern, dass Ihre Stieftochter Sie für einen Perversling hält, Band I.* Es war das erste Mal, dass er allein in ihr Zimmer kam, er musste also in höchster Alarmbereitschaft sein. Dabei hätte er sich die Mühe gar nicht machen brauchen. James hatte einfach nicht das Zeug dazu, etwas so Interessantes wie ein Perverser zu sein. Bei allen Einwänden, die sie gegen ihn hatte, war dies zum Glück keine ihrer Sorgen. Seine Gehemmtheit unterstrich nur die Tatsache, dass er zwar ein inzestuöser Kinderschänder hätte sein können, aber keiner war. Doch solange er sich über Valentina lustig machte, durfte er bleiben.

»Dein Sohn ist ein totales Arschloch«, sagte Gwen mit leicht zittrigem Hohn.

»Das ist er ganz sicher manchmal«, gab James zu. »Aber ich glaube, diese spezielle Gemeinheit geht auf das Konto von jemand anderem. Ich habe sein Gesicht gesehen, ich glaube wirklich, dass er es vorher nicht bemerkt hatte. Willst du nicht mit runterkommen? Zeig ihnen, welche Größe du besitzt.«

»Soll das ein Witz sein?«, fragte Gwen ungläubig, die sich ständig Anspielungen auf ihre Körpergröße anhören musste. »Soll ich vielleicht noch auf Zehenspitzen laufen, oder was?«

James wirkte erst verwirrt und dann bestürzt. »Nein! Ich würde keine … nein, nein! Noch mal von vorn. Willst du mit runterkommen und ihnen beweisen, dass du *reifer* bist als sie?«

»Bin ich aber nicht. Ich bin zurückgeblieben und kann nicht schreiben.« Gwen brach in Tränen aus. James hätte sie nie unbeaufsichtigt in den Arm genommen, und ehe sie wieder in Elend und Selbstmitleid versank, war Gwen einen flüchtigen Moment lang sehr dankbar dafür. Ihre Mutter hatte sich nicht einmal die Mühe gemacht, die Treppe hochzukommen. Sie hatte ihren neuen Stellvertreter geschickt, als wären James und sie völlig austauschbar. Als wäre Gwens Gesellschaft nicht mehr gefragt, als wären ihre Bedürfnisse nicht mehr wichtig. Gwen hatte niemanden. James setzte sich in den Türrahmen und zog die Knie unbeholfen an die Brust.

»Ach, weißt du, heutzutage gibt es doch überall eine automatische Rechtschreibprüfung«, versuchte er sie zu beschwichtigen. »Ich würde sagen, alles in allem wäre ich lieber du.«

Gwen schüttelte traurig den Kopf und brachte kein Wort heraus, doch im gleichen Moment bekam sie eine Nachricht. *»Sorry wegen V. Sie ist sauer, weil Schluss ist, letztes Gespräch. Bist du mein Mädchen? xxx«*

Gwen warf James ein zögerliches Lächeln zu, das breiter wurde, als sie die SMS noch einmal las. Danke, er könne jetzt gehen, sagte sie. Es gehe ihr schon viel besser.

11

Außenstehende hatten Weihnachten immer für einen Reibungspunkt zwischen Julia und Daniel gehalten, aber in Wirklichkeit war es das genaue Gegenteil gewesen. Vor der Hochzeit hatten sie sich jedes Jahr verpflichtet gefühlt, Julias Mutter zu besuchen. Der von Julias Mutter vorgebrachte Grund war, dass Daniels Eltern Juden waren und es deshalb nicht »ihr Tag« sei. »Die können nicht immer alles haben«, hatte sie finster gesagt, und Julia hatte beschämt und elendig dagesessen, während ihre Mutter den Truthahn verschmoren ließ, Daniels Hilfe für alles ablehnte, was übers Müllrausbringen hinausging, tiefe Kerben in die Strünke holziger Rosenkohlröschen schnitt und ihn abwechselnd ignorierte oder bezüglich seiner religiösen Überzeugung verhörte. Dass er nicht nur Jude, sondern auch noch Agnostiker war, kam der ultimativen Beleidigung gleich. Ein letztes Mal waren sie da gewesen, als Gwen noch ganz klein war, gerade zahnte und parallel mit einer Bindehautentzündung und Grindflechte zu kämpfen hatte. Kein himmlischer Weihnachtsengel, sondern eine gereizte Tyrannin mit eitrigem Ausschlag. Julias Mutter weigerte sich, das Baby zu halten, lehnte sich stattdessen mit schützend vor der Brust verschränkten Armen zurück und verkündete: »Ein Rotschopf an Bord bringt Unglück«, womit sie unterstellte, dass nicht nur Gwen, sondern auch Daniel einen negativen Einfluss auf National-Rail-Züge hatte. Sie fand es verantwortungslos, mit dem Kind in einen überfüllten Zug zu steigen und all die Keime zu verbreiten, und deutete dann auch noch an, sie hätten das wohl nur getan, weil Daniel zu knauserig war, um das Benzin zu bezahlen (und war das nicht bei Leuten wie ihm immer so?). Julia hatte diesen Fehler nicht noch einmal gemacht und ihre Mutter seitdem nur noch allein und zu weniger aufgeladenen Anlässen besucht. Weihnachten bot einfach zu viel Konfliktpotenzial, zu viele Angriffspunkte und Stolperfallen.

Seit Daniels Tod waren sie nicht mehr bei ihr gewesen. Julia hatte hart gekämpft, um das letzte Gespräch aus ihrer Erinnerung zu löschen, es wegzusperren ins Dunkel, wo es ihr nicht mehr wehtun konnte. Daniel hätte darüber gelacht und ihr geraten, ihrer Mutter zu vergeben. Er hätte gesagt, es gebe ohnehin keine Hölle, wie könne sie also irgendeine Rolle spielen? Er wisse doch, dass Julia nicht an Ammenmärchen glaube, und auch nicht daran, dass er in Feuerseen oder ewigen Flammengruben brennen würde. Aber sie konnte nicht vergeben. Allein darüber nachzudenken schmerzte wie Verrat. Gwen hatte nie von sich aus zu ihrer Großmutter gewollt, und über die Geburtstagskarte mit fünf Pfund und dem immer gleichen, mit blauem Kugelschreiber und ohne Punkt und Komma verfassten DER MENSCH DENKT GOTT LENKT DEINE

GROSSMUTTER, die sie jedes Jahr erhielt, wurde nicht gesprochen. Erleichtert hatte Julia Daniels Familientraditionen übernommen.

Gospel Oak: Der Name ihres Stadtviertels passte zur Weihnachtszeit. In ihrer Straße jedoch waren die Lichterketten so spärlich und unwirksam wie eine altersschwache Taschenlampe am helllichten Tag und wurden nicht etwa feierlich von der Lokalprominenz angeknipst, sondern von dem bei der Stadt angestellten Elektriker, der die Laternenpfähle nachlässig mit nur teilweise funktionierenden Reihen weißer Glühbirnen ausgestattet hatte. Auf den Tischen der Marktstände kamen wieder steife Filznikolausmützen und Schokoladenadventskalender vom Vorjahr zum Vorschein und ergänzten die übliche Palette an Taschentuchgroßpackungen, Plastikkinderschuhen und reduzierten Batterien, karierten Lack-Einkaufstrolleys, ineinandergeschachtelter Tupperware und Ständern mit Polyesterkopftüchern. Im Dezember gesellte sich ein stolzes Regiment kleiner, eingetopfter Weihnachtssterne zu den gewöhnlichen Eimern mit müde aufblühenden Lilien. Der Markt wirkte gleich viel einladender, und hier hatte Julia die letzten zehn Jahre Lametta und Geschenkpapier und unzuverlässige Lichterketten gekauft. Sie feierte Weihnachten auf die eklektische und trotzige Art des Viertels. Und dieses Jahr war James da – seine und ihre Familie würden an *einem* Tisch sitzen. Aufregend. Furcht einflößend.

Er hatte ihr die Freiheit geschenkt. Julia hatte nie zuvor darüber nachgedacht, sich zur Ruhe zu setzen.

Warum hätte sie das Unterrichten auch aufgeben sollen? Um noch mehr Stunden allein zu verbringen? Aber James würde in zehn Jahren in Rente gehen, und er hatte schon zahllose Ideen. Ein Kollege von ihm betreute ein Ausbildungsprogramm für Hebammen in Sierra Leone, dort wollte er jedes Jahr für drei Monate unterrichten. Er hatte eigentlich immer vorgehabt, an die amerikanische Ostküste zurückzukehren, aber jetzt sprach er von Sussex: »Lewes oder irgendeins von diesen anderen schnuckligen britischen Städtchen«, davon, das Kochen auf einem AGA-Herd zu lernen, von gemeinsamen Spaziergängen, wenn nicht am eisigen Westatlantik, dann eben an den milderen Ufern des Ärmelkanals.

Und was wünschte sie sich? Sie wusste kaum eine Antwort darauf – sie hatte nie gewagt, darüber nachzudenken. Als Kind hatte sie sich eine Mutter gewünscht, die nicht dauerhaft ungehalten war, deren Liebe nicht davon abhing, dass sie sich unauffällig verhielt oder ihre Aufgaben im Haushalt widerstandslos und unermüdlich erledigte. James' Nachfrage erlaubte es ihr, die Gedanken schweifen zu lassen, zu träumen. Sie liebte die Oper in Verona, sie wollte zum Jazz-Festival nach New Orleans und nach James' lebhaften Schilderungen nun auch mit ihm in den Appalachen wandern. Sie würden nebeneinander in Maine aufwachen und in New Hampshire und in Vermont. Ein neuer Lebensabschnitt lag vor ihnen, in dem sie alle Zeit für sich haben würden. Wenn sie ihm diese Wünsche vor dem Einschlafen ins Ohr flüsterte, klangen sie nicht albern, sondern wie Pläne. Sie musste sich nicht mehr vor der Einsamkeit und der Stille fürchten, die herrschen würden, wenn ihre Tochter ausgezogen war, sondern konnte sich auf die neue Welt freuen, die Gwens Erwachsenwerden ihr eröffnete. Wenn sie London verließen und nach Lewes zogen, konnte sie sich ein besseres Klavier kaufen. Gwen würde zu Besuch kommen – mit einem Abschluss, einem Freund, Geschichten, Wäsche – und dann wieder in ihr eigenes Leben zurückkehren.

Aber in der Zwischenzeit mussten sie alle auf engem Raum miteinander zurechtkommen. Und Gwen musste es vor jeder Sekunde des Weihnachtsessens heute grauen, dachte Julia und schluckte den Kloß im Hals herunter, den das schlechte Gewissen ihr bereitete. Am zweiten Weihnachtstag würde sie Zeit mit ihr allein verbringen. Vielleicht könnten sie wie im letzten und vorletzten Jahr eine lange Wanderung in Hampstead Heath machen. Sie hatten zwar Mole nicht mehr, aber Gwen war hoffentlich bewusst, dass sie immer noch einander hatten.

Ein Stockwerk höher faltete James die Wäsche und dachte über sein eigenes leichtes Unbehagen nach, untersuchte es wie einen schmerzenden Zahn. Er hatte sich hier fast sofort zu Hause gefühlt, überlegte er, und erst im Nachhinein festgestellt, dass sein Zugehörigkeitsgefühl unerwartet untergraben wurde. Jedes Treffen mit Daniels Eltern war von Wohlwollen und Höflichkeit geprägt gewesen, doch seit er offiziell eingezogen war, hatten sie das Haus nicht mehr betreten. Er wusste, dass er kein Unrecht getan hatte, und doch wollte er aus Anstand oben bleiben, bis Iris und Philip da waren, um sie nicht in einem Haus willkommen zu heißen, das sie besser kannten als er.

Seit der Scheidung war es Pamela und ihm gelungen, die Feiertage jedes Jahr in relativ freundschaftlicher Eintracht zu verbringen. (Normalerweise in Boston und einmal, weniger erfolgreich, in Barbados. Im Laufe der Woche hatten sie kurzzeitig für spätabendlichen, stürmischen Sex zueinandergefunden, aber der Genuss wurde schnell durch die Heftigkeit ihrer Auseinandersetzungen am Tage zunichtegemacht. Daraufhin hatten sie beschlossen, in Zukunft keusch und in Boston zu feiern.) Er war gerne bereit gewesen, die Aldens zum Weihnachtsessen einzuladen, doch für seine Kinder würde es das erste Jahr sein, in dem sie nicht mit beiden Elternteilen gemeinsam feierten, und er wusste, dass sie es zwar nie zugegeben hätten, es ihnen aber doch etwas ausmachte. Beide hatten mehrfach mit ihrer Mutter telefoniert, und er hatte mitbekommen, wie wehmütig und leicht schuldbewusst besonders Nathan geklungen hatte. Pamela war am Tag zuvor mit Saskia in London gelandet und zum Essen mit ihrer Schwester und weiteren Verwandten in Sussex verabredet, die Kinder würden am zweiten Weihnachtstag zu ihr fahren. Nach altehrwürdigem Brauch unter Scheidungskindern pendelten sie an den Feiertagen. Jetzt stand fest, dass sie nicht die Ausnahme waren, die die Regel bestätigte.

Nathan kam die Treppe herauf und wirkte kurz heimlichtuerisch, aber dann war er wieder cool und gefasst wie immer. Mit lahmer Zunge sagte er: »Sie sind da. Megalangweilig. Aber jetzt können wir wenigstens endlich essen.« Er schwang sich das Haar aus den Augen und grinste verschmitzt. Dieses Grinsen ging James direkt ins Herz, und schon war er wieder weg, donnerte die Treppe hinunter. James folgte ihm und stieß im Flur zu den anderen. Julia sah zu ihm auf und lächelte nervös. Er versuchte ihr telepathisch zu verstehen zu geben: Sie gehören zu dir, und ich werde sie irgendwann ebenso gernhaben wie du, ich versuche es jedenfalls. *Ich werde sie lieben.* Eine weitere notwendige Liebeslüge.

»Wirklich, ihr müsst uns helfen«, sagte Iris gerade, »ich habe den gesamten Zyklus gebucht, und ich glaube, ich ertrage es nicht, sie jede Woche zu sehen.« Sie ließ den schweren, seidig schwarzen Pelzmantel von den Schultern rutschen, und Philip stand aufmerksam hinter ihr, um ihn entgegenzunehmen. Iris hob eine Hand im Lederhandschuh, um James zu begrüßen. »Ich habe Julia gerade erklärt, dass ich tausendundein Ticket für einen Konzertzyklus in der Wigmore Hall gekauft habe. Ihr beide werdet uns ein paar davon abnehmen müssen, da waren meine Ohren größer als der Bauch. Nehmt zum Beispiel das Borodin-Quartett mit Schostakowitsch im Februar.«

Philip hatte Iris' Mantel über das Treppengeländer gehängt und wickelte langsam seinen eigenen Schal ab. »Ich finde Schostakowitsch manchmal recht ermüdend«, dachte er laut. Er setzte seine Brille ab und fing an, sie mit einem Zipfel seiner Strickjacke zu putzen, wobei er blind in James' Richtung lächelte.

»Genau deswegen gebe ich ihn ja ab. Wir behalten dafür Brahms und Liszt.«

»Danke«, sagte Philip demütig. Die Brille wieder auf der Nase, streckte er James eine wackelige Hand entgegen. »*Chag sameach.* Danke für die Einladung.«

»Genau, richtig. Weihnacht *sameach.* Kommt rein, kommt rein.« Genau das, was er nicht hatte sagen wollen – und das vor lauter Aufregung gleich zweimal. Kommt rein, fühlt euch wie zu Hause. Zu spät. Er ließ ihnen den Vortritt ins Wohnzimmer. Philip drückte ihm den Arm.

Aus der Küche ertönte lautes Scheppern, und Gwen schlitterte mit wehendem Haar herein. Freudig fiel sie ihrer Großmutter um den Hals, die jedoch gleich zurückwich. »Schätzchen, du stinkst nach Fisch!«

Gwen strich sich mit dem Handgelenk eine Locke aus den Augen und schnupperte an ihren Händen. »Igitt! Tut mir leid, Oma, ich hab Räucherlachsrosetten gerollt. Ich hätte Zitrone draufmachen sollen.«

Saskia kam ebenfalls aus der Küche und lächelte unsicher. »Hey«, sagte sie in die Runde und fügte dann hinzu: »Funktioniert das wirklich? Meine stinken auch, dabei habe ich den Lachs nur ausgepackt. Gwen kocht ganz tolle Sachen, das müsst ihr euch angucken.«

»Gwen kocht nicht, sie präsentiert«, korrigierte Nathan.

»Stimmt. Aber ich sage euch, meine Präsentation ist dieses Jahr *übertrieben* gut! Ich habe einen Frischkäseschneemann gebaut, Oma, der ist im Kühlschrank, mit Haaren aus Mohn und allem. Bei Bagels kann man ja nicht von Kochen sprechen.« Sie machte eine Pirouette auf ihren Socken und landete schwer auf den Fersen.

In den letzten Wochen war James aufgefallen, dass Nathan und Gwen langsam auftauten. An einen endgültigen Frieden wagte er nicht zu glauben, aber vielleicht war es ein Waffenstillstand. Spätabends unterhielten Julia und er sich flüsternd und mit vorsichtigem Optimismus darüber. Seit Valentinas Abwesenheit sich verfestigt hatte, war das Familienleben stetig angenehmer geworden, und es schien nicht mehr völlig unwahrscheinlich, dass sie irgendwann alle in relativer Harmonie zusammenleben würden, bis in den nächsten Jahren erst ein Kind und dann das andere an die Uni ging.

Sie bewegten sich gemeinsam in die Küche, wo Julia die Frischhaltefolie von diversen Schalen und Schälchen entfernte und James, der froh war, etwas zu tun zu haben, Getränke anbot, Gläser mit Eiswürfeln füllte und schließlich Gwens Schneemann aus dem Kühlschrank holte. Er war wirklich beeindruckend. Die Augen aus schwarzen Oliven, die Arme aus Rosmarinzweigen und die Nase eine Babykarotte. In dieses Gebilde hatte sie wahrscheinlich mehr Zeit investiert als in die Hausaufgaben einer ganzen Woche, aber ihre akademische Zukunft (oder deren Scheitern) ging James nichts an. Ein bewunderndes Murmeln ging um den Tisch. Julia schob einen Korb mit Bagels zur Seite und setzte sich zwischen Iris und Gwen.

»Ich will ja nicht Matriarchin gegen Matriarchin ausspielen«, setzte Nathan an und reichte Iris die Platte mit Gwens sorgfältig gerollten Lachsblumen, »aber warum müssen es noch gleich Bagels sein? Pamela macht immer Gans zu Weihnachten.«

»Das ist eine Aldensche Familientradition.« Julia schob ihren Stuhl zurück, um die Zitronenscheiben von der Anrichte zu holen. Sie war milde gestimmt und entspannter als erwartet in dieser seltsam gemischten Gesellschaft. Sie nahm Gwens Hand, drückte sie, und Gwen drückte zurück und lächelte.

»Es war Iris' Idee«, erklärte Philip und zeigte entschuldigend auf einen Mohnbagel in dem Korb, den Julia ihm hinhielt. Sie nahm ihn heraus und schnitt ihn für Philip auf. »Das hat sie damals eingeführt, weil ich an Weihnachten oft im Krankenhaus –«

»Nun verzerre mal nicht die Fakten«, unterbrach ihn Iris. »Du warst an Weihnachten *immer* im Krankenhaus, weil du dich *immer* angeboten hast.«

»Es ist schließlich nicht unser Feiertag, das kam mir nur gerecht vor.«

»Jedenfalls hatte ich die Idee, alle im Krankenhaus mit Bagels zu versorgen«, sagte Iris achselzuckend. »Das war so ein trauriger Haufen, es waren keine OPs angesetzt und dann auch noch die paar armseligen Lamettaschnipsel über dem Schwesternzimmer. Krankenhausessen ist ja ohnehin abscheulich, aber zum Fest gab es dort immer eine abscheulich-weihnachtliche Pampe. Blasser, öliger Rosenkohl und farbloses Fleisch mit Füllung. Es war ein Akt der Nächstenliebe, der zur Tradition geworden ist.«

»Dieses Fleisch gibt es immer noch«, erklärte James. »Es ist mir fast schon ans Herz gewachsen.« An Philip gewandt sagte er: »Das habe ich dir noch gar nicht erzählt. Wusstest du, dass wir die Vierlingsmutter dahatten?«

»Hast du es geschafft, sie drinnenzuhalten?«

»Wir mussten gestern den Kaiserschnitt machen. Sie war –«

»Dad.« Saskia sprach leise, aber mit fester Stimme. »Bitte spar dir heute mal die ekligen Geburtsstorys. Es ist Weihnachten.«

»Gerade an Weihnachten geht es doch um Geburtsstorys«, sagte Nathan mit vollem Mund. »In einem Stall oder was auch immer und mit nichts anderem als Kräutern, um die Schmerzen zu lindern. Was bewirken Myrrhe und Weihrauch überhaupt? Das ist doch eigentlich genau Moms Ding, quasi die ultimative Hausgeburt.« Er grunzte selbstzufrieden. Gwen kicherte.

Nachdem er einen Augenblick über sein Handy gebeugt dagesessen hatte, verkündete er: »Myrrhe öffnet das Herzchakra.«

»Sagt das weise alte Internet.«

»Nein, sagt Mom, ich habe ihr geschrieben. *›Macht die Patientin gelassen und urteilsfrei‹*, schreibt sie.«

»Da bräuchte ich aber eine verdammt starke Dosis Myrrhe, um diesen Schwachsinn zu glauben«, sprudelte es aus James hervor. Er bereute umgehend seine Wortwahl und sah zu Iris hinüber, doch diese nickte zustimmend.

12

»Ein Erfolg auf ganzer Linie«, sagte Iris, als sie von hinten an Julia herantrat. Sie hatte ihren Mantel schon angezogen und schlüpfte gerade in die langen orangen Fahrerhandschuhe. »Du bist eine wunderbare Gastgeberin, und es war sehr lecker, aber Philip Alden ist jetzt müde, deswegen ziehen wir uns zurück. Er hat einen Taxidienst auf seinem Handy benutzt – ein Gentleman namens Stu braucht wohl nur vier Minuten, bis er hier ist.«

Sie schauten durch die Küchentür ins Wohnzimmer. James und Philip unterhielten sich auf dem Sofa, Saskia hatte es sich mit einer Zeitschrift in einem Sessel gemütlich gemacht, und Gwen lag auf dem Boden und zeichnete Philips Profil auf einem linierten Notizblock. Nathan saß ebenfalls auf dem Boden, vor Saskias Sessel, und las in einem Buch mit dem Titel *In Swanns Welt*, das er schon seit Wochen ungeöffnet durchs Haus schleppte. Saskias Handy klingelte.

»Hi Mom … Weiß ich nicht. Dad, haben wir Sherry? Mom fährt auf dem Rückweg von ihrem Essen hier vorbei und hat sich gefragt, ob sie auf ein Glas Sherry herkommen soll.«

»Ziemlich konkrete Frage«, murmelte James, entschuldigte sich bei Philip und stand auf. Aus der Küche rief Julia: »Natürlich muss Pamela auf einen Sherry kommen!« Hinter ihr seufzte es.

»Eine Dreistigkeit.«

»Wir haben nicht ausgemacht, dass wir uns heute sehen, aber es ist doch nett, wenn sie sich damit so wohlfühlt.« Julia sprach leise, um ihrer Schwiegermutter mit gutem Beispiel voranzugehen.

»Ach, dummes Zeug«, sagte Iris genervt und zog an den Fingern ihres linken Handschuhs. Er glitt von der Hand und verbreitete den schweren Moschusduft von Chanel No. 5. »Was für eine Zumutung. Sag Stu wieder ab«, befahl sie Philip quer durch den Raum, als würde sie einem Gerichtsdiener Anordnungen entgegenblaffen. Julia beobachtete, wie Philip, ohne Fragen zu stellen, in die Innentasche seines Cordsakkos griff und nach seinem Handy tastete.

»Ihr müsst nicht bleiben.«

»Um Himmels willen, sei nicht so naiv. Wir bleiben ganz bestimmt. Deswegen kommt sie doch, um uns alle unter die Lupe zu nehmen. Philip Alden wird wohl einfach einen Espresso trinken und sich zusammenreißen müssen.«

Iris hatte das Ende ihres Geduldsfadens mit diesen Fremden erreicht, und ihn jetzt zu verlängern war beinahe unerträglich. Doch Gwen hatte Pamela ziemlich anschaulich beschrieben, und es würde ihr sicher nicht guttun zu erleben, wie ihre Mutter schon wieder als Fußabtreter missbraucht wurde. Es war schon anstrengend genug, diesen heiter-faden Amerikaner zu ertragen, der so auffällig versuchte, seine Anwesenheit unauffällig zu gestalten. Aber dass jetzt auch noch seine Exfrau auftauchen und ungehindert ihre Verheerung anrichten sollte, war ja wohl die Höhe. Iris würde nicht zulassen, dass die Aldens in ihrem eigenen Haus zahlenmäßig unterlegen waren.

Den ganzen Nachmittag lang hatte sie den Eindruck gehabt, James würde sich schrecklich ins Zeug legen mit seinem offenen Lächeln und dem eifrig zustimmenden Nicken, mit dem er um Philip und sie herumscharwenzelt war wie ein emsiger Hausdiener. Wobei sein Drang zur Gastfreundlichkeit offensichtlich durch die Befürchtung gedämpft wurde, allzu besitzergreifend zu wirken. Vorgetäuschte Geistesschwäche half nicht dabei, die grässliche Tatsache zu verbergen, dass er jetzt im Besitz der Schlüssel zu Daniels Haus war und dessen Platz darin einnahm. James war so sensibel und *vorsichtig* – gleich mehrmals hätte sie ihn beim Essen gern geohrfeigt. *Menschenskinder!*, hatte sie gedacht, *Du vögelst sie hier jeden Abend unterm Dach, jetzt tu nicht so, als wüsstest du nicht, wo das Kaffeepulver steht.*

Iris hatte Julia im vergangenen Jahr den Rat gegeben, sich ein wenig auf dem Markt umzutun – sie selbst hatte immer fest an die therapeutische Wirkung von Sex und den heilenden Balsam männlicher Zuwendung geglaubt. Männer, oft in der Mehrzahl, waren für den überwiegenden Teil von Iris' Leben unerlässlich gewesen und waren es noch immer. Doch was ihr einen unerwarteten Stich versetzt hatte, war, dass Julia aufs Zusammenziehen und die Verquickung zweier Leben bestanden hatte – die beiden hätten es wohl »Liebe« genannt. Sie hatte stets geahnt, dass Julia zu fantasielos war, um Liebhaber zu unterhalten, aber taktvoller und weniger störend für die Familie wäre es gewesen.

Beim Essen war sie von Philip Aldens warnenden Blicken im Zaum gehalten worden, die sie über den Tisch hinweg spürte wie das Glühen einer Wärmelampe. Das reichte aus, um ihren Blutdruck zu senken, und es erleichterte sie um die Pflicht zur Selbstzensur. Sein stiller Tadel beruhigte sie, weil sie sich verstanden fühlte. Ich weiß, versicherte er ihr damit, ich verstehe dich.

Seit Pamelas Anruf harrten alle ihrer Ankunft. Saskias Zeitschrift lag auf ihrem Schoß. Gwen hatte aufgehört zu zeichnen, saß neben Nathan auf dem Boden und betrachtete den Spliss in ihren Haarspitzen. Philip hatte Jacke und Schal nicht wieder ausgezogen. Julia, die den ganzen Nachmittag bemüht gewesen war, die Gespräche am Laufen zu halten, und sich gerade etwas zurückgelehnt hatte, begann nun, die Essensreste und die Kolonien von ausgetrunkenen Gläsern und Tassen einzusammeln. Überall lagen Stanniolpapier und zerknüllte Servietten herum, und neben Gwen türmten sich Mandarinenschalen auf einem Stück Küchenrolle. Nathan hatte sich gerade erst einen dritten Frischkäsebagel gemacht, als Snack nach dem Mittagessen, und sein benutzter Teller stand ebenfalls auf dem Boden. Auf der Armlehne von Saskias Sessel balancierte eine leere

Oreo-Schachtel. Rowan, eine alte Schulfreundin von Saskia, war am Vorabend vorbeigekommen, eine kleine, gertenschlanke, hellhäutige junge Frau mit streng geschnittenem schwarzem Haar und tadellosen Manieren. Sie hatte Julia eine Dose Amaretti mitgebracht, deren rosa bedrucktes Einwickelpapier auf dem Wohnzimmertisch verteilt lag wie Magnolienblütenblätter. Das Haus sah aus, als hätte darin ein genussvolles Festschlemmen stattgefunden, was der Wirklichkeit entsprach, aber für Hinzukommende musste es wie ein einziges Schlachtfeld wirken.

Julia stellte die Küchenschränke auf den Kopf, fand jedoch keinen Sherry, was von vornherein klar gewesen war, weil sie nicht gewusst hätte, jemals welchen besessen zu haben. Dennoch war sie auf die Suche gegangen, schon um James ihre gute Absicht zu beweisen. Er war den ganzen Tag ausnahmslos charmant zu Iris und Philip gewesen, daher konnte sie schlecht sagen: *Warum muss mir jetzt auch noch deine verrückte Exfrau ins Haus platzen?*

»Gwen?«, rief sie. »Würdest du stattdessen vielleicht Glühwein für Pamela machen? Wir haben Nelken und bestimmt auch noch irgendwo Sternanis. Du kannst ja mal schauen, ob du ein Rezept im Internet findest.«

Gwen murmelte Nathan neben sich etwas zu, der lachte.

»Ich helfe dir, wenn du willst«, bot er an. »Ich weiß ja nicht, ob du's schon wusstest, aber ich bin ein hervorragender Barmann.«

»Vor allem ein minderjähriger Barmann«, rief James aus der Küche.

»Ich mische alles nur im Interesse der Forschung, das kann ich dir versichern. Hilf mir mal hoch, Souschefin«, befahl er Gwen, die bereitwillig die Handgelenke kreuzte und ihn auf die Füße hievte. Julias Angst vor Pamelas Besuch legte sich vorübergehend, als sie diesen herzerwärmenden Moment der Eintracht zwischen den Kindern mitansah.

13

Wie sich herausstellte, bedeutete »vorbeifahren«, dass Pamela für diesen Besuch einen größeren Umweg in Kauf nahm und erst gegen sechs eintrudelte. »Mit der Kirche ums Dorf«, murmelte Iris und lehnte die vierte von James angebotene Tasse Tee ab.

Als es klingelte, war es Gwen, die zur Überraschung aller aufsprang und öffnete. Pamela rauschte in den Flur, und mit ihr wehte ein theatralisch kalter Wind herein. Iris, die ohnehin stets schnurgerade stand, nahm die Schultern noch ein Stückchen zurück und hob das Kinn.

»Ich bin ja so froh, dass wir das geschafft haben«, trällerte Pamela, als hätte sie eine vor Monaten ausgesprochene Einladung angenommen, die unheimlich schwierig einzuhalten gewesen war. Sie küsste Julia auf die Wange. »Ich konnte die Gelegenheit, meine Babys an Weihnachten zu sehen, einfach nicht verstreichen lassen. Schickst du mir eins von den Kindern raus, um die Geschenke aus dem Wagen zu holen?«

Gwen schlüpfte in ein Paar von Nathans Turnschuhen, das neben der Eingangstür stand, und trottete nach draußen. Als alle einander vorgestellt waren, machte

Pamela es sich in einem Sessel bequem und blickte zufrieden in die Runde. Während sie von allen angelächelt wurde, blieb Iris ungerührt und sah sie an, als würde vor ihr auf der Bühne gleich eine Laienaufführung stattfinden, die gemischte Kritiken erhalten hatte.

»Was für ein gemütliches Nest ihr hier habt. Wenn ich an London eins vermisse, dann diese süßen kleinen viktorianischen Reihenhäuser. Aber gut, wollen wir mit meinen Präsenten loslegen?«

»Bewundernswert, wie gut Sie für einen spontanen Besuch ausgerüstet sind«, bemerkte Iris und beäugte den Berg an Tüten und Schachteln, die Gwen wie ein Hotelpage gehorsam hereingeschleppt hatte.

»Ach, das hatte ich alles schon für morgen im Auto, aber dann war ich gerade auf dem Weg und dachte: Warum nicht? Auf einen Weihnachtssherry mit Ihnen allen. Freut mich wirklich sehr, Sie kennenzulernen, ich habe von James nur Gutes über Sie gehört. Und vor allem über *Sie* natürlich«, sagte sie an Philip gewandt, »ich habe Ihre Artikel über die hintere Hinterhauptslage gelesen und so einige Hühnchen mit Ihnen zu rupfen, daher bin ich geradezu überglücklich, Sie jetzt hier kennenzulernen. Ich habe tausend Gedanken, die ich loswerden will. Vielleicht knöpfe ich Sie mir nachher mal vor.«

»Rupfen Sie lieber schnell«, riet Iris, »ich fürchte nämlich, unsere Hühner müssen bald ins Bett.«

»Sherry gibts nicht, Mom, aber zu deinen Ehren haben wir Glühwein gemacht«, sagte Nathan, der aus der Küche kam. Gwen tappte mit einem Tablett voller

Tassen hinter ihm her. Sie war seltsam entgegenkommend, dachte Julia. Wahrscheinlich würde sie später damit herausrücken, dass sie zu Silvester allein mit ihren Freundinnen zum Trafalgar Square wollte oder auf den überteuerten Verkehrsübungsplatz, den sie in Elstree entdeckt hatte. Vielleicht war ihr auch etwas in der Küche kaputtgegangen.

»Deshalb duftet es hier so herrlich! Ein halbes Gläschen kann ich bestimmt trinken, die Mince Pies, die ich gegessen habe, würden als Grundlage für eine ganze Woche reichen. Vielleicht bin ich auch ganz frech, trinke einen ganzen und hole den Wagen morgen ab.«

»Ach, ein Tee tuts doch auch«, sagte Iris.

Niemand war sonderlich überrascht, dass Pamela die zögerliche Gastfreundschaft länger strapazierte als nötig. Iris hatte den noblen Gedanken, Pamelas Anwesenheit zu überdauern, schnell verworfen und ohne Philips App ein Taxi gerufen, das die beiden nach Hause brachte. Auf Julias Nicken hin flüchtete Gwen in ihr Zimmer, wo sie sich erleichtert und erschöpft mit ihrem Laptop aufs Bett fallen ließ. Sie glühte förmlich nach einer Reihe gewagter, heimlich erhaschter Vertraulichkeiten mit Nathan – seine Hand unter dem Tisch auf ihrem Knie; besockte Füße, die sich berührten, während sie die Rede der Queen im Fernsehen ansahen, flüchtig nur, aber theoretisch für alle anderen sichtbar. In der Küche hatten sie so lange geflüstert, bis der Glühwein zu klebrigem, angebackenem Sirup geworden war, den sie mit einer zweiten Flasche retten mussten – einem von

James' besseren Pinot Noirs. Feierlichkeiten ohne ihren Vater – es war das sechste Weihnachten – hatten sich bislang immer falsch angefühlt, aber dieses Mal hatte sie die Rückendeckung eines Freundes, auch wenn es ein heimlicher war. Und seine komische Mutter schien sie zu mögen.

»Ich muss mich wirklich langsam auf den Weg machen«, trötete Pamela. Ihre Stimme wurde lauter, anscheinend kam sie die Treppe herauf. »Aber vorher musst du mir unbedingt noch das Haus zeigen. Wo schlafen denn die Kinder?«

Leise Schritte folgten. »Ganz oben ist unser Schlafzimmer«, hörte Gwen, »da müssen wir nicht hoch, da herrscht das reinste Chaos. Das ist mein Musikzimmer, hier unterrichte ich, und hier schläft auch Saskia, wenn sie da ist –«

»Wunderbar!«, dröhnte Pamela. »Der Raum ist bestimmt sehr inspirierend.«

»Stimmt.« Ihre Stimmen wurden noch lauter, als sie die halbe Treppe zu Gwens Zimmer hinaufkamen und vor der Tür stehen blieben. »Das ist Gwens Zimmer, wir stören sie lieber nicht, sie wollte sich etwas hinlegen. Dann das Bad da drüben, und das hier ist Nathans Zimmer.« Die Tür nebenan knarrte, als sie geöffnet wurde.

»Ist er nicht ein Ferkel?«, sagte Pamela mit einem Anflug von Stolz in der Stimme. »Bei Jungs muss immer alles riesig sein, oder? Riesige, müffelnde Schuhe, riesige, müffelnde Klamotten, und die werden auch noch kreuz und quer verteilt. Du bist wirklich eine Heilige, dass du das alles auf dich nimmst. Er hat erzählt, dass du sogar seine Wäsche wäschst! Wenn er bei mir ist, muss er das selbst machen. Na ja. Es dauert nicht mehr lange, bis er auszieht, und dann könnt ihr hier ein Kinderzimmer einrichten, inschallah.«

Erschrocken stand Gwen auf und schlich zur Tür, um besser hören zu können. Ihre Mutter hustete, und Pamela polterte weiter: »O nein, nicht rot werden! Tut mir leid, ich weiß, das geht mich nichts an, aber es wäre doch belebend, so ein kleines Etwas in der Familie zu haben, findest du nicht? Und es wäre ja auch noch nicht *ganz* zu spät, wenn du wirklich entschlossen wärst. Nein! *Doch schon so alt?* Nein! Ich hätte schwören können, du wärst erst – *Wirklich?* Aber ganz tolle Haut. Also – in diesem Sinne, du tolle Frau, mache ich mich auf den Weg. Vielleicht nehme ich Saskia mit, und wir machen einen Mädelsabend im Hotel, dann hast du dein Musikzimmer wieder für dich.«

Die Schritte entfernten sich wieder. Gwen blieb still stehen, ihr Herz schlug bis zum Hals. Sie erinnerte sich daran, wie sie mit sechs Jahren am Tisch gesessen und an einem Käsetoast in Dinosaurierform geknabbert hatte, es war das einzige Mal gewesen, dass sie ihre Eltern nach Geschwistern fragte. Auch damals hatte sie jemand anderes darauf gebracht: Ein Kind aus der Schule, das gerade einen kleinen Bruder bekommen hatte, warnte sie, dass das gleiche Schicksal auch ihre schlanke, fürsorgliche Mutter befallen könne. »Es ist doch alles perfekt zu dritt, oder nicht?«, hatte Daniel gesagt, und Gwen hatte genickt, weitergekaut, und die drei hatten sich an den Händen gehalten. Wenn Freundinnen bei ihr übernachteten, hatte Julia immer beiden einen Gutenachtkuss gegeben, erst Gwen und dann dem anderen Mädchen neben ihr. Danach hatte Gwen immer so lange wach gelegen, bis der kleine Gast tief atmete, um sich nach unten zu schleichen und ihre Mutter wieder für sich allein zu haben. Zu sehen, wie sie ein anderes Kind küsste, war eine Qual. Julia nahm dann ihre rotwangige, bekümmerte kleine Tochter in den Arm, und Gwen kuschelte sich an sie, atmete die Schrecken ihres letzten Abschieds und die Erinnerung an Julias Verrat weg. Sie hatte nur eine Mutter, und ihre Mutter hatte nur sie. Das Verhältnis war ausgewogen, die Hingabe gleichermaßen groß. Nie, nicht ein einziges Mal in den letzten erschütternden, beispiellosen Monaten, hatte sie darüber nachgedacht, dass ihre Mutter und James ein Kind bekommen könnten. Aber nichts war unmöglich. Gab es nicht Frauen in Indien, die mit fünfundsiebzig noch Drillinge bekamen? Sie hatte ja auch geglaubt, ihre Mutter sei zu alt für einen Freund, und dann war plötzlich James da gewesen.

Gwen schnappte sich ihren Laptop und schickte Nathan eine Nachricht. Er war in der Küche – zu weit weg, als dass sie sein Handy hätte hören können, aber eine Minute später öffnete sich ihre Zimmertür, und er kam grinsend hereingeschlüpft.

»Du traust dich heute ganz schön was«, sagte er, kam auf sie zu und legte die Arme auf ihre knochigen Schultern. »Ich dachte, wir wollten kein unnötiges Risiko eingehen.«

»Mir ist eben danach. Also, worauf wartest du?«

Nathan brauchte keine weitere Aufforderung. Seine Mutter und seine Schwester waren weg, und er hatte gesehen, wie sein Vater und Julia in der Küche gemeinsam die Spülmaschine ausräumten. Ermutigt durch diese neue häusliche Entspanntheit und Gwens untypische Forschheit, drückte er sie sanft aufs Bett. Sie erlaubte ihm nicht, sich ganz auf sie zu legen, aber er drängte sich an sie, ein Bein über ihre beiden gelegt, den Schritt angenehm nah an ihrem festen Oberschenkel. Hin und wieder rutschte er etwas, als wollte er es sich nur etwas bequemer machen, und brachte ihre Körper dabei immer näher zusammen. Und genau in dieser Position – eine seiner Hände unter dem aufgedruckten Logo ihres T-Shirts – fand Julia sie.

14

»Scheiße!«, schrie Julia und erschreckte damit alle Beteiligten. Gwen hatte dieses Wort noch nie aus dem Mund ihrer Mutter gehört, und es wirkte irgendwie skurril und beunruhigend. Julia schlug sich die Hände vor den Mund und sah einen Augenblick lang so aus, als müsste sie sich übergeben. »Was zum Teufel macht ihr da?« Sie wartete die Antwort nicht ab, sondern stolperte kopfschüttelnd aus dem Zimmer. »Ich glaubs nicht«, wiederholte sie immer wieder. »Ich glaubs nicht. Das kann doch nicht sein.« Sie machte auf dem Absatz kehrt und verschwand aus dem Sichtfeld. Kurz darauf, während Gwen und Nathan noch ihre Klamotten zurechtzupften, knallte die Haustür.

»Nathan?«

»Hier!«

James kam herein, überrascht, die Kinder beide betreten schweigend in Gwens Zimmer vorzufinden. »Hey, ihr zwei. War das die Tür? Was ist denn los?«

»Wir müssen euch was sagen.« Gwen nahm die Schultern zurück und fuhr in ebenso gebieterischem wie vertrauensvollem Ton fort: »Wir wollten damit eigentlich noch warten, aber – Nathan und ich sind zusammen.«

James runzelte die Stirn. »Wie bitte?«

Gwen biss sich auf die Lippe und sah Hilfe suchend zu Nathan, doch der starrte nur aus dem Fenster, die Arme hinter dem Kopf verschränkt wie ein Mann vor dem Erschießungskommando.

»Zusammen. Ein Paar. Verliebt.«

James' Blick wanderte perplex im Raum umher, von Nathan zu den Bücherregalen mit Zeitschriften und Plunder und allerlei Puppenmöbeln, zum Mobile aus Polaroidfotos, die an Regenbogenband von zurechtgebogenen Kleiderbügeln herabhingen, zu den selbst gebastelten Perlenketten über dem Bettpfosten und der Armee von Knetfiguren in diversen Phasen der Fertigstellung auf ihrem Schreibtisch. »Nein. Ich kann … Ich weiß nicht … Ich weiß gar nicht, wo ich anfangen soll. Das ist ja wohl ein todsicherer … *Was?* Das ist doch nicht euer Ernst.«

Gwen konnte nicht anders, sie fing an zu kichern. Es war eine Genugtuung, James nach all ihren Bemühungen endlich außer sich zu sehen.

»Wie lange läuft das schon? Nathan, drehst du dich bitte mal um? Weiß Julia davon? Ist sie deswegen gegangen? Geht es ihr gut? War sie … Moment mal –«, er zog das Handy aus der Hosentasche. »In fünf Minuten seid ihr unten am Küchentisch. Wehe – ich wiederhole: WEHE, ihr macht diese Zimmertür zu. Fünf Minuten. Küchentisch.«

Als die Kinder nach unten kamen, hielten sie sich an den Händen – eine sehr kurze Büßerkolonne. Diese

Solidarität schien inszeniert. Gwen wirkte rebellisch und herausfordernd mit ihrem gehobenen Kinn und den zusammengekniffenen Augen, und ein bisschen sah es so aus, als würde sie Nathan wie ein trotziges Kind durch den Supermarkt ziehen. Nathan betrachtete die Bodenfliesen. Die Röte stieg ihm vom Hals in die Wangen. Es tue ihnen sehr leid, sagte er mit unverkennbarer Süffisanz in der Stimme und ohne sich von Gwen loszumachen.

»Wir gehen raus«, sagte James kurz angebunden. »Julia und ich haben das besprochen. Wir gehen in den Pub, und da setzen wir uns hin und unterhalten uns wie Erwachsene. Sofort.« Er warf Julia ein solidarisches Lächeln zu, ehe er die Kinder wieder grollend anblickte. Sie stand neben ihm und grub die Daumennägel in die Fingerspitzen ihrer Ringfinger. *Atme tief durch*, hatte James ihr am Telefon gesagt, bevor sie ins Haus zurückkehrte. *Ich spreche mit ihnen.* Nathan würde bald wieder von Montag bis Samstag im Internat sein. Selbstverständlich würde er von nun an auch an den Wochenenden dortbleiben müssen, dachte sie, und in den Ferien würden sie ihn direkt von Westminster nach Heathrow fahren. Die Kinder würden nicht eine Nacht mehr unter demselben Dach verbringen.

Gwen würden sie ins Kloster auf die Hebriden schicken müssen. Es gab Mittel und Wege, dachte sie, wie hatte James es noch gleich formuliert?, den *Aufstand niederzuschlagen*. Weitere Vorschläge waren gewesen: Kastration, Keuschheitsgürtel, Sedierung, Brom im Tee, einen Keller ausheben und die beiden für alle Ewigkeit dort einsperren, auf dass sie glücklich würden. *Oder wir fahren weg. Zwei Wochen in die Karibik. Ich wette, Pamela würde sich um die beiden kümmern. Ein paar Tage auf Hülsenfrucht-Diät lassen die Stimmung ziemlich schnell verpuffen, das verspreche ich dir.* Er hatte sich redlich bemüht, sie zu beruhigen. War es vielleicht besser, wenn James und Nathan für einen Monat auszogen? Wahrscheinlich wäre das die beste Lösung gewesen, aber der Gedanke, James nicht mehr bei sich zu haben, machte Julia ganz verrückt. Morgens allein aufzuwachen war undenkbar. Wenn Gwen es nun geschafft hatte, ihn zu vergraulen, würde es nicht einfach werden, ihr zu verzeihen. Nie zuvor hatte sie sich so von ihrer Tochter genötigt gefühlt. Und nie war sie so kurz davor gewesen, James die Meinung über seinen Sohn zu geigen.

Nathan hatte sein Handy hervorgeholt. »Warum müssen wir –«

»Ich will nicht eine Silbe von euch hören, bis wir wie Erwachsene an einem neutralen Ort um einen Tisch sitzen.«

»Aber –«

»Und ich ein Bier in der Hand habe. Ich meins ernst, Mund zu, Nathan. Wir waren den ganzen Tag in diesem Haus, und ich brauche frische Luft.«

»Aber –«

»Sei still. Ihr tut jetzt, was ich euch sage. Und eure beschissenen Handys werdet ihr mal hierlassen und euch wie zivilisierte Menschen unterhalten.«

Nathan verstummte, und Julia stand gestärkt vom Tisch auf. Sie war zu wütend, um Gwen ins Gesicht zu sehen, zu wütend, um mit ihr zu sprechen. James hatte das Kommando übernommen, und innerlich sackte sie vor Erleichterung zusammen und stützte sich auf seine Entschlossenheit. Er würde für sie beide sprechen, bis sie sich wieder in der Lage dazu fühlte, er würde die Ruhe bewahren, wo sie getobt hätte. Er war ein guter Vater. Er würde diesem Wahnsinn ein Ende setzen.

Nathan und Gwen gaben ihre Handys ungern, aber ohne Widerrede ab. Die Mäntel wurden schweigend angezogen, und alle warteten am Tor, während James die Alarmanlage einschaltete und zweimal abschloss. Im Gänsemarsch gingen sie hintereinanderher: Nathan fest in seine Kapuzenjacke eingewickelt, dahinter Gwen, dann Julia und James. Sie gingen an den Reihenhauszeilen entlang, typische Londoner Backsteinhäuser in satten Sand- und Ockertönen unter knorrigem, winternacktem Blauregen. Drinnen: funktionierende Familien, gehorsame, rotwangige Kinder, die ihre Eltern unter leuchtenden Weihnachtsbäumen stolz machten. Gospel Oak – gemalt von Norman Rockwell. *Ich fasse es nicht*, hatte Julia Minuten zuvor zu James gesagt. Er hatte mit den Schultern gezuckt, mit dem Daumen ihre Fingerknöchel gestreichelt und gesagt: *Du musst immer bedenken, dass es das erklärte Lebensziel unserer Kinder ist, uns ans Bein zu pinkeln. Aber wir kapitulieren nicht vor Terroristen.*

Der Pub hatte geschlossen. Es war Weihnachten; ihre geliebte Stammkneipe hatte sich aus dem Rennen verabschiedet. Bleibt lieber zu Hause, rieten die dunklen Ätzglasfenster. Man versuchte gar nicht erst, mit heruntergesetztem Supermarktbier, überfressener Trägheit und dem Gekreische feiertäglicher Familienstreitigkeiten mitzuhalten. »Frohes Fest«, stand mit rotem Filzstift auf einem kleinen Schild an der Tür, und darunter die beruhigende, zum Ende hin absackende Zeile: »Am 2. Weihnachtstag wieder geöffnet.«

James fluchte. Er suchte Julias Blick, kurz wirkte es, als würde er gleich losprusten, doch als er sich den Kindern zuwandte, war er völlig ernst. Er scheuchte sie los, zurück nach Hause.

»Zurück. Zackig.«

»Das wollte ich doch vorhin sagen«, murmelte Nathan, als sie den Weg zurückstapften, auf dem sie gekommen waren. »Dass heute nichts offen hat.«

Sie waren ungefähr dreieinhalb Minuten unterwegs gewesen. Als sie wieder in ihre Straße einbogen, fing es an zu regnen, dicke Tropfen landeten klatschend in flachen Pfützen, die von einem früheren Schauer stammten. Plötzlich schien London unter Wasser zu stehen, und es wurde stockduster. Wieder zu Hause, versammelten sich alle wie choreografiert in der Küche: Julia setzte Wasser auf, als wären sie stundenlang in der Kälte unterwegs gewesen. James holte zwei Dosen Baked Beans aus dem Schrank. Julia ging zum Brotkasten. Gwen machte den Mund auf und wollte sagen, dass sie lieber einen Bagel hätte, besann sich jedoch eines Besseren und klappte ihn wieder zu. Nathan und Gwen saßen nebeneinander am Küchentisch, warteten und sahen zu, wie ihre Eltern das Essen zubereiteten. Gwen fand das Schweigen unerträglich, aber das war wahrscheinlich Absicht.

»Kann ich was helfen?«, fragte sie. Ein neuer Ansatz: gut gelaunt und zugänglich.

»Du hast schon genug geholfen«, sagte James. Er klang beinahe vergnügt.

Nathan sagte: »Ich finde, wir müssen auch Stellung nehmen dürfen.« Unter dem Tisch berührte sein Knie das von Gwen. »Du kannst uns nicht verurteilen, ohne das Plädoyer der Verteidigung gehört zu haben.«

James füllte die Teller, die Julia aufgereiht hatte, mit Baked Beans. »Ich bin kein offizielles Gericht. Da kann ich alles machen, was mir verdammt noch mal in den Sinn kommt.«

»Kannst du meine –«, setzte Gwen an, weil sie ihre Bohnen neben statt auf dem Toast haben wollte.

»Nein.« Alles an James deutete darauf hin, dass er sich amüsierte, doch in völlig gegenteiligem Tonfall sagte er: »Ihr habt unser Vertrauen missbraucht. Ich bin zutiefst enttäuscht von euch beiden.«

»Aber das haben wir doch gar nicht – danke«, protestierte Nathan, nahm die zwei Teller entgegen, die Julia ihm gereicht hatte, und stellte einen vor Gwen hin. »Das geht erst seit ein paar Wochen so, es wäre doch Quatsch gewesen, alles auf den Kopf zu stellen, wenn nichts daraus geworden wäre.«

»Es *ist* nichts daraus geworden«, sagte James und setzte sich auf seinen Platz Nathan gegenüber. Beherzt schnitt er in den Toast und sagte mit vollem Mund »Gar nichts. Was auch immer es war, jetzt ist es vorbei. Finito.«

Gwen, die eine Locke glatt gezogen und wieder in ihre ursprüngliche Form zurückspringen hatte lassen, hob jetzt den Kopf, in ihren Augen blitzte neu entflammte Wut. »Das ist nicht nichts! Woher willst du das denn wissen – du hast doch gar keine Ahnung. Du kannst nicht einfach über uns bestimmen!«

Julia ließ ihre Gabel fallen. »Untersteh dich, James so anzuschreien. Das ist absolut unangemessen, Gwendolen, das verbitte ich mir.«

»Warum interessiert dich überhaupt noch, was ich mache? Du bist so eine Heuchlerin, du erzählst mir gar nichts mehr von dir, wechselst kaum ein Wort mit mir, außer wenn es wieder heißt: *Sei nett, sei nett, sei nett!* Und: *Ach so, übrigens zieht eine wildfremde Familie bei uns ein, alles klar, danke, und außerdem musst du mal eben ein komplett anderer Mensch werden.* Und auf einmal sollen wir alle beste Freunde sein, und du merkst gar nicht, wie alle darunter leiden und nur ihr zwei völlig voneinander besessen seid. Und jetzt ist endlich mal, zum ersten Mal in meinem Leben, was Schönes passiert, und dich interessiert nur, was das für dich bedeutet.« Sie holte kurz Luft. »Tja, tut mir leid, dass dir das ungelegen kommt, aber Nathan ist mein Freund. Du hast mir auch nichts gesagt, als ihr zusammengekommen seid, und du erzählst mir *gar nichts* über deine Pläne. Sei doch froh, dass es jemanden gibt, der an mich denkt, während du damit beschäftigt bist, mich in deinem tollen neuen Leben zu ersetzen. Für dich bin ich doch *überflüssig.*« Sie ließ den Kopf hängen und fing an zu schluchzen, das Gesicht jetzt hinter einem Vorhang aus rostrotem Haar, das in gefährliche Nähe zu ihrem Teller nach vorn gefallen war. Julia öffnete den Mund, um zu antworten, machte ihn aber getroffen wieder zu. Dass Gwen sich geborgen fühlte, dass sie sich geliebt fühlte, das war immer ihr Lebensziel gewesen. Die Wut floss aus ihr heraus wie Wasser aus einem Schwimmbecken.

»Können wir bitte alle einen Gang herunterschalten?« James' Stimme war ein geflüsterter Singsang, als würde er mit kleinen Kindern sprechen, die Mittagsschlaf halten sollten. Er nahm eine übrig gebliebene Ecke Toast und fing an, Tomatensoße von seinem Teller aufzuwischen. »Einer nach dem anderen. Erklärt uns bitte, was passiert ist. In Ruhe. Nathan?«

Nathan sah Gwen an und dann wieder seinen Vater. »Können wir bitte alles streichen, was heute passiert ist, und könnt ihr uns zuhören, als wären wir von uns aus auf euch zugekommen?«

»Nein. Nächste Frage.«

»Dann eben nicht. Also, wir mögen uns, okay? Ich weiß, es ist ein bisschen komisch, weil ihr zusammen seid und wir jetzt auch und wir alle unter einem Dach wohnen, aber wir waren uns vorher über die Folgen im Klaren, und es war uns das Risiko wert.«

»So war das also, ja? Wie vernünftig von euch. Wir leben unter einem Dach, wie du es so schön formuliert hast, weil ihr unsere Kinder seid. Das hier ist kein Noël-Coward-Stück, kein unglücklicher Zufall in einer Privatpension. Ich erlaube es nicht, und damit ist die Sache gegessen.«

»Wir sind nicht blutsverwandt und werden es auch nie sein, selbst wenn ihr … Wir waren schon erwachsen, bevor ihr euch überhaupt kennengelernt habt.«

Julia und James mussten lachen. Was für eine Provokation! Einen Augenblick später stützte James sich mit beiden Händen auf den Tisch und stand auf, wobei er seinen Stuhl geräuschvoll zurückschob. »Mir reichts. Ich hatte genug Spaß für einen Abend. Nathan, ich rufe deine Mutter an, du schläfst heute Nacht bei ihr, und Gwen, du gehst bitte in dein Zimmer. Nimm mit, was du brauchst, und komm bloß nicht früher als in zwölf Stunden wieder raus, ich will dich bis morgen früh nicht mehr sehen.«

Gwen, deren übliches Aus-dem-Raum-Stürmen unerwartet aus ihrem Arsenal gestrichen worden war, wirkte auf dem falschen Fuß erwischt. Sie warf James einen vernichtenden Blick zu. »Du schickst mich also in mein Zimmer. Wie in alten Zeiten. Kein Problem, ich gehe. Aber damit du's weißt: Du bist nicht mein Vater. Und du kannst nicht verhindern, dass wir uns begegnen, wir wohnen beide hier. Du kannst mich nicht für immer in meinem Zimmer einsperren.«

James hatte schon den Telefonhörer am Ohr. »Darüber werde ich mich gleich noch mal gründlich informieren. Pamela? Jep, genau. Kleine Planänderung. Kann ich deinen Sohn in einer halben Stunde bei dir absetzen?«

15

»Musstest du es ihr wirklich verraten? Hättest du nicht sagen können, dass er einfach so zu Besuch kommt?«

James, der gerade seinen Mantel auszog, hielt inne. Er wirkte überrascht. »Sie ist doch seine Mutter.«

»Schon, aber –« Julia fiel kein Grund ein außer ihrem eigenen instinktiven Widerwillen. Pamela einzuweihen war wahrscheinlich das Einzige, was alles noch schlimmer machen konnte. Bestimmt hatten die jüngsten Ereignisse sogar etwas mit Pamelas unerbetenen Pheromonen und ihrer Freizügigkeit zu tun, die noch durchs Haus waberten. Sie verspürte den Drang, Salbeiblätter zu verbrennen oder irgendwelche andere neuheidnische Rituale zu vollführen, doch dann ging ihr auf, dass Pamela wahrscheinlich genau das getan hätte, und fragte sich, ob sie langsam verrückt wurde. Was sie dachte, aber nicht laut aussprach, war: *Ich mag Pamela einfach nicht.*

»Nathan hätte es ihr ohnehin erzählt«, sagte James beschwichtigend, legte den Autoschlüssel auf den Wohnzimmertisch und ließ sich in einen Sessel fallen. »Aber so oder so: Wir müssen ehrlich zueinander sein. Ich wäre sauer, wenn unter ihrer Aufsicht etwas passiert und sie es vor mir geheim hält.«

»Es war ja nicht ›unter unserer Aufsicht‹, wir hätten doch nicht ahnen können, dass –«

»Ich sage doch nicht, dass wir sie daran hätten hindern können. Du weißt schon, wie ich das meine.«

»Mir wird schlecht«, sagte Julia und ließ die Stirn auf die Armlehne des Sofas sinken. Sie kämpfte gegen die Erinnerung: Nathans Hand unter dem Oberteil ihrer Tochter, der Anblick seines in die Luft gereckten, in Jeans gehüllten Hintern, während er auf ihrem Kind lag. »Ich kann einfach nicht fassen, was hier passiert. Sie haben die eine Sache gefunden, die unser Leben als Familie unmöglich macht. Eigentlich ziemlich genial, wenn man mal drüber nachdenkt. Es ist die ultimative Sabotage.«

James setzte sich neben sie und legte ihr die Hände auf den Rücken. Die Wärme seiner Handflächen sickerte durch ihren Pullover. »Ich glaube, sie machen einfach das, was Teenager machen.« Sie hob den Kopf, doch bevor sie protestieren konnte, fuhr er fort: »Aber nehmen wir mal an, du hast recht und ein Teil von ihnen versucht zu rebellieren und uns das Leben schwer zu machen oder – was ich für wahrscheinlicher halte – wieder mehr Aufmerksamkeit zu bekommen. Es ist immer noch ziemlich neu für sie, uns zusammen zu sehen. Das sollte uns doppelten Grund geben, ihnen zu zeigen, was in uns steckt, und die Sache als Team anzugehen. Wir haben in den letzten Wochen viel Familienkram zusammen gemacht, also sollten wir vielleicht etwas zurückfahren. Warum verbringst du nicht ab sofort jedes Wochenende etwas Zeit allein mit Gwen und ich mit

Nathan? Wir haben doch eigentlich zwei vernünftige Kinder.«

»Das ist ja gerade der Punkt: Sie sind Kinder. Sie können die möglichen Folgen nicht überblicken. Ich glaube, sie verstehen nicht mal, warum das so ganz und gar falsch und abstoßend ist. Und was sie gesagt hat: Dass ich egoistisch gewesen bin und sie verletzt habe …«

»Hör auf. Pamela freut sich, dass Nathan bei ihr ist. Außerdem gibt das den beiden ein bisschen Zeit, sich zu beruhigen oder so zu tun, als wäre das alles nie passiert. Unter der Woche, wenn er in der Schule ist, sind sie ohnehin getrennt, wir müssen also nur am Wochenende aufpassen. Fest steht, dass wir das nicht akzeptieren können. Wir kriegen das schon hin. Und egoistisch warst du sicher nicht. Du denkst doch an nichts anderes als an deine Tochter. Es ist übrigens noch Glühwein da, wenn du willst.«

Julia schüttelte den Kopf. »Der hat mir nicht geschmeckt. Ich weiß nicht, was die beiden damit gemacht haben.«

»Vielleicht haben sie sich auf was anderes konzentriert.«

»Hör bloß auf«, sagte Julia und musste unwillkürlich lachen. »Der Gedanke allein!«

»Stimmt«, fand James. »Am besten schmeißen wir sie einfach raus und holen uns bessere Kinder. Aber weißt du was? Ich bin mir ziemlich sicher, dass alles gut wird. Wahrscheinlich war es von Anfang an ihr Plan, dass du sie findest, und jetzt haben sie ihren Standpunkt klargemacht.«

»Laut und deutlich.«

»Jep. Laut und deutlich.«

Nathan für seinen Teil war zuversichtlich. Er hatte sich schon aus kniffligeren Situationen herauslaviert. Er konnte nachvollziehen, warum alle sauer waren, aber das würde an seinem Verhalten nichts ändern. Und jetzt, wo er sicher am anderen Ende Londons saß, hatte er jede Spur seiner eigenen Entrüstung verloren und fühlte sich von dem ganzen Theater lediglich angespornt.

Gwen war eigentlich überhaupt nicht sein Typ. Valentina, das hatte ihn mit Stolz erfüllt, war eine Neun – einen Punkt Abzug, weil ihr Wahnsinn nicht zu bändigen war. (Die Skala seines Kumpels Edmund bezog nicht einmal das Gesicht mit ein, nur die Ausstattung halsabwärts.) Doch am Ende hatte sie ihn gelangweilt und genervt, und die Selbstsicherheit, die er durch eine feste Freundin bekommen hatte, war durch ihre gnadenlosen Auseinandersetzungen zunichtegemacht worden. Am Anfang hatte er das für leidenschaftlich und romantisch gehalten, aber so hübsch sie auch war, er wollte keine Freundin, die immer sauer war. Gwen Alden war eine solide Acht bis Achteinhalb. Sie war groß wie ein Laufstegmodel, und das Adjektiv »gertenschlank« traf voll und ganz auf sie zu. Ihr rotes Haar war so beeindruckend, dass es das abschätzige Etikett »Feuermelder« schon nicht mehr verdient hatte, man konnte es nicht anders nennen als »umwerfend«. Sie hatte ein wunderschönes Gesicht. Er mochte ihr Lachen und dass sie ihn ganz ernsthaft – wenn sie es ihm auch missgönnte – für ein Genie hielt. Insgesamt war sie das bisschen Feuer unterm Hintern von seinem Vater auf jeden Fall wert, und seine Mutter würde bestimmt gelassener reagieren. Solange er sie mit ein paar Details versorgte, erlaubte sie normalerweise alles.

Am zweiten Weihnachtstag war der Tiefpunkt erreicht. Julia saß am Fußende von Gwens Bett, den Kopf gesenkt, die Finger im Schoß ineinander verschränkt.

»Ich habe heute Nacht kein Auge zugetan«, sagte Julia leise. »Ich bin so enttäuscht von dir.«

Auch Gwen hatte fieberhaft und von leicht schuldbewusstem Trotz erfüllt wach gelegen, und sie musste fast über den oberlehrerhaften Ton ihrer Mutter lachen. Heute würde ein Tag der Abrechnung werden. Sie unterdrückte das Kichern und sagte: »Tut mir leid.« Und weil ihr auffiel, dass ihre Mutter das wahrscheinlich als Entgegenkommen werten würde, fügte sie hinzu: »Tut mir leid, dass du das so siehst.«

»Du kannst das doch nicht ernsthaft für eine gute Idee gehalten haben.«

»Das ist keine Idee. Ich mag ihn wirklich. Wir haben das doch nicht geplant.«

»Trotzdem ist es nicht richtig.«

Gwen richtete sich auf und warf die Decke zur Seite. Zu schreien wäre peinlich gewesen, weil sie ihre Zahnspange noch im Mund hatte, aber sie war zu wütend, um innezuhalten und sie herauszunehmen. »Wer sagt das denn? Ihr könnt doch nicht über alles bestimmen, was wir machen. Wir sind erwachsen!«

»Erwachsen! Was ich hier sehe, ist das genaue Gegenteil von erwachsenem Verhalten. Wenn du nicht verstehst, warum das völlig unangebracht –«

»Es ist ja nicht so, als hätte ich es nicht unangebracht gefunden, dass du dich mit James triffst. Und als hätte ich es nicht unangebracht gefunden, als er Dads Haus übernommen hat: Das war *verdammt* unangebracht, wenn du mich fragst.«

»Meinst du nicht, dass es da einen kleinen Unterschied gibt?«

»Nein«, sagte Gwen stur. »Meine ich nicht. Aber ist ja auch egal, jetzt ist es eh zu spät.« Um ihre Würde wiederherzustellen, nahm sie endlich die Zahnspange heraus und legte sie in die lila Dose auf ihrem Nachttisch. Dann tastete sie sich auf der Suche nach ihrer Brille zum Schreibtisch vor. Sie fühlte sich verletzlich und unbeholfen, wenn die Welt so verschwommen war.

»Was ist zu spät? Du meinst, es ist vorbei?«

»Nein, es ist zu spät: Er ist mein Freund. Und daran kannst du nichts ändern.« Nathan und Gwen hatten sich nie über den Status ihrer Beziehung unterhalten, aber er hatte ihr am Abend zuvor nicht widersprochen, und das beflügelte ihr Selbstvertrauen. Einer plötzlichen Regung folgend fügte sie hinzu: »Wir sind schon ewig zusammen.«

Julia wirkte erschrocken. »Wie lange?«

»Geht dich nichts an. Du berätst dich ja auch nicht mit mir, wenn es um dein Liebesleben geht.«

»Gwen, es reicht. Dieser Ton muss nicht sein.« Dann wurde Julias Stimme plötzlich sanfter: »Gwendolen,

Schatz, was meinst du denn mit ›Liebesleben‹? Wie ernst ist das Ganze? Viele Dinge gehen mich wirklich nichts an, aber was unter meinem Dach passiert, ist schon meine Sache. Schläfst du … schläfst du etwa mit ihm?«

Diese Frage war für Gwen der endgültige Beweis, wie wenig Julia verstand – davon, was angemessen und unangemessen war, vom Leben im Allgemeinen und ihrem eigenen Kind im Speziellen, das bisher nicht ein einziges Kleidungsstück in Anwesenheit eines Jungen – Nathan eingeschlossen – ausgezogen hatte und das auch überhaupt nicht vorhatte. Julia hätte genauso gut fragen können, ob Gwen seit Neuestem Fallschirmspringerin war. Ihre Mutter hatte ganz offensichtlich schon lange abgeschaltet. Gwen war eine zu allem fähige Fremde für sie geworden. Sie drohte in Selbstmitleid zu verfallen, doch sie konzentrierte sich auf das, was ihr zum Trost blieb. Also schluckte sie ihr ehrliches Entsetzen herunter und pokerte: »Was geht dich denn unser Sexleben an?«

Sobald die Worte ausgesprochen waren, tat sich eine Kluft zwischen ihnen auf, ein See der Lügen. *Das ist gar nicht wahr!*, dachte sie so laut sie konnte, aber jetzt stand die Lüge zwischen ihnen und war so groß, dass sie sich darüber hinweg nicht mehr hören konnten. Sie sehnte sich sofort danach, die Wahrheit zu gestehen, aber sie wusste schon jetzt, dass es niemals dazu kommen würde. Während ihre Mutter sich langsam und unaufhaltsam entfernte wie ein aus dem Hafen auslaufendes Schiff, dachte sie verzweifelt: *Vielleicht ist es ja irgendwann wahr.* Im Moment war Sex völlig unvorstellbar, doch Julias

Augen waren plötzlich feucht geworden, und sie war ohne ein weiteres Wort gegangen, für sie musste es also vorstellbar sein.

Gwen war ihr ganzes Leben lang wie selbstverständlich davon ausgegangen, gekannt und geliebt zu werden – umhüllt von einem seidigen, dämpfenden Kokon aus Naivität und kindlicher Ichbezogenheit. Das alles stellte sich nun als Illusion heraus. Einzig ihr Vater hatte sie bedingungslos geliebt und akzeptiert. Er hätte nie zugelassen, dass Julia den verbleibenden zweiten Weihnachtstag damit zubrachte, wie ein aufgescheuchtes Huhn durchs Haus zu rennen und von James zu verlangen, dass er ein Rezept für die Pille ausstellte. Er hätte sie davon abgehalten, eine verzweifelte und demütigende Nachricht auf dem Anrufbeantworter ihres Hausarztes zu hinterlassen, nachdem James abgelehnt hatte, weil das seiner ärztlichen Sorgfaltspflicht widersprach. Ohne ihren Vater verstand sie niemand. Außer Nathan.

TEIL II

16

»Ich stehe vor der Tür. Wieso brauchst du denn so lange?«

»Tut mir leid«, sagte Philip. Diese Worte hatte er Iris gegenüber so oft geäußert, dass sie zu einer Art Grußformel geworden waren. »Ich brauche noch einen ganz kurzen Augenblick.«

Iris sorgte dafür, dass ihr schwerer Seufzer gut zu hören war, bevor sie auflegte, und Philip fuhr mühsam fort, sich die Schuhe zuzubinden. Damit hätte er schon vor einer ganzen Weile anfangen sollen, aber er hatte den Großteil des Nachmittags damit zugebracht, einen Essay über Tschechow im Internet zu suchen, um ihn auszudrucken und später Iris vorzulesen. Das war ein Ritual, das sie schon früh in ihrer Beziehung nach dem Vorbild von Philips Mutter entwickelt hatten, die unbeirrbare Autodidaktin gewesen war und in ihrer knappen Freizeit die Swiss Cottage Library unsicher gemacht hatte. Ihr Englisch war am Ende fehlerfrei gewesen, aber Theaterstücke waren immer eine Herausforderung geblieben. Wenn sie also mit Philip an der Abendkasse anstand, um nicht abgeholte Karten zu ergattern, dann immer für ein Stück, das sie vorher schon in den wenigen stillen

Momenten gelesen hatte, die ihr im Alltag blieben. So viel Bildung war ihr durch ihr Geschlecht, die Verhältnisse und den Krieg verwehrt geblieben, und nun würde sie als frischgebackene, emanzipierte Britin keinen einzigen Tropfen Erkenntnis oder Genuss opfern, nur weil sie eine Nuance oder eine Anspielung nicht verstand. Zu Beginn hatten Philips »Hausaufgaben«, wie Iris sie nannte, sie amüsiert, doch mit der Zeit hatte sie sich immer mehr darauf verlassen, wenn sie ins Theater gingen.

»Philip erklärt uns schon, worum es geht«, sagte sie dann, woraufhin Philip seine Notizen aus der Innentasche des Jacketts holte, gefaltete Zettel mit unleserlichen Kritzeleien und Zitaten – das Ergebnis der Studien eines Nachmittags.

Heute hatte er die Zeit vergessen. Es war überflüssig, sie zum Warten ins Wohnzimmer zu bitten, während er sich die Schuhe anzog und den Schal und seine Ersatzbrille suchte (die unerklärlicherweise nicht in der Schale lag, die Gwen ihm extra für deren Aufbewahrung getöpfert hatte). Sie würde sowieso bei laufendem Taxameter im Wagen sitzen bleiben und sich ärgern, bis er herauskam. Am zufriedensten war sie, wenn er vorhergesehen hatte, dass sie sich verfrühte, und schon auf dem Gehweg auf sie wartete, wenn sie heranrauschte, sodass der Wagen kaum zum Stehen kam, ehe sie den Schauplatz seines beschämenden Einsiedlerlebens hinter sich ließen.

»Was hast du denn so lange gemacht?«, fauchte sie ihn an, als er ins Taxi stieg.

»Ich dachte, du würdest in der Pause gern Harold Bloom hören. Über *Die Dame mit dem Hündchen*.«

»Seit seinem Kommentar zu Doris Lessing kann ich ihn nicht mehr leiden, aber vielleicht ist es ja an der Zeit, es noch einmal mit ihm zu versuchen. Danke übrigens für den James-Wood-Essay, den habe ich heute Morgen gelesen. Ach, und ich habe uns Räucherlachs bestellt für die Pause.«

»Danke«, sagte Philip ergeben.

»Wie hat dir Rosamond Lehmann gefallen?«

»Ich habe bisher nur die Einleitung geschafft, aber ich lese definitiv weiter. Ich war abgelenkt, weil ich etwas recherchieren musste. Pamela Dings hat mir eine E-Mail geschickt.«

Sie blickte ihn entsetzt an. »Dings' Frau?«

»Exfrau. Ja.«

»Mir fällt kein vernünftiger Grund ein, aus dem man dem ehemaligen Schwiegervater der … was ist sie denn überhaupt? – Freundin wahrscheinlich – Freundin seines Exmannes eine E-Mail schicken sollte.«

»Es ist beruflich. Sie hat mich gebeten, einen Artikel zu kritisieren, an dem sie gerade arbeitet. Und ›ehemalig‹ sind wir nicht, Iris.«

»Ja, ja, ich weiß. Worum geht es denn, um Gottes willen?«

»Orgiastische Geburten. Sie meint wohl, dass ich für alles stehe, was sie am ›Medizinpatriarchat‹ hasst, und deswegen soll ich die argumentativen Löcher aufzeigen, die sie bei Veröffentlichung alle finden werden, damit sie sie im Vorhinein stopfen kann.«

»War ›Löcher‹ der Ausdruck, den sie benutzt hat? Wenn sie nicht mal ihre eigenen Löcher findet, kann sie ja keine besonders gründliche Wissenschaftlerin sein. Und eine sonderlich gute Gynäkologin wohl auch nicht, wenn ich so drüber nachdenke.«

»Sie schrieb etwas in der Richtung, sie könne so schlecht vorausahnen, mit welch perfiden Mitteln das Establishment die Revolution unterdrücken wolle –«

»Das hat sie nicht wirklich geschrieben! Hört sich die Frau eigentlich selbst zu?«

»Ich glaube, sie hält mich für den prototypischen Mann. Wegen der Zange.«

»Aber das heißt ja noch lange nicht, dass du darauf eingehen musst«, sagte Iris entnervt. Dass Philip sich stillschweigend von anderen ausbeuten ließ, machte ihre eigene Abhängigkeit von ihm weniger bequem – und auf eine Art weniger einzigartig. »Sag doch einfach: ›Nein, danke, du Spinnerin, ich bin im Ruhestand.‹ Außerdem ist doch für jeden halbwegs vernünftigen Menschen absolut offensichtlich, dass es gewisse Anlässe gibt, zu denen eine Frau nicht an Sex denken will, und dass eine Entbindung dazuzählt. Was bringt sie überhaupt auf die Idee, dass das sogenannte Establishment es darauf abgesehen hat, Frauen ihr Recht auf einen Orgasmus unter der Geburt abzusprechen? Weißt du was, verrats mir nicht, es ist mir vollkommen egal.«

»Ich schicke dir den Artikel, dann kannst du ihn lesen.«

»Bitte nicht.«

»Sie hat mir auch von Gwen und dem Jungen erzählt.«

Iris horchte auf. »Was für ein Junge? Gwen hat einen Freund? Dass diese Wichtigtuerin das auch noch vor uns weiß! Was hat sie gesagt? Wer ist es? Geht er auf ihre Schule?«

»Nicht *ein* Junge, sondern *der* Junge. Wie heißt er noch gleich? Nathan.«

Sie hatten vor dem Theater gehalten, die Glühbirnen im Vordach ließen die Pfützen in den Rinnsteinen ölig schimmern. Iris bezahlte das Taxi, während Philip sich ungelenk daranmachte auszusteigen – einerseits war es einfacher als bei den niedrigen Sitzen eines normalen Autos, andererseits schwieriger, wegen des großen Schritts, den man von der Trittstufe machen musste. Iris hielt sich so lange mit dem Bezahlvorgang auf, bis er es geschafft hatte und seine Würde wiederhergestellt war, dann hakte sie sich bei ihm unter. Gemeinsam strebten sie der Wärme des Foyers entgegen.

»Also, wie war das jetzt?«, sagte sie, als sie es sich auf ihren Plätzen bequem gemacht hatten, und setzte damit die Unterhaltung nach diversen Umschweifen und Umwegen für das Programmheft, Toilettenbesuche, das Hervorkramen von Lesebrillen, um ihre Handys auszuschalten, sowie der Klärung der Frage, in welcher Bar Iris den Pausenimbiss gebucht hatte, endlich fort.

»Sie schien mir nahelegen zu wollen, dass zwischen Gwen und ihrem Sohn irgendeine Art von Romanze stattfindet. Aber das kommt mir recht unwahrscheinlich vor.«

Iris strich mit der Hand über das Hochglanzprogramm in ihrem Schoß und überlegte.

»Es ist eigentlich erschreckend wahrscheinlich, wenn man mal darüber nachdenkt«, sagte sie schließlich. »Man wirft zwei Teenager zusammen, Neugier und sprühende Hormone tun ihr Übriges, und auf einmal liegt es ganz nahe.«

»Du glaubst also, dass an der Geschichte was dran ist? Gwen ist so arglos.«

»Wenn es nicht schon zu spät ist, sollten wir sie jedenfalls warnen, damit sie es im Keim ersticken«, flüsterte Iris, als die Lichter ausgingen. »Auch wenn Julia sich die größte Mühe gibt – Gwendolen wird nicht für immer zwölf bleiben.«

17

Sébastien Benaim war Oberarzt für Geburtshilfe am Homerton University Hospital, und seine Frau Anne arbeitete als Kardiologin am Royal Free. Sébastien und James waren zehn Jahre zuvor Arbeitskollegen gewesen, als sie alle gerade nach London gezogen waren – James aus Boston, die Benaims aus Paris. Die Familie lebte zehn Fußminuten entfernt in der Hartland Road, die hübschen kleinen Reihenhäuser dort waren pastellfarben gestrichen, in den Vorgärten landeten jedoch des Öfteren die Flaschen, Zigarettenschachteln und grellen Flyer der Feiernden von Camden Town. Hin und wieder erleichterte sich auch einer von ihnen durch die spitzen Gitterstäbe des Zauns hindurch. »Wenn du in Camden wonnst, musst du vielöh Partys schmeiße«, hatte Sébastien ihm mit seinem französischen Akzent erklärt, als er ihn zu Silvester eingeladen hatte, »sonst mache disch die ganze Partys verrückt, die allöh andere schmeiße.«

Sie kamen spät, und in der Küche war es laut und eng. Fünf oder sechs Leute tanzten schon recht angetrunken im abgedunkelten Wohnzimmer. Die Kinder, ein siebenjähriger Junge und ein achtjähriges Mädchen, hüpften kichernd in ihren Schlafanzügen herum. Julia entdeckte Claire, James' ehemalige Assistenzärztin, die auf dem Boden über einem Laptop kauerte und für die Musik zuständig war. Sie war eine schlechte und ungeduldige DJane – wenn ein Song zu zwei Dritteln gespielt war, freute sie sich schon so über ihre nächste Wahl, dass sie einen Achtziger-Madonnasong abrupt in schrillen Eurodance übergehen ließ oder eine sinnliche R&B-Hymne in den Titelsong eines Disneyfilms. Die Musik war laut, und selbst in der Küche mussten sich die Gäste anschreien, um sich zu unterhalten. Eine richtige Party, dachte Julia überrascht. Keine gesitteten Kanapees. Kein Abendessen für drei Paare und keine Diskussion über Schulpolitik und Einschreibungsverfahren. Eine laute, unordentliche, alkoholschwangere, ungezogene Party. Der in Hülle und Fülle vorhandene Wein war ausgezeichnet, Rauchschwaden zogen aus dem kleinen Garten herein – ein dicker Joint machte in einem Kreis von Kardiologen die Runde. Die Musik wurde lauter. *Ich bin doch noch nicht alt*, sagte Julia sich und merkte, dass sie lächelte. Sie war froh, sich einigermaßen schick gemacht zu haben, und grinste James an, der von der gleichen Erinnerung an ehemalige Freiheit beflügelt zurückgrinste. Er reichte ihr ein Sektglas von der Anrichte.

»Und das Beste ist«, sagte er und führte damit die Unterhaltung fort, die sie zuvor nur mittels Blicken geführt hatten, »dass die beiden beschäftigt und an unterschiedlichen Orten sind und wir sie frühestens morgen zum Mittagessen wiedersehen müssen. Prosecco?«

Julia nickte und hielt ihm ihr Glas hin. Sie stießen

gerade auf ihre Freiheit an, als Sébastien zu ihnen herüberkam und jedem einen Arm über die Schulter legte. Nach zehn Jahren in England hatte er noch immer einen extrem auffälligen Akzent. »Wie getts, James?« Er klopfte ihm beherzt auf die Schulter und wandte sich Julia zu. »Isch liebe diese Mann. Er 'at misch jeden Tag zum Lachen gebracht. Jetzt ist es schrecklisch langweilisch ohne ihn. Wie getts die Augechlamydie? Wusstest du noch nischt, dass James Chlamydie an die Auge 'at? 'At er ganz sischer. Das war eine der besten Augenblick von meinem Leben« – James musste lachen, er schüttelte den Kopf und schlug sich die Hände vor die Augen – »als James im OP beschloss, eine *énorme* Bartholin-Zyste ohne Schutzbrille zu öffnen.« Mit den Händen stellte er eine Fontäne oder eine Explosion dar. »Und *wüsch*! Eiter in die Auge. Selbst die arme Passientin musste lachen. So viel Freude 'ast du uns alle gebracht. Du 'ast disch geopfert.« Sébastien nickte beifällig, als er ihre vollen Gläser sah, und entschuldigte sich im selben Moment, in dem Claire zu ihnen herübergehüpft kam.

Julia hatte sie ein paar Mal flüchtig getroffen. Claire war dünn, chinesisch-amerikanischer Abstammung, Mitte dreißig, hatte kurze Haare und eine Kette mit einem großen, mit Diamanten und Rubinen besetzten Ring um den Hals. Sie trug schwarze Lederleggings und hohe weiße Sneaker und sah aus wie fünfundzwanzig, dachte Julia neidvoll. Sie gab Julia zwei Begrüßungsküsschen auf die Wange und James ein High-Five. Julia fiel auf, dass Claire glitzernden schwarzen Nagellack trug, der Gwen gefallen hätte. *Wann habe ich eigentlich aufge-*

hört, Nagellack zu tragen?, fragte sie sich und beobachtete, wie schön Claires Fingerspitzen glitzerten, während sie gestikulierte. *Und wieso überhaupt?* Der Gedanke kehrte zu ihr zurück wie aus einem anderen Leben und brachte die Erinnerung an ihre Finger mit, wie sie mit bordeauxroten Nägeln über die Klaviertastatur glitten. Gwen hätte sich wahrscheinlich schon beim Gedanken an ihre Mutter mit lackierten Nägeln vor Lachen nicht mehr einbekommen. Gab es irgendetwas, das einer Frau mehr das Gefühl gab, uralt zu sein, als eine Tochter im Teenageralter?

»Seit wann seid ihr hier? Ihr habt Rebecca und Sam verpasst, die sind noch woanders hin. Du musst dir von Rebecca unbedingt von dem Amniotischen Band erzählen lassen, das wir vorgestern hatten, ich kann es gar nicht in Worte fassen. Es ist einfach *abgefallen*. Auf den *Boden*. Leute, ich muss zurück, die Musik ist schrecklich. Ich spare uns Guns N' Roses für später auf«, sagte Claire und zeigte mit dem Finger auf James.

»Was ist denn ein Amniotisches Band?«

Claire warf Julia einen finsteren Blick zu. »Ganz ehrlich – frag in diesem Fall lieber nicht nach.«

»Ich habe gerade erst gelernt, wie man Augenchlamydien bekommt. Kann es wirklich noch schlimmer kommen?«

»Ganz sicher. Aber zum Glück ist dein Liebster weltweit der Einzige, der daran erkrankt ist. Niemand, der bei ihm gelernt hat, vergisst seine Schutzbrille, wenn er es mit einer Bartholin-Zyste zu tun hat. Es ist wirklich ein abschreckendes Beispiel. Aber immerhin ist James der einzige Oberarzt, der zugibt, fehlbar zu sein.« Sie reichte Julia die Schale mit Erdbeeren, die sie in der Hand gehalten hatte, und kehrte an ihre Position auf dem Boden zurück, woraufhin prompt ein neuer Song anfing. Anerkennende Rufe schallten aus dem dunklen Raum.

Es war etwas ganz anderes, zu zweit auf einer Party zu sein. Innerhalb kürzester Zeit fanden sie sich in unterschiedlichen Gesprächsgrüppchen wieder, doch sie konnte zu James hinüberschauen und sich an den Fremden erinnern, der er noch vor Kurzem gewesen war. Sie unterhielt sich mit seinen Freunden, spürte seinen Blick auf sich ruhen und wurde gleich ein Stückchen größer. Sie sah Claire, die irgendeine Bemerkung machte, lachte, mit dem ganzen Körper auf ihn zustrebte und ihre Hand einen Augenblick auf seinen Unterarm legte, und dachte: *Dieser Mann hat* mich *gewählt*. So viel Glück kam ihr unwahrscheinlich vor. Sie allein würde mit James nach Hause gehen, und heute Abend würde es keine Kinder, kein Drama, keine Konkurrenz geben. Nur sie beide.

Julia spürte eine Hand an ihrer Taille, und plötzlich stand James neben ihr. Seine Augen funkelten. Er zog sie am Arm und führte sie einen Korridor entlang in ein dunkles Gästezimmer, in dem sich Mäntel und Handtaschen stapelten. James schloss die Tür hinter sich und drückte Julia dagegen.

»Ich habe dich vermisst.« Seine Hände waren unter ihrem Rock. »Brenn bloß nicht mit einem von diesen langweiligen Kardiologen durch. Bleib lieber bei mir.«

Er küsste ihren Hals, doch im gleichen Moment wurde die Tür hinter ihnen geöffnet, und sie sprangen auseinander. James' Augen blitzten in der Dunkelheit.

Es war Claire, die offenkundig amüsiert war, sie hier zu finden. »Ich wollte nur den Lippenbalsam aus meiner Tasche holen, bin sofort wieder weg, ihr Turteltäubchen. Und nur, damit ihr es wisst: Es ist fast zwölf.« Sie kramte kurz in einem Mantelhaufen, war dann schon wieder draußen und schloss die Tür betont sorgfältig hinter sich.

Wieder allein sahen sie einander an.

»Wir müssen uns zusammenreißen«, sagte Julia leise und voller Bedauern.

»Wir sind doch ganz anständig.« James nahm ihre Hand. »Komm, wir gehen nach Hause.«

Aus dem Wohnzimmer hörten sie den Countdown. Zehn! Neun! Acht! Sieben! Das würde ihr Jahr werden. Sie würde lernen, sich ihrer Tochter gegenüber durchzusetzen, und sie würde für Zeit und Raum mit diesem Mann kämpfen, den sie so sehr liebte. In den Ferien würden sie Nathan in die USA und Gwen zu Iris schicken und einen Urlaub zu zweit machen. Sechs! Fünf! Vier! Ein neuer Anfang. Keine Schuldgefühle mehr. Sie hatte ein Recht darauf, glücklich zu sein. Drei! Zwei! Eins! Frohes neues Jahr!

Anderswo in London wartete Gwen auf den Nachtbus. Sie hatte die ersten Stunden des Abends mit Katy und zwei weiteren Schulfreundinnen in einer Pizzeria am Haverstock Hill verbracht. Um halb elf war Katys Mutter gekommen, um sie zur Übernachtungsparty abzuholen und das neue Jahr mit Eis und Schokokugeln zu begrüßen – und mit Apfelschorle, die Katys Vater aus Dosen in Sektgläser füllen würde, was Katy vor Scham fast im Boden versinken ließ. Gwen war, wie abgemacht, in der Pizzeria geblieben.

Als die anderen weg waren, hatte sie sich die Kapuze übergezogen und war zu Fuß hinunter zur U-Bahnstation Belsize Park gelaufen, wo sie in den Zug Richtung Waterloo gestiegen war, ein unerwartet aufregendes Unterfangen. Sie hatte noch nie allein an Silvester ausgehen dürfen. Ihre Mutter hätte ganz sicher gemeint, sie sei noch zu jung, aber in den letzten Tagen hatte Julia mehrfach bewiesen, dass sie nichts über ihre Tochter wusste. Sie war zu beschäftigt mit ihrer eigenen ekelhaften Liebesgeschichte. London war zu Silvester eine große Feiergemeinschaft, in der U-Bahn herrschte ausgelassene Stimmung, die durch die beschwingten Durchsagen des Zugführers, das Make-up, die schicke Kleidung und die steigende Vorfreude der Passagiere angeheizt wurde. Gwen konnte nicht wissen, dass die Stimmung später kippen und sich eine grelle, gereizte Spannung, aufgeladen mit enttäuschten Hoffnungen, übermäßig viel Alkohol und überschüssiger Energie ausbreiten würde. In genau dieser Bahn würde sich geprügelt werden, es würde geschluchzt, gespottet und wahrscheinlich gekotzt werden. Doch jetzt, wo noch alle Möglichkeiten offen waren, war die Stimmung hervorragend. Über das Alkoholverbot des Bürgermeisters wurde sich ungeniert hinweggesetzt. Ein Mann mit strassbesetzter Jeansjacke und goldener Sonnenbrille hörte laut Musik auf seinem Handy. Eine gut gelaunte und kurz berockte Gruppe von Mädchen am anderen Ende des Abteils gab Musikwünsche ab, und eine von ihnen, mit Turmfrisur, stand auf und fing an, sich um die Haltestange in der Mitte zu drehen. Gwen musste grinsen und wurde mit einem flüchtigen Lächeln von der Frau belohnt, die ihr gegenübersaß und gerade Wimperntusche auftrug. Bisher lief alles wie am Schnürchen. Julia, die sie abgesetzt und durchs Autofenster mit Katy geplaudert hatte, bevor sie zu ihrer eigenen exklusiven Feier aufgebrochen war, würde nie erfahren, dass Gwen den Abend mit Nathan verbrachte.

Seit der Aufdeckung an Weihnachten hatten die Bewohner des Hauses mehrere Phasen durchlebt. Bald wären sie bei der Akzeptanz angelangt, versicherte Nathan, sie hätten sich schließlich eingehend in den Phasen des Nicht-Wahrhaben-Wollens und der Wut aufgehalten. Er selbst saß die Enttäuschung seines Vaters einfach aus, als wäre sie ein Regenguss und er hockte zufrieden mit Zeitung und heißem Kakao in einem Café und hätte nichts Besseres vor. Bald wäre der Sturm vorbei, und er würde sich wieder in die sonnenbeschienene, reingewaschene Welt da draußen wagen. Ihm würde vergeben werden – wahrscheinlich *war* ihm schon vergeben. Gwen fühlte sich da weniger sicher. Julias unmittelbarer Zorn war erschreckend und untypisch für sie gewesen. In der stillen Abgeschiedenheit des ausgehenden Dezembers, der langsam dahintickenden Pufferzeit zwischen Weihnachten und Neujahr, in der Familien sich zurückzogen, Winterschlaf hielten – oder ihre Konflikte gären ließen –, waren Julia und Gwen jedoch gezwungen gewesen, zumindest oberflächlich zur Normalität zurückzukehren. Im Haus war es stetig ruhiger geworden, aber die ungewohnte Kluft zwischen Mutter und Tochter blieb bestehen. Gwen sah keine andere Möglichkeit, als sich noch fester an Nathan zu klammern und entschieden zu ihrer Wahl zu stehen.

Der Bus kam hell erleuchtet und voll besetzt und entließ einen nicht abreißen wollenden Strom von Nachtschwärmern auf die Straße. Es stiegen die Regencape-Touristen aus, die auf dem Weg zu ihren Monate im Voraus gebuchten Menüs in Kettenrestaurants waren. Als Gwen sich gerade einen Weg in den Bus bahnte – einer der wenigen Augenblicke, in denen ihre Größe von Vorteil war –, bekam sie eine Nachricht von Nathan. »Wo bist du? Mir gefällts nicht, dass du da draußen alleine unterwegs bist. Kann ich dich irgendwo abholen? Alles ok?« Sie hatte das Gefühl, die Risse in ihrem Kokon würden langsam geflickt. War das nicht Erwachsenwerden? Sich weiterzuentwickeln, neue Bindungen aufzubauen und am Ende unabhängig zu sein? Wenn ja, dann waren diese ungeheure Traurigkeit und die Sehnsucht nach ihrer Mutter vielleicht auch normal und würden mit der Zeit vergehen.

»Im Bus«, schrieb sie zurück.

Er antwortete sofort: »Ich hol dich ab. Lass uns zum Fluss gehen, Baby, nur wir beide, für Charlies Party ist später immer noch Zeit. Bisous.«

Ihre Mutter wartete zu Hause nicht auf sie (und verschwendete auch sonst keinen Gedanken an sie, dachte

Gwen, den neuen, bitteren Geschmack von Zynismus auf der Zunge). Sie hatte gesagt, sie würde bei Katy übernachten. In ihrer Tasche hatte sie eine frische Unterhose, eine Zahnbürste, Turnschuhe für den nächsten Morgen und das Kontaktlinsendöschen, das sie mit Nagellack-Regenbogen verziert hatte. Nathan wiederum hatte seinem Vater die Wahrheit gesagt: Er schlief mit fünfzehn Schulfreunden und -freundinnen bei Charlie und hatte lediglich ausgelassen, dass auch Gwen darunter sein würde. Auf Privatsphäre würden sie wohl weitgehend verzichten müssen, doch ein Schlafsack in der Dunkelheit war definitiv eine Verbesserung zu der angespannten Heimlichtuerei zu Hause. Um sie herum würden andere Teenager sein, die Verständnis und eigene romantische Interessen hatten.

»Ok. Liebe dich«, schrieb sie fast beiläufig zurück, denn auch wenn sie es ihm nie gesagt hatte, wusste sie, dass er es wusste.

18

Diesmal war Philip vorbereitet: Er hatte sich einen Augenblick Zeit genommen, um sich den Namen von James' Sohn in Erinnerung zu rufen, ebenso wie den Namen des Stücks, das Iris und er gesehen hatten, als das Thema aufgekommen war, sowie – nur für alle Fälle – den Titel des Buchs, das er gerade las. Man konnte nicht alle Eventualitäten berücksichtigen, aber mit diesem Grundstock fühlte er sich ausreichend vorbereitet für das Telefonat mit Iris. »Ich glaube, es stimmt, dass sich zwischen Gwen und Nathan etwas entwickelt hat«, sagte er im leichten Plauderton eines Radiomoderators. Sein Gedächtnis wurde zwar Gott sei Dank nicht schlechter, aber besser wurde es auch nicht, obwohl er Sudoku im Internet spielte.

»Na ja, immerhin ist es wohl kein Inzest.«

»Mach dich nicht lächerlich, natürlich ist es das nicht.«

»Sollten wir nicht erleichtert sein, dass sich in Liebesdingen endlich mal etwas bei ihr tut? Es gibt sicher schlauere Orte, um nach einem Partner zu suchen, aber seit wann sind Teenager für ihre Intelligenz bekannt?«

»Das ist ja wohl ein bisschen was anderes«, sagte Philip. »Was, wenn sich die beiden zerstreiten?«

»Warum sollen sie sich denn zerstreiten? Was, wenn sie glücklich sind bis ans Ende ihrer Tage und wir den vieren in ein paar Jahren eine Doppelhochzeit schmeißen dürfen? Den Hochzeitsmarsch kann dann ja einer von Julias Schülern spielen.«

Philip ließ sich schwer in seinen Sessel fallen. »Ich verstehe nicht, warum du dich darüber lustig machst, es geht hier um unsere Enkelin. Diese Liebschaft ist grauenhaft unangebracht. Und sie wird Julias Beziehung zu James sehr belasten.«

»Julias Beziehungen sind ihre eigene Sache«, sagte Iris unbekümmert, und er konnte im Hintergrund den dröhnenden Bass hören, der ihm verriet, dass sie bei Selfridges war. »Julia und Dings haben zwei Teenager zusammen in ein Haus gesperrt und sie instruiert, nett zueinander zu sein, also folgen sie in gewissem Sinne nur den Anweisungen. Unterdessen wird es höchste Zeit, dass Gwen sich für Jungs interessiert, auch wenn sie gern etwas anspruchsvoller hätte sein dürfen. Aber es wurde schon langsam unheimlich.«

»Sie ist doch erst sechzehn!«

»Ach, tu nicht so alt. Sechzehn ist das neue dreißig, wenn man den Zeitungen Glauben schenken darf. Natürlich geht das rechnerisch nicht ganz auf, wenn zudem sechzig das neue fünfunddreißig sein soll, aber du weißt schon.«

»Diese Schlagzeilen sind doch haarsträubend. Ich bin froh, alt zu sein. Einer der Vorteile des Alters ist schließlich, dass ich mich auch benehmen darf wie ein Alter.«

»Ich habe solche Schlagzeilen früher auch geschrieben, mir sträubt sich also keinerlei Haar. Woher hast du diese Information denn überhaupt? Ich kaufe dir übrigens gerade ein Polohemd.«

»Von Gwens Blog. Ich brauche nichts, und ich trage keine Polohemden.«

»Schlussverkauf. Bodensatz. Aber sehr schick, der Stoff hat eine schöne Struktur. Ein bisschen durchsichtig, aber es ist ja zum Drunterziehen. Ich habe vor ein paar Tagen noch auf den Blog geschaut.«

»Das hat sie heute erst eingestellt. Die beiden sind Arm in Arm, und Julia und James stehen im Hintergrund und halten sich die Ohren zu, es erinnert ein wenig an Munch. Sie hat es also öffentlich gemacht.«

»Na ja, öffentlich kann man das wohl kaum nennen. Ich glaube, wir sind die Einzigen, die das Ding lesen.«

»Ich rufe jedenfalls an, weil ich wissen wollte, was unsere Parteilinie ist, ob du findest, wir sollten davon wissen oder nicht. Wenn wir mit ihrer Mutter sprechen, meine ich.«

»Es ist immer besser, nichts zu wissen! Nie von irgendetwas wissen, das hast du mir beigebracht. Nichts sehen, nichts hören und so weiter. Bis du angerufen hast, war es in meinem Fall gleichzeitig Wahrheit und Parteilinie. Sollte ihr vielleicht mal jemand die Pille verschreiben?«

Allein in seinem dämmrigen Wohnzimmer schlug sich Philip die Hand vor die Augen. »Iris. Ich hoffe inständig, dass das nicht nötig ist.«

»Ich weiß gar nicht, warum du immer fragst, wenn du meine Meinung gar nicht hören willst. Marineblau oder schwarz? In Schwarz kann ich dich mir gar nicht vorstellen.«

»Kein Schwarz«, stimmte Philip zu und legte erschöpft auf.

Nathan war in ihre Familie eingebettet gewesen wie eine Schläferzelle. Julia hatte seine Schulhemden gebügelt, ihn zum Zahnarzt gefahren und sich erst vor Kurzem fast erkältet, als sie bei einem langwierigen Rugbymatch zwischen Westminster und der UCS zugeschaut hatte. Sie hatte für ihn immer amerikanische Frühstücksflocken und Früchtestollen im Haus. Sie hatte alles gegeben. Und er hatte ihre Tochter verführt.

Seit Weihnachten fiel es ihr schwer, sich ihm gegenüber zusammenzureißen. Während er höfliche, schmeichelnde Konversation betrieb, wurde sie von der Vorstellung geplagt, wie er Gwen lüstern und berechnend betatschte wie ein angegrauter Büro-Lüstling. Beim Wäschewaschen wurde ihr übel. Abtrünnige Boxershorts, deren Existenz allein ein Affront war, musste sie mit dem Fuß in die Maschine befördern. Dass er es wagte, sie in ihrem Haus an- und auszuziehen, war eine Frechheit. Ihre Wunschlösung – dass Nathan zu seiner Mutter in die USA zog – hatte sie nicht laut ausgesprochen, sie hatte bloß am zweiten Weihnachtstag vorgeschlagen, dass Nathan an den Wochenenden nicht mehr nach Hause kommen sollte. Aber James hatte ungläubig die Stirn gerunzelt und gesagt, er könne seinen Sohn doch nicht aus dem Haus verbannen. Sie würden einfach hart bleiben und weiterhin Nein sagen müssen. Dabei wirkte es doch, als würden sie das Ganze stillschweigend hinnehmen, wenn sie die beiden weiterhin unter einem Dach schlafen ließen.

Ihre eigene krasse Hilflosigkeit hatte sie erschüttert, ebenso wie die blinde Wut, die darauf folgte. Wie konnten sie nur? *Wie?* Und die Beziehung hielt an, gedieh allen Widrigkeiten zum Trotz und entgegen des ausdrücklichen Wunsches aller anderen. Weiter und weiter ging es, höher und höher hinaus, egal, wie sehr Julia dagegen war. Es grenzte an Hochverrat, daran zu erinnern, dass Nathan noch vor Kurzem das Gleiche mit Valentina gemacht hatte, die Gwen inzwischen wild assoziierend und geografisch völlig daneben als »die teuflische Barbierin aus Sevilla« bezeichnete. Die neue Beziehung löschte alles aus, was vor ihr gewesen war.

Dabei hatten die Kinder seit jener entsetzlichen Entdeckung wenig getan, das Julia hätte verbieten können. Unaufgefordert hatten sie angefangen, sonntagnachmittags zusammen Hausaufgaben am Küchentisch zu machen. Völlig entgegen ihrer bisherigen Einstellung entwickelte Gwen geradezu Ehrgeiz in der Schule. Julia bekam mehr als einmal mit, wie Nathan ihr etwas erklärte – einmal ging es um Vektorsubtraktion, ein anderes Mal um Fotosynthese. Er zeigte Gwen die Sendungen, die er sich anschaute, die Podcasts, die er herunterlud, und so klebten die beiden stundenlang am Bildschirm oder folgten mittels eines Audiosplitters einem Podcast mit Kopfhörern und bekamen von den restlichen Hausbewohnern nichts mehr mit. Was sollte Julia dagegen sagen? Wie konnte sie ihnen verbieten, einen Podcast zu hören? Vorher war Gwen faul gewesen, jetzt war sie fleißig, vorher war sie wütend auf James gewesen, jetzt war sie fröhlich und entgegenkommend. Unter Nathans Beachtung blühte sie auf wie eine Pflanze im Gewächshaus, und nach dem dritten Wochenende, an dem Julia die ganze Nacht wach gelegen und vergeblich auf verräterische Geräusche gelauscht hatte, gab sie sich geschlagen. Natürlich hätte sie das nie offen zugegeben – diese Genugtuung würde sie den Kindern nicht gönnen –, aber ihr war klar, dass man Gefühle nicht verbieten konnte. Nur deren öffentliche Zurschaustellung.

Seit James eingezogen war, hatte Julia unter der Feindseligkeit und Unzufriedenheit ihrer Tochter gelitten. Gwens stilles Lächeln, wenn sie am Laptop hockte und Nachrichten tippte, versetzte ihr einen Stich, der schwieriger zu definieren war. Wenn Gwen mit ihr sprach, dann immer sehr höflich und förmlich. Das tat weh, und das sollte es wahrscheinlich auch. Die Leser ihres Blogs bekamen dramatische Szenen zu sehen, in denen Gwen und Nathan der Ablehnung der Familie standhielten und sie schließlich mit selbst gemachten Pfannkuchen auf ihre Seite brachten. Gwen berichtete, die Online-Community sei begeistert von ihrer neuen Liebe, viele Fans hätten nur darauf gewartet und den Teenagern schon lange die Daumen gedrückt, dass sie endlich zueinanderfanden. Julia fühlte sich meilenweit entfernt von ihrer Tochter, zum ersten Mal war sie nicht mehr ihre engste Vertraute, wurde dafür bestraft, dass sie nicht nur Mutter, sondern auch Frau gewesen war.

Dabei waren erst sechs Wochen vergangen – sechs aufreibende Wochen –, aber in der kurzen Zeit hatte Gwen sich entfaltet, war weniger mürrisch gewesen, sie hatte angefangen, über James' Witze zu lachen, und half wieder beim Tischabräumen nach dem Essen, sogar wenn James gekocht hatte. Also hielt Julia sich mehr und mehr zurück. Sie vermisste ihr Kind. Sie vermisste es, gebraucht zu werden, selbst wenn sich dieses Brauchen in bösen Blicken und Wutausbrüchen äußerte. Als Mutter war es unmöglich, etwas anderes als Fallstricke auf diesem Weg zu sehen, und sie hätte Gwen wohl weiterhin vor sich selbst beschützen müssen, indem sie verbot, Hindernisse schuf, sich erlaubte, der Feind zu sein. Aber sie brauchte James, und solange Gwen beschäftigt und zufrieden war, hatten sie endlich Zeit füreinander. Es war schwer, der Harmonie zu widerstehen, so geschmacklos der Preis dafür auch sein mochte.

19

Wenn Julia mit ihrer Tochter diskutierte, musste James sich sehr am Riemen reißen, um nicht einzuschreiten. Es erinnerte ihn an die schlechten alten Zeiten nach seinem Einzug. Erst jetzt fiel ihm auf, wie entgegenkommend Gwen in letzter Zeit gewesen war, denn plötzlich wusste er wieder, wie unerträglich sie sein konnte, wenn es nicht nach ihrem Willen ging. Ihre Betteltaktik, die von Flehen bis zu explosivem Zorn und zurück zu kindlichem Quengeln reichte, nagte an seinem Nervenkostüm wie ein Tinnitus. Und Durchhaltevermögen war ihre Geheimwaffe. Ab einem gewissen Punkt war Julia erschöpft, und ihr gingen die Argumente aus, doch sie schien diese Taktik nie zu durchschauen. Stattdessen folgte sie ihrer Tochter in jedes argumentative Wurmloch, verhandelte und begründete und zog keinen klaren Schlussstrich. »Du brauchst dich doch überhaupt nicht zu rechtfertigen, sprich einfach ein Machtwort«, riet James ihr in den anstrengenden Analysesitzungen, die sie hinterher abhielten. Sobald sie jedoch erklärte, mit Gwen sei das alles etwas komplizierter, was ihm zu verstehen geben sollte, dass ein toter Elternteil eben ein unschlagbarer Trumpf war, kam er nicht weiter. Sein eigener Vater war selten nüchtern gewesen und hatte in Dorchester gebrauchte Lastwagen verkauft. Seine sporadischen Einnahmen hatten die Fullers gerade so über Wasser gehalten, und als er starb, kam James keinerlei Sonderbehandlung zu bis auf die, dass seine ohnehin verschwindend geringen Chancen, aufs College zu gehen, nun noch weiter geschrumpft waren. Seine Mutter, die als Sprechstundenhilfe bei einem Kinderarzt arbeitete, hatte ihr einziges Kind mit einer Intensität geliebt, die er wiedererkannte, aber nicht eine Sekunde lang hätte sie die Widerworte geduldet, die Julia über sich ergehen ließ. Doch das war vor langer Zeit und in einem weit entfernten Land gewesen, und er musste wohl oder übel so tun, als halte er ihre Entscheidungen für angemessen. Gwen benahm sich wie eine kleine Despotin, und James musste zusehen, wie eine schuldbewusste Julia sich von ihrer unerbittlichen Hausgöttin erniedrigen und entwürdigen ließ. Sie hatten ihre Tanzchoreografie festgelegt, und seine Vermittlungsversuche in der Vergangenheit waren darin geendet, dass sie sich wutentbrannt gemeinsam gegen ihn wandten. Heute war Gwen bereits mitten in einem ihrer Feldzüge, und er versteckte sich hinter seiner Zeitung und versuchte so gut es ging wegzuhören. Er ertrug es nicht zu hören, wie seine sanftmütige Julia bedrängt wurde.

»Bitte, Julia, *bitte.* Du verstehst das nicht.«

»Ich verstehe das sehr wohl, und ich bin auch wirklich traurig. Es ist einfach schlechtes Timing. An einem anderen Datum würde ich sofort mit dir hingehen, aber James hat die Rossini-Tickets schon vor Monaten gekauft, und wir haben Flüge gebucht. Es tut mir leid, Liebes.« Julia wollte Gwen eine ausgebüxte Locke hinters Ohr streichen, doch Gwen zuckte zurück. Sie war frustriert und zunehmend verzweifelt. Es war nicht der erste Durchlauf dieses Gesprächs, nicht einmal der zweite oder dritte, und die vorherigen Versuche, ihre Mutter zu überzeugen, waren übergegangen in das hier: quengeln. Das war für niemanden schön, aber es hatte Gwen in der Vergangenheit bereits größere Siege eingebracht. James kämpfte am anderen Ende des Raums gegen den Impuls an, sich auf die Faust zu beißen.

»Aber er ist nur den einen Abend da! Zum ersten Mal seit *Jahren*. Das ist Art Garfunkel, hast du das überhaupt begriffen?« Gwen warf sich aufs Sofa. Zornig blickte sie zu dem Sessel hinüber, in dem sich James hinter seiner Zeitung versteckte, und zischte dann: »Wenn wir beide ein Wochenende in Mailand geplant hätten und James dich jetzt fragen würde, würdest du mir gleich absagen.«

Gwens verletzter Gesichtsausdruck versetzte Julia einen Stich, und sie fragte sich kurz, ob Gwen recht hatte. Mit gedämpfter Stimme sagte sie: »Das stimmt nicht. Das glaubst du doch nicht wirklich.«

»Doch. Er steht immer an erster Stelle. Ihr geht andauernd zu so langweiligen Klassiksachen, zum Beispiel zu diesem Festival, aber das Konzert ist nur an diesem einen Abend. Er ist doch schon so alt! Du weißt genau, dass er bald aufhört, das wird die letzte Chance sein, ihn noch mal live zu sehen. Ich bezahle auch! Und ich bezahle euch die anderen Tickets und die Flüge. Ich habe noch das Geld von meiner Bat-Mizwa.«

Das berühmt-berüchtigte Bat-Mizwa-Vermögen – einhundertfünfundzwanzig Pfund, die sie vor drei Jahren auf ein Konto bei der Post eingezahlt hatte – war immer Gwens letztes Mittel, der Unabhängigkeitsstrohhalm, an den sie sich schon erfolgreich geklammert hatte, als es um die Kosten für ihre Internet-Domain und die teuren Bastelutensilien für ihren Blog ging. Außerdem war das Geld »in Anspruch genommen« worden, als sie nicht länger ohne weiße Converse-Schuhe hatte leben können. Julia unterdrückte ein Lächeln. Es war wirklich nicht möglich, Gwens Wunsch zu erfüllen. James hatte die Tickets für die Scala vor fast sechs Monaten gebucht – Ende August würden sie das Wochenende in Mailand verbringen, um *Otello* zu sehen, das dort seit 1870 nicht mehr aufgeführt worden war, wahrscheinlich weil man dafür nicht nur einen, sondern gleich drei Weltklasse-Tenöre brauchte. Die *Otello*-Karten machten es ihr leicht, die Entscheidung zu rechtfertigen. Mit James allein in Italien würde es traumhaft werden – lange Stunden zu zweit, Prosecco, Wärme, Musik. Für nichts in der Welt hätte sie es aufgegeben. Von allen Tagen, an denen Art Garfunkel nach London kommen konnte, war dies der einzige, der völlig außer Frage stand.

Gwen schaute ihre Mutter erwartungsvoll an. »Ich bezahle alles, *versprochen*. Und ihr könnt euer Dingsbums-Konzert an irgendeinem anderen Wochenende sehen. Das ist doch noch Monate hin, das kann man noch ändern.«

»Schätzchen.«

»Ich verstehs einfach nicht, das ist doch total unlogisch. Erst seid ihr ganz darauf versessen, dass wir keine fünf Minuten allein sind, und dann erfahre ich heute, dass ihr diesen Sommer ein ganzes Wochenende in Italien seid. Es ist also okay, wenn wir alleine hierbleiben, solange ihr in die Oper und nach Verbier könnt und was weiß ich. Das ist doch voll die Doppelmoral. Also dürfen wir jetzt zusammen sein, oder was?«

»Ich fürchte«, dröhnte es hinter der Zeitung hervor, »ich bleibe hier, wenn deine Mutter in Verbier ist, und für Mailand finden wir schon eine angemessen aufdringliche Anstandsdame. Die Pläne haben wir *vor* den aktuellen Regelungen gemacht. Also freu dich nicht zu früh.«

»Du kannst ja mit Nathan zu dem Konzert gehen«, schlug Julia vor und bereute es sofort. Zu ihrem Erstaunen zuckte Gwen nur traurig mit den Schultern und murmelte: »Mami, ich will nicht mit Nathan gehen. Ich wollte doch mit *dir* dahin«, was Julias Herz abermals bluten ließ.

20

Die Swiss Cottage Library wurde auch im Miniaturformat nicht romantischer, aber Gwen wusste nicht, wie sie die Ereignisse des Tages anders hätte darstellen sollen. Sie hatte keinerlei Bedürfnis, die Diskussion vom Morgen festzuhalten, bei der ihre Mutter ein für alle Mal klargestellt hatte, wo ihre verräterischen Prioritäten lagen. *Du kannst ja mit Nathan zu dem Konzert gehen*, hatte sie vorgeschlagen und damit nicht nur das Wesentliche nicht begriffen, sondern auch eine wertvolle, lange gehegte Erinnerung besudelt. Gwen konnte dieser alten Musik normalerweise nichts abgewinnen, aber als sie elf gewesen war, hatte Julia sie zu einem Konzert von Simon and Garfunkel mitgenommen, und es war ein wunderschöner Abend in einem dunklen, schwierigen Jahr gewesen. Das Konzert, ein Open Air bei bestem Wetter im Hyde Park, war perfekt gewesen, ein erster Hoffnungsschimmer für eine Zukunft, in der sie vielleicht irgendwann, eines Tages, wieder glücklich sein würden. Gwen hatte die Augen zugekniffen und versucht, die gleiche Leidenschaft zu fühlen, die ihre Mutter für diese seltsam altmodische Musik empfand, hatte versucht, sich die einfachen Melodien und den unerwarteten Rhythmus des Gesangs ins Blut übergehen zu lassen. Mit ihren elf Jahren war sie bereits so groß wie Julia, hatte sich jedoch unter dem Arm ihrer Mutter zusammengekauert. Sie war noch näher gerückt und hatte sich dort geborgen und zuversichtlich gefühlt. Um sie herum standen ineinander verschlungene, sich wiegende Paare, und ihr Vater war nicht da, um mit ihrer Mutter zu schunkeln und zu singen, nur Gwen war da, und nach einer Weile hatte sie die Wirbelsäule durchgestreckt, sich zu ihrer vollen Größe aufgerichtet und den Arm um ihre Mutter gelegt. In den Tagen nach dem Konzert hatte Gwen sich die Texte zu allen dort gehörten Liedern beigebracht und sie lieben gelernt. Es würde bessere Zeiten geben. Sie würden wieder eine Familie sein, nur sie und ihre Mutter. Doch jetzt hatte Julia gezeigt, dass James ihre Priorität war. Sie hatte Gwen vorgegaukelt, dass sie immer da sein würde, und Gwen hatte ihr Leben geopfert, Freud und Leid, Sorgen und Bedürfnisse, hatte sich bemüht, ihre Mutter glücklich zu machen. Ihre ganze Persönlichkeit war um diesen Glauben herum gewachsen wie Efeu um einen kräftigen Baumstamm. Ohne ihre Mutter im Zentrum wankte sie. Wenn sie belastbar gewirkt hatte, dann nur, weil Julia unerschütterlich in der Mitte gestanden hatte.

Sie hatte bereits diverse kleine Regale, die sie normalerweise für Szenen im Musikzimmer ihrer Mutter benutzte, diese mussten jetzt nur noch mit gefalteter Pappe gefüllt werden, die mit feiner Kreuzschraffur verziert war, was die mikroskopisch kleinen Titel auf den

Buchrücken andeuten sollte. Aus einem Schuhkarton machte sie den Lesesaal und suchte alle Requisiten zusammen, die auf den winzigen Tischen liegen sollten: Handys, Kugelschreiber und Bleistifte und sogar ein linierter Ringblock, den sie vor langer Zeit einmal in mühevoller Kleinarbeit für eine Flashback-Szene mit ihrer Großmutter als Journalistin hergestellt hatte. Alles, was sie noch basteln musste, waren ein paar Schulbücher sowie den subtilen Hinweis auf das eigentlich Wichtige: den winzigen Papierflieger, auf den sie ihre brisante Botschaft geschrieben hatte und den sie mit pochendem Herzen über die Trennwand zwischen ihrem und Nathans Arbeitsplatz geschickt hatte wie ein Kamikazeflugzeug. Sie hatte beschlossen, dass es Zeit war, erwachsen zu werden.

Sie wollte auf ihrem Blog die prägenden Ereignisse ihres Lebens dokumentieren, gute wie schlechte, wobei sie das allzu Alltägliche oder sich Wiederholende so gut es ging aussparte. Ihre Freunde stellten sich im Internet anders dar, doch Gwen hatte kein Interesse daran, ihr Leben aufzupolieren wie die anderen, die ihre ausschließlich glamourösen Momente aneinanderfädelten wie eine unendliche Reihe identischer Plastikperlen. Das war weder mutig noch Kunst. Sie wollte Witz zeigen, Prägnanz, Sinn. Es war ihre Coming-of-Age-Geschichte, und eines Tages, wenn die Geschichte zu Ende und ihr Leben etwas beständiger war – mit fünfundzwanzig oder sechsundzwanzig –, würde deren Stimmigkeit und erzählerische Energie in einem Buch zusammenfließen oder vielleicht sogar als Animationsserie ins Fernsehen kommen. Ihre Geschichte von winzigen Knetfiguren in Schuhkartonwelten nachgespielt. Es sollte ein Erinnerungsalbum werden, ein Beweis dafür, dass es sie gegeben, dass sie gefühlt und gelebt hatte.

Aber heute Abend war etwas passiert, von dem sie trotz dessen Tragweite nicht wusste, wie sie es darstellen sollte. Ihr Großvater las ihren Blog. Ihre treulose Mutter las ihren Blog und glaubte, dieser Meilenstein läge längst hinter ihr. Zusätzlich hatte sie ein noch drängenderes Problem, denn es war spät, und sie wusste nicht, was sie mit dem Laken machen sollte.

Die Ereignisse des Abends erschienen ihr bereits weit entfernt. Sie fühlte sich leer und ernüchtert. Wenn sie zu lange darüber nachdachte, ließ sich eine leise, süßliche Trauer um ihre Unschuld heraufbeschwören.

Wie sich herausstellte, war das wahre Geheimnis, dass es gar kein Geheimnis gab. Sie hatte sich Sex anders vorgestellt, konnte aber schon jetzt nicht mehr sagen, wie eigentlich. Es war einfach, was es war: Man steckte Körperteile in andere, engere Körperteile. Sie hatte ihm noch näher kommen wollen, Nathan hatte die Hauptfigur in ihrem neuen Leben als Erwachsene sein sollen, sie hatte ihre Beziehung endgültig besiegeln wollen, und etwas Endgültigeres war ihr nicht eingefallen. Er war liebevoll und vorsichtig und zärtlich gewesen. Er hatte ihr Liebkosungen ins Ohr geflüstert, ihr Gesicht in beide Hände genommen und ihr in die Augen gesehen, ihr gezeigt, dass er nur an sie und an keine andere dachte.

Doch hinterher war ihr trotzdem zum Weinen zumute gewesen. Nathan hatte ihr übers Haar gestreichelt und ihr versichert, wie sehr er sie liebte, wie wunderschön sie sei, aber sie hatte mehr Geborgenheit gebraucht, als er ihr bieten konnte. Sie hatte geglaubt, dass er sie nun immer mit der Intensität dieser wenigen, entscheidenden Momente ansehen würde, daher war sie, als sich seine Atmung schließlich verlangsamte und er wieder wie vorher mit ihr sprach, am Boden zerstört. Es sollte doch alles anders sein, aber das war es nicht.

Das Blut hatte sie überrascht. Sie war keine spröde herumsitzende viktorianische Jungfer, sie hatte in der Schule geturnt und war geritten, und ihre eigenen Finger waren nie auf Widerstand gestoßen. Aber da war so viel Blut gewesen. Die Menge stand nicht im Verhältnis zu dem Schmerz, der – eine Erleichterung – weniger schlimm gewesen war als erwartet. Auch Nathan hatte sich erschrocken, und seine Sorge, sie habe über den Schmerz gelogen, hatte alles nur noch peinlicher gemacht. »Mein armes Mäuschen«, hatte er geflüstert und ihr die Hand aufs Herz gelegt. Und sein Mitleid hatte ihr das Gefühl gegeben, wirklich bemitleidenswert zu sein.

Das Laken hatte sie zum Einweichen in die Küchenspüle gestopft und eine Lauge improvisiert aus Spülmittel, Pfefferminz-Handseife, heißem Wasser und dem Inhalt eines Tütchens, das Gardinen wieder zu duftender Sommerfrische verhelfen sollte und das sie ganz hinten im Schrank gefunden hatte. Reiben schien es nur schlimmer zu machen. Während der Stoff einweichte, saß sie im Halbdunkel am Esstisch und dachte zurück an den Wendepunkt Stunden zuvor, an dem sie Nathan mitgeteilt hatte, dass sie sich endlich bereit fühlte. *Du kannst ja mit Nathan zu dem Konzert gehen*. Tja, vielleicht würde sie das machen.

21

»Sie müssen nach Paris kommen und an dem Gespräch teilnehmen«, befahl die E-Mail, »wir übernehmen die Fahrtkosten. Sie müssen einfach kommen.« Dann hängte Pamela ihm die Kontaktdaten einer Reiseberaterin namens Joan Perelman an, die sich, wie sie sagte, in Kürze bei ihm melden würde. Joan organisierte eine Gruppenbuchung für alle neunzehn Konferenzteilnehmer und hatte Anweisung erhalten, Mr Alden das beste Zimmer in dem kleinen Hotel auf der Rue Christine zuzuweisen. Sie würde Philip den Reiseplan in den Briefkasten werfen.

Allein in seiner dunklen Wohnung gluckste Philip in sich hinein, was sich zu einem rasselnden Husten auswuchs. Als er sich erholt hatte, musste er gleich wieder lachen. Pamela wollte ihn sicher nicht in Paris haben, damit er sich mit ihren Auszubildenden austauschte, die einmal ganzheitliche Hebammen werden wollten, sondern um ein lebendes Fossil auf dem Gebiet der Geburtshilfe vorzuführen. Als Vertreter einer Spezies, die sie hoffentlich bald zum Aussterben brachten, würde er sowohl bemitleidet als auch an den Pranger gestellt werden. Pamela hatte den Einsatz schrittweise erhöht: Erst hatte sie ein Eurostar-Ticket angeboten, dann zusätzlich das Hotelzimmer und schließlich ein kleines Honorar sowie die Möglichkeit, während der Konferenz so viele Vorlesungen und Seminare zu besuchen, wie er wollte. Aber er wollte nicht. Nicht einmal, wenn es sich nicht illoyal gegenüber Julia angefühlt hätte, die in diesem Moment auf dem Weg zu ihm war, um angeblich übrig gebliebenes Fischgratin vorbeizubringen.

In meinem Alter wäre es unverantwortlich, so weit im Voraus zu planen, schrieb er zurück, *aber vielen Dank, dass Sie an mich gedacht haben.*

Philip war das letzte Mal 1974 in Paris gewesen. Damals hatte die Fédération Internationale de Gynécologie et d'Obstétrique ihm ein Forschungsstipendium gewährt, und er hatte sechs Wochen dort gelebt und eine Reihe von Kursen am Hôpital de la Pitié-Salpêtrière gegeben. Iris und der zehn Jahre alte Daniel waren mit einem heimwehkranken, aber hoch motivierten italienischen Au-pair-Mädchen in London geblieben. Am letzten Wochenende seines Aufenthalts sollte Iris zu ihm stoßen, und zwei Tage später würde das Au-pair Daniel auf dem Weg nach Neapel in Paris absetzen. Dann wollten die drei Aldens nach Nizza fahren und dort eine Woche Urlaub machen.

In jenen schwülen Augusttagen wurde ihm die volle Aufmerksamkeit seiner Frau zuteil. Ihm allein. Vielleicht zum ersten Mal überhaupt seit der Hochzeit. Sie waren im Jardin des Tuileries spazieren gegangen, und obwohl Iris anders als Philip in einem nicht sonderlich religiösen Haushalt aufgewachsen war, hatten sie gemeinsam ihre ersten Schalentiere gegessen. Die festen, glitschigen und definitiv nicht koscheren Meeresfrüchte schmeckten nach Grenzüberschreitung und Wagemut. Iris war noch weiter gegangen und hatte Schnecken in Knoblauchbutter probiert, während Philip kaltes Bier geschlürft und ihr von seinem Unterricht erzählt hatte. Er las ihr aus *Le Monde* vor, übersetzte holprig die Watergate-Berichte. Am Montagmorgen kehrte er kurz in die Realität zurück, es gab noch eine Reihe von abschließenden organisatorischen Besprechungen bei der FIGO, während Iris zum Bahnhof fuhr, um Daniel abzuholen und das Au-pair in einen Zug zu setzen, der sie nach Hause bringen sollte – für immer, wie sich herausstellte, denn sie kam, anders als versprochen, nicht wieder zurück. Als Philip am Nachmittag das Büro verließ, warteten Frau und Sohn schon an einer sonnenbeschienenen Straßenecke auf ihn, und am nächsten Morgen nahmen sie den Zug nach Nizza, wo die kostbare Blase der Zufriedenheit auf wundersame Weise nicht platzte. In ihrem goldenen Kaftan und den Römersandalen war Iris die eleganteste Dame am ganzen Strand. Überhaupt die eleganteste Dame, die er je gesehen hatte, dachte Philip bei sich. Sie machte lange, einsame Spaziergänge am Meer, manchmal verschwand sie stundenlang. Und jedes Mal, wenn sie ging, verspürte er eine Sehnsucht nach ihr, als würde sie ihm für alle Ewigkeit aus den Fingern gerissen wie Eurydike. Nein, er würde nicht wieder nach Paris fahren.

»Ich habe mal ein anderes Rezept ausprobiert«, erklärte Julia, während sie leere Eiswürfelformen und halb zerquetschte Aluschalen umschichtete, bis sie genug Platz für das Fischgratin hatte. »Da ist Ketchup drin, was besser schmeckt, als es sich anhört, wenn ich mich mal selbst loben darf. Ich habe nur ein bisschen zu viel gemacht. Du kannst es direkt aus dem Eisfach in den Ofen stellen.«

»Danke, *Maidele.* Was du kochst, schmeckt mir immer ausgezeichnet. Aber jetzt erzähl mal, du hast gesagt, du fährst dieses Jahr endlich wieder nach Verbier. Wie schön! Wer tritt denn dieses Jahr auf?«

»Alle, die man gehört haben muss. Ich wünschte nur, James könnte mitkommen. Er hat an dem Wochenende Bereitschaft, aber das ist jetzt vielleicht auch besser so …« Sie schweifte ab. »Meine wunderbare Emmeline Whitten hat am Sonntagmorgen einen Meisterkurs, das ist der Hauptgrund, aus dem ich nicht abgesagt habe, und abends sind wir alle zum Essen verabredet. Am Montag fliege ich schon wieder zurück.«

»Ich glaube, ich habe Emmeline das letzte Mal gehört, als wir zusammen in der Wigmore Hall waren.«

»Sie macht sich hervorragend in Moskau. Ich wünschte wirklich, James könnte sie hören. Wenn sie das nächste Mal in der Nähe spielt, müssen wir unbedingt zusammen hingehen. Im Moment kann ich mir das zwar kaum vorstellen, aber gut. Gwen hat Shortbread gemacht, und ich habe uns die letzten Krümel gesichert, es ist richtig gut geworden. Sie backt jetzt jeden Freitag für Nathan.« Es gelang ihr, das in normalem Tonfall zu erzählen, obwohl nichts daran normal war.

Sie setzte sich an den Küchentisch, wandte damit den Blick ab von Philips wackeliger Wanderung zwischen Wasserkocher, Spüle und Tassenschrank und wickelte das Gebäck aus der Alufolie. Auf dem Weg hierher hatte sie nicht gewusst, ob sie über Gwen und Nathan sprechen wollte. Es kam ihr alles so schäbig vor. Abstoßend. Und das Schlimmste war vielleicht der kleine Teil von ihr, der die Verwandlung ihrer Tochter guthieß. Kein Groll mehr, keine düstere Stimmung. Allerdings auch kein Interesse mehr daran, Zeit mit ihrer Mutter zu verbringen, das machte Gwen mehr als deutlich. Zu sehen, wie die beiden die Köpfe zusammensteckten und im Flüsterton Vertraulichkeiten austauschten, traf sie jedes Mal wie eine absichtliche Zurückweisung. Und doch: Gwen wirkte glücklicher. »Es ist kein Ende in Sicht«, erklärte sie Philip, brach ein Stück Shortbread durch und gab ihm die größere Hälfte, »es ist die Liebe des Jahrhunderts. Sie sagt immer wieder, ich würde das einfach nicht verstehen. Stimmt, ich verstehe es nicht. Sie war ganz empört, dass ich die Beziehung verboten habe, und hielt mir sogar einen Vortrag über *Menschenrechte*, der sich übrigens sehr nach Nathan anhörte. Jedenfalls habe ich inzwischen aufgegeben, es unterbinden zu wollen, das hat rein gar nichts gebracht. Ich will doch nur, dass sie mal *nachdenkt*. Was passiert zum Beispiel, wenn irgendwann Schluss ist?«

Philip setzte sich schwerfällig in den Korbstuhl ihr gegenüber, der unheilverheißend ächzte. »Und was sagt sie dazu?«

»Sie sagt nur: ›Was passiert denn, wenn bei dir und

James Schluss ist?‹ Wir führen immer und immer wieder das gleiche Gespräch. Sie setzt ihre Beziehung mit meiner gleich. Im Grunde geht es ihr wahrscheinlich genau darum, zu beweisen, dass sie so sind wie wir. Genauso ernst zu nehmen, genauso fest zusammen, genauso berechtigt, eine Beziehung zu führen. Sie versucht mit aller Macht zu beweisen, dass sie keine Erziehung mehr nötig hat. Dass ich nicht mehr gebraucht werde. Ich bin ersetzt worden.« Sie lachte ein, wie sie hoffte, ungezwungenes, selbstironisches Lachen. »Und jetzt spricht sie mich auch noch mit dem *Vornamen* an. Nathan und Saskia nennen ihre Mutter ja auch Pamela, was ich von Anfang an merkwürdig fand. Jetzt bin ich nicht mal mehr ihre Mum.«

»Sie war *sehr* gekränkt wegen James.«

»Du meinst, das ist eine Racheaktion? Ich dachte …« Sie verstummte. »Auf ihr hat immer so ein Druck gelastet, all die Jahre hat sie sich für mich verantwortlich gefühlt, dabei wollte ich doch nur, dass sie endlich Kind sein kann, sorgenfrei, zumindest ein bisschen. Ich dachte, es würde uns beiden guttun. Sie sollte sich befreit fühlen.«

»Und das hat sie bestimmt zu einem gewissen Teil. Dein Glück tut auch ihr gut.«

»Ich weiß, das sagt ihr mir immer wieder, aber glaubt ihr das wirklich?«

Philip dachte über die Frage nach. »Dein Unglück war ganz sicher nicht gut für sie. Und für dich auch nicht. Du musst dir bewusst machen, dass *ihr* das Sagen habt, nicht die Kinder. Du sagst, du hast das Gefühl, du könntest sie von nichts abhalten … Ich verstehe nicht ganz, warum eigentlich. Ich weiß, es fällt dir schwer, aber vielleicht versuchst du noch mal, ein Machtwort zu sprechen.«

»Sie kann mich doch nicht für immer ausschließen.« Sie hatte den Satz als Frage begonnen, aber versuchte nun, ihn in eine Aussage umzuformen, die ihre Zuversicht unterstrich.

»Was sagt James denn dazu?«

Julia zuckte mit den Schultern. James und sie hatten in letzter Zeit keine ergiebigen Diskussionen zu dem Thema geführt. Solange Nathans schulische Leistungen davon nicht beeinträchtigt wurden und die Kinder sich an seine Regeln hielten – keine Kuscheleien vor den Eltern, keine Übernachtungen im Zimmer des anderen und keine geschlossenen Türen –, schien er inzwischen das Beste daraus machen zu wollen. Er war froh, dass er endlich dazu kam, seine Krankenakten auf den neuesten Stand zu bringen, während sein Sohn und ihre Tochter in der Küche das Abendessen vorbereiteten und sich dabei vor Lachen kringelten. Er war froh, dass Gwen, für den Augenblick und unter zugegebenermaßen befremdlichen Umständen, nett zu ihm war. Valentina hatte bei Nathan übernachten dürfen, und der Gedanke an seinen Sohn als sexuell aktives Wesen war für ihn kein Affront. Zumindest schien seine Entrüstung darüber weitaus weniger ausgeprägt als bei Julia, was sie enttäuschte. Er hörte ihr zu, wenn sie ihm ihre Sorgen anvertraute. Er hatte sie im Arm gehalten, als sie ein paar Abende zuvor in Tränen ausgebrochen war, die sie nicht erklären konnte. Sie konnte ihm gegenüber nicht zugeben, dass sie sich nach der Intensität sehnte, mit der ihre Tochter sie in den Jahren zu zweit gebraucht hatte. Doch an dieser Zurückweisung war sie selbst schuld, sie hatte sich nach außen und James zugewandt, damit hatte sie ihren Einsamkeitspakt gebrochen. Wirkliche Reue verspürte sie deswegen jedoch nicht – James hatte sie zurück ins Leben geholt. Gwen wiederholte nur, was Julia ihr vorgemacht hatte.

»Nathan ist unheimlich ehrgeizig, und James ist da sehr hinterher, was vielleicht eine Erklärung ist – ich glaube, er kann ganz schön Druck ausüben, ohne es zu wollen. James war der Erste in seiner Familie, der studiert hat, daher ist er ganz versessen darauf, dass seine Kinder das auch tun, und Pamela mit ihrem Hippiekram macht es nicht besser. Nathan tut sehr viel für die Schule, und Gwen hat jetzt angefangen, mit ihm zusammen zu lernen. Eigentlich will sie ihm nur gefallen, aber ihre Lehrer sind begeistert, und das ist natürlich gut für ihr Selbstbewusstsein. Es fällt mir nur so schwer … Ich finde es schlimm, dass sie das Gefühl hat, so wie sie ist, nicht gut genug zu sein, egal für wen. Sie sollte sich nicht verstellen müssen, um ihm zu gefallen. Ich warte jedenfalls mit angehaltenem Atem darauf, dass das Ganze implodiert.«

Nach einer kurzen Denkpause fragte Philip: »Glaubst du, das passiert in nächster Zukunft?«

»Na ja, sie wirken sehr glücklich, aber das heißt ja bei Teenagern nicht viel. Konkret können wir nicht viel tun. Wir können sie nicht in ihre Zimmer sperren, wenn wir schlafen, aber wir mussten ihnen absolut verbieten … Wir müssen ja davon ausgehen, dass … Ach, der Gedanke allein! Findest du nicht, dass sie viel zu jung ist für Sex? Gott sei Dank ist er unter der Woche im Internat, ich wünschte nur, ich könnte James von der Idee überzeugen, ihn dauerhaft dort zu lassen.«

»Ich weiß nicht, *Maidele*. Sie kommt mir schon sehr jung vor, aber seit meiner Zeit hat sich auch eine ganze Menge verändert.«

»Ich bin völlig erschöpft. Wenn er bei uns ist, bin ich immer die halbe Nacht wach, als könnte ich dadurch irgendwas verhindern. Es ist noch Wochen hin, bis ich nach Verbier fahre, und das auch nur für zwei Nächte, aber ich ertrage den Gedanken kaum, sie allein zu lassen. Ich habe gute Lust abzusagen.« Julia verzog das Gesicht. »Ich vermisse sie wie … wie eine *Gliedmaße*. Aber ich habe immer nur gewollt, dass sie glücklich ist. Und dass sie das ist, erzählt sie mir andauernd. Sie ist so unendlich glücklich.«

22

Gwen konnte sich nicht erinnern, wann sie je freiwillig und so ausdauernd gelernt hatte. Die Klausurvorbereitung raste nur so dahin. Sie schwitzte dünne Baumwolloberteile durch wie eine Boxerin und leerte in den Probeklausuren mit manischer Energie einen brandneuen Kugelschreiber nach dem anderen. Nathan war über die Osterferien zu Hause, und sie war berauscht von seinem Stolz auf sie. Unter Nathans Freunden galt Lernen als cool. Die Gleichgültigkeit gegenüber Noten, die Gwen aus ihrer Schule kannte, hatte sich unerwartet als Bumerang erwiesen, als sie es damit bei Nathan versuchte. »Ich habe letztes Jahr *nichts* für meine Prüfungen gemacht«, hatte sie beiläufig zu ihm gesagt, woraufhin er sie komisch angesehen und gesagt hatte: »Das war dumm. Warum denn nicht? Du bist doch eigentlich ein zielstrebiger Mensch.« Es war schön, beobachtet und als eine Art von Mensch eingeordnet zu werden, selbst wenn die Beschreibung nicht immer sofort stimmig schien – es gab ihr das Gefühl, wahrgenommen zu werden, und erinnerte sie daran, dass er ihr nah genug war, um das zu tun. Als er also sagte, sie habe in seinen Augen nicht nur »Knete und so was« im Kopf, glaubte sie ihm. Sie wusste noch nicht, was für eine Art Mensch sie werden würde, und war froh, sich an ihm orientieren zu können.

Jetzt machte das Lernen Spaß, und die Klausuren würden alle gut laufen. Prüfungen waren etwas ganz anderes, wenn man vorbereitet war, wenn die Antworten plötzlich offensichtlich waren und nur noch aus dem Kopf aufs Papier gebracht werden mussten. Sie kam jeden Abend ausgehungert zum Essen, und inzwischen hatte sie auch beim Sex den Bogen raus. Sie hatten es nun schon elf Mal getan. Jetzt wo Nathan zu Hause war, kam sie kaum noch zum Schlafen – meist konnte er erst weit nach Mitternacht unentdeckt zu ihr ins Zimmer schleichen. Trotzdem war sie tagsüber aufgedreht, als hätte sie fünf Tassen Espresso heruntergekippt statt des einen Mocha Frappuccino mit Sahne, den sie sich in der Lernpause um drei Uhr nachmittags gönnte.

Und dann war der Spuk auf einmal vorbei. Am letzten Ferienwochenende fühlte sie sich plötzlich lustlos und erschöpft. Es war, als wäre sie einen Marathon in perfektem Tempo gelaufen, nur um kurz vor der Ziellinie über Lautsprecher zu erfahren, dass das neue Ziel bei Kilometer achtundvierzig lag und die restliche Strecke im Sprint zurückgelegt werden musste. Der Tank, ehemals zum Bersten voll, war leer. Am Sonntagmorgen quälte sie sich spät aus dem Bett, und das auch nur, weil Nathan vor ihrer Tür auf dem Boden saß und einen alten Reggae-Song auf Repeat laufen ließ. Mit dem Kissen über dem Kopf brüllte sie, er solle weggehen, aber er drehte die Musik nur lauter. Es ging das Gerücht um, dass es in der mündlichen Französischprüfung dieses Jahr um Umweltthemen gehen würde – Tierversuche möglicherweise oder den CO_2-Fußabdruck –, und Nathan bestand darauf, dass sie die einschlägigen Vokabeln vorbereitete.

Als sie schließlich nach unten kam, saß Julia Zeitung lesend am Esstisch, und James briet Buchweizen-Blaubeerpfannkuchen als Nervennahrung für den Endspurt.

»Du bist echt ein Arsch«, sagte Gwen zu Nathan, der immer noch den Song pfiff, mit dem er sie schließlich aus dem Bett gekriegt hatte. »Ihr könnt euch ja gar nicht vorstellen, wie müde ich bin. Versucht ihr mal, jeden Tag stundenlang zu lernen.«

»Hab ich doch«, sagte Nathan. »Mache ich immer noch. Ich habe schon eine Stunde Statistik gemacht, während du noch geschnarcht hast. Ich war richtig gut drauf, habs voll gerockt.«

»Keine Zankereien heute früh, bitte.« Julia wollte den Tag in entspanntem Lernklima angehen. »Und Gwen, bitte nicht fluchen.«

Gwen verbarg das Gesicht in ihrer Armbeuge.

Nathan war am Abend zuvor aufgeblieben, um Physik-Probeklausuren zu schreiben, und erst um vier Uhr morgens im Bett gewesen. Trotzdem war er in aller Frühe aufgestanden, um seiner Freundin zu helfen. Er versuchte es erneut: »Komm schon, Baby, *allons. Effet de serre?*«

»Keine Ahnung.«

»Gestern wusstest du es noch. Wenn du furzt, trägst du zum Punktpunktpunkt bei.« Er sah sich Hilfe suchend um.

»Du bist so nah dran, Schätzchen, und bisher ist es doch super gelaufen«, redete Julia ihr gut zu und stellte ihrer Tochter einen Teller hin, obwohl Gwen fand, es sei mehr als eindeutig, dass sie keine Lust auf Essen hatte. Sie schob ihn zu Nathan hinüber.

»Denk einfach dran, dass in ein, zwei Monaten alles vorbei ist und du freihast. Im Sommer kannst du jeden Tag ausschlafen, wenn du willst. Du bist fast am Ziel. Soll ich dir was anderes machen? Willst du lieber Eier?«

»Hab keinen Hunger.«

»Sollen wir jetzt schon zu Starbucks rübergehen, einen frühen Frappuccino trinken?«, fragte Nathan. »Dann frage ich dich auf dem Weg ab. Ich brauche sowieso eine Pause von meinem Zeug.«

Aber Gwen schüttelte nur den Kopf, zog sich die Kapuze tief in die Stirn und die Kordeln zu, um ihre Ohren zu bedecken und die Augen vor dem Licht zu schützen, das sie heute Morgen aufdringlich blendete. Die wunderbare Trägheit des Sommers lag vor ihr, Nathan würde unter der Woche nicht mehr im Internat übernachten, sie konnten also jeden Tag zusammen sein. Kurzzeitig war sie seiner ergebnisbesessenen Propaganda erlegen und hatte unnötige Energie darauf verschwendet, wie der Esel der Karotte hinterherzujagen, die sie zu schulischem Erfolg führen sollte. Doch in Wirklichkeit waren Noten egal. Die anderen waren im falschen Film. Aber sie konnte sich nicht dazu aufraffen, sie über dieses Missverständnis aufzuklären.

23

Den ganzen Nachmittag lief Gwen ihrer packenden Mutter mit Hundeblick hinterher, machte ganz hundeuntypisch jedoch keinerlei Anstalten, ihr gefallen zu wollen. Auf Julias Nachfragen gab sie so wertvolle Antworten wie: »Wen interessierts, was du anziehst, wenn du mit einem Haufen Musiker unterwegs bist?« Ihre Laune war seit dem Frühstück immer schlimmer geworden. Erst hatte sie James angefaucht, von seinem Aftershave werde ihr kotzübel, und dann hatte sie auch noch Nathan angefahren, das Rührei, das er mit großem Trara gebraten hatte, sei schleimig, halb roh und überhaupt eine absolute Frechheit. Jetzt stand sie im Flur, wo Julia überlegte, ob sie wohl einen Mantel zum Festival mitnehmen sollte. Ihre Mutter freute sich beinahe unanständig auf diesen kleinen Solo-Trip.

»Falls du es dir doch noch anders überlegst, fährt James dich bestimmt gerne zu Katys Party. Was hast du denn sonst am Wochenende geplant?«

»Ist doch egal, ob Wochenende ist. Es sind Osterferien«, sagte Gwen. »Da sind alle Tage gleich. Ich bin müde und habe keine Lust auf wahllos zusammengewürfelte Leute.«

»Hast du irgendwas mit Nathan geplant?«

»Warum fragst du mich so aus?«, raunzte Gwen sie an, ließ sich auf eine Treppenstufe plumpsen und legte den Oberkörper auf die Knie. »Du musst keine Spieltreffen für mich organisieren, während du weg bist, ich komme ziemlich gut alleine klar.«

Gwen legte den Kopf auf ihre gekreuzten Arme, das Inbild der Verzweiflung. Kapitulierend hob Julia die Hände und strich ihrer Tochter ungewollt mitleidig das ungekämmte Haar aus dem Gesicht. »Das sollte kein Kreuzverhör werden, ich dachte nur, du unternimmst vielleicht was.«

»Was denn? Zu einem superlustigen Klassikfestival gehen?«, nuschelte Gwen in ihre Knie. »Yeah! Par-tey!«

Ihre kurze Reise konnte nicht der einzige Grund für diese Laune sein, überlegte Julia perplex, und dachte dann mit schreiend schlechtem Gewissen, dass das Ganze in einer halben Stunde Nathans Problem sein würde. Er wollte mit ihrer Tochter zusammen sein? Sein Risiko. Das Festival in Verbier kam ihr langsam vor wie das reinste Wellnesswochenende. Sie freute sich sogar auf die Fahrt nach Heathrow.

»Mami.« Gwen sah plötzlich wehleidig auf. »Mami, ich fühle mich gar nicht gut.«

Julia legte den Handrücken an die Wange ihrer Tochter. Sie war kühl und trocken. »Was ist denn los, Schätzchen?«, fragte sie mit sanfter Stimme. »Ich bin doch im Handumdrehen wieder hier. Was hast du denn?«

Gwen schüttelte verzweifelt den Kopf. »Ich weiß auch nicht.« Sie fing an zu weinen. »Mir ist ganz schwindelig.«

Julia beugte sich zu Gwen hinunter und gab ihr einen Kuss auf die Stirn. Sie sah auf die Masse an losen, fuchsroten Locken hinab, auf die psychedelisch angehauchten Kringel und blühenden Ranken, die Gwen sich mit blauem und rotem Kugelschreiber auf den Unterarm gemalt hatte, und sah dann die blau geäderten, geschwollenen Brüste ihrer Tochter im Ausschnitt von einem von Daniels alten Baumwollunterhemden. Sie beugte sich hastig wieder zu ihr hinunter und packte Gwen an der Schulter.

»Gwendolen.« Ihre Stimme war so fest wie die einer Notrufdisponentin, so unnachgiebig wie eine nach Norden zeigende Kompassnadel. »Gwendolen.« Sie hörte, wie hinter ihr ein Schlüssel ins Haustürschloss gesteckt wurde, aber sie drehte sich nicht um. »Gwen! Sieh mich an. Jetzt sofort. Bist du schwanger?«

Gwen blickte auf. Tränen liefen ihr über das blasse Gesicht. Sie zuckte mit den Schultern.

»Bin zu Hause!«, rief James und stieß die Tür mit dem Knie auf. Er trug zum Bersten gefüllte Plastiktüten, weitere hingen an seinen Armen und schnürten ihm das Blut ab, sodass die Hände unter dem Gewicht erst weiß und dann dunkelrot geworden waren. Er hatte beschlossen, das Wochenende mit Julias Tochter als Chance zu begreifen und nicht als Ärgernis. Das hatte er Julia jedenfalls gesagt, und er wollte es wahr machen.

»Also«, sagte er, stieß die Tür mit der Hüfte zu, ließ die Einkäufe auf den Boden fallen und erinnerte sich dann an die Eier – zu spät. »Ich habe gute Neuigkeiten, Gwen. Und zwar machen wir Veggie-Pizza. Wenn deine Mom nicht hier ist, bist du die Alleinherrscherin.«

Er ging in die Hocke, um die Tüten zu untersuchen. Zu seiner Erleichterung waren die Eier noch ganz. Erst jetzt blickte er auf, eine Hand in der Waitrose-Tüte. Zwei bleiche Gesichter starrten ihn schweigend an.

»Was ist passiert? Wo ist mein Junge? Wo ist Nathan?«

So war es nicht richtig. Sie hätte den Test alleine machen müssen, um zu beweisen, wie verantwortungsbewusst sie war. Sie hätte die Tatsachen ruhig und wohlüberlegt vortragen müssen, sodass Julia ihre Reife und Entschlossenheit bewundert hätte. *Das kann passieren*, hätte ihre Mutter gesagt und ihr übers Haar gestrichen. *Unfassbar, wie erwachsen du dich verhalten hast, mein tapferes Mädchen.* Sie hätte im Internet nach einem Arzt gesucht und einen Termin für die Abtreibung gemacht, und die Schwere der Entscheidung sowie die stoische Entschlossenheit, mit der sie diese getroffen hätte, hätten Julia und Nathan beeindruckt. *Das kann passieren.* Sie wollte nicht schwanger sein. Sie als Mutter, das war völlig unvorstellbar. Aber sie wusste, dass sie nicht dumm gewesen war – in ihrer Vorstellung war sie mutig und verantwortungsbewusst gewesen. Sie hatte nur keine Zeit gehabt, das zu beweisen. Wie konnte man eine Schwangerschaft testen, an die man selbst noch gar nicht richtig glaubte? Und jetzt war alles schiefgegangen, denn ihre Mutter sah sie mit hasserfülltem Blick an. Sie waren im Badezimmer, während James draußen auf dem Flur auf und ab tigerte.

»Ich verstehe das nicht«, sagte Julia immer wieder. »Ich verstehe einfach nicht, wie das passieren konnte.« Sie hatte den Blick noch nicht vom Sichtfenster des frisch gekauften Schwangerschaftstests auf dem Waschbeckenrand abwenden können, das Ergebnis darauf war unmissverständlich. Ihre Knöchel waren weiß, so fest klammerte sie sich ans Waschbecken. Und dann fielen die schlimmsten Worte: »Wie konntest du nur so *dumm* sein?«

Gwen zuckte verzweifelt mit den Schultern. Heiße Tränen liefen ihr über die Wangen, doch sie bekam kein Wort heraus. Ihr war heiß und schwindelig und leicht übel, vor Angst oder wegen der Schwangerschaft oder wahrscheinlich wegen beidem. Nichts hätte sich in diesem Moment schlimmer anfühlen können als die Enttäuschung ihrer Mutter. Sie sehnte sich nach Mitleid, nach Zärtlichkeit. Sie sehnte sich danach, wieder Kind zu sein und umsorgt zu werden.

»Es war keine Absicht«, flüsterte sie.

Das war die falsche Antwort gewesen.

»Absicht? *Absicht?* Ich habe keinen Augenblick daran gezweifelt, dass es irgendetwas anderes war als höllische *Dummheit*. Wie lange hast du es schon gewusst? Wie viele Wochen – o Gott. Das ist ein Albtraum.« Leiser, wie zu sich selbst, wiederholte sie: »Das ist ein absoluter Albtraum.«

»Ich wollte allein damit fertig werden. Ich wollte mich darum kümmern und es dir erst hinterher sagen, damit du dir keine Sorgen machst –«

»Warst du beim Arzt? Weißt du, ob du überhaupt

noch Zeit hast, dich *darum zu kümmern*? Weiß Nathan Bescheid?« Die Lautstärke der Fragen hatte sich in einem wütenden Crescendo gesteigert.

»Nein.«

»Was, nein? Nein, du warst nicht beim Arzt? Nein, du weißt es nicht? Ich verstehe nicht, wie du … Wir haben dir vertraut. Du hast mich darum gebeten, dir zu vertrauen. Du hast mir versprochen, ich könne dir vertrauen, und du hast mein Vertrauen enttäuscht. Du hast«, Gwen hielt sich vor den Worten, die nun folgten, instinktiv die Ohren zu, »du hast deinen Vater enttäuscht.«

Gwen spürte, wie ihr letztes bisschen Hoffnung in sich zusammenfiel. Ihre Mutter würde sie verlassen und ihr niemals verzeihen. Jetzt wo sie die Liebe ihrer Mutter am dringendsten nötig hatte, waren sie weiter denn je voneinander entfernt. Sie fiel auf die Knie wie eine Büßerin, ließ den Kopf auf den kalten Badewannenrand sinken und fing an zu schluchzen. *»Sprich nicht über Daddy!«*, bettelte sie nach Luft schnappend. Ihre Schultern bebten, und sie wartete darauf, in warme Arme geschlossen zu werden. Sie sehnte sich danach, den Kopf in den Schoß ihrer Mutter zu legen und zu weinen. *Du hast mich doch immer geliebt – lieb mich auch jetzt.* Obwohl sie immer heftiger weinte, geschah nichts, und als sie aufsah, schüttelte Julia nur fassungslos den Kopf. In ihren Blick war etwas Neues getreten, das Gwen Angst machte. Verachtung vielleicht. Jetzt war alles egal.

24

Julia und James sprachen bis tief in die Nacht über das, was passiert war. Kurz vor Mitternacht spie der Pub um die Ecke seine Freitagabendkundschaft aus, und die nächtliche Stille wurde für kurze Zeit unterbrochen, als die freigesetzten Trinker ihre Gesänge aus der Bar auf die Straße trugen. Heute klangen sie alkoholgetränkt, aber gutartig. Julia und James standen verschlungen und regungslos am Fenster, in ihrem Schock erstarrt. James' starker Arm um ihre Taille war möglicherweise das Einzige, was Julia noch auf den Beinen hielt. Die Fassungslosigkeit brach in Wellen über sie herein – Wellen, die Trümmerteile von Wut und Schuldgefühlen hinterließen, sobald sie sich zurückzogen. Sie fühlte sich, als wäre sie hundert Jahre alt.

»Vielleicht hätten wir *das* heute machen sollen«, sagte Julia. »Vielleicht hätten wir einfach ins Lord Southampton gehen und uns bis zur Bewusstlosigkeit betrinken sollen.«

»Komasaufen, meinst du? Unsere Sorgen an einer Karaokemaschine auslassen?«

»Genau. Das hätte sicher eine reinigende Wirkung gehabt. Oder eine betäubende. Ach.« Sie legte den Kopf an seine breite Schulter. »Lass uns abhauen. Einfach wegfahren. Ich habe ein Hotelzimmer in Verbier, das nur auf mich wartet. Wir mischen uns einfach unter die Geiger.«

»Wir könnten uns eine Reise quer durch Europa erspielen. Du am Klavier, und ich … tanze. Südfrankreich? Toskana?«

»Wir könnten einen Weinberg kaufen.«

»Oder Büffelmozzarella herstellen.«

»Ich glaube, dafür braucht man Büffel.«

James dachte über den Einwand nach. »Dann kümmerst du dich um den Büffel, und ich mache den Wein. Ich glaube, wir sind auf dem richtigen Weg. Finanziell gesehen ist es ja auch viel schlauer, dass wir unseren eigenen Wein herstellen, wenn wir Vollzeitalkoholiker werden wollen.«

»Keine Alkoholiker«, korrigierte Julia, »Komasäufer.«

»Okay. Toskanische Komasäufer.« James setzte sich aufs Bett und zog sanft an ihrer Hand, bis sie neben ihm saß. »Es ist wirklich schade um deinen Meisterkurs. Und alles andere auch. Ich weiß, es ist nicht … So was passiert, weißt du? Ich sehe bei der Arbeit viele Jugendliche, die –«

»Bei deiner Arbeit sind *alle* schwanger, das ist nicht repräsentativ.«

»Stimmt. Aber ich meine …« Er verstummte. »Ich weiß nicht, was ich meine. Ich glaube, ich stehe noch unter Schock. Entschuldige, ich werde hier keine Statistiken zitieren.«

»Wir hätten das unterbinden sollen, alles. Den Sex.

Den ungeschützten Sex. Diese ganze hirnverbrannte Beziehung. Wie konnten die beiden nur so verdammt dumm sein? *Wie* konnte das passieren?«

James konnte ihr auf diese Frage keine Antwort geben, denn in Wirklichkeit gab er Gwen die Schuld und war so wütend auf sie, dass er glaubte, nie wieder vernünftig mit ihr sprechen zu können. Pamela hatte, schon lange bevor es für ihre Kinder relevant oder auch nur angemessen gewesen wäre, eine gnadenlose Aufklärungskampagne betrieben, und trotzdem hatte auch James seinen Sohn seit Valentinas erstem Auftritt mehrfach streng auf die Wichtigkeit von Kondomen hingewiesen. Jede dieser unzufriedenstellenden Diskussionen hatte mit einem vernichtenden »Ich habe alles im Griff, Vater« oder einem geschmackloseren »Dad, das ist nicht mein erstes Rodeo« geendet. Aber es war glasklar, dass sie keine Kondome benutzt hatten und dass das aktuelle Debakel allein auf Gwens unzuverlässige Einnahme der Pille zurückzuführen war. Nathan, fand James, hatte seinen Arzteltern alle Ehre gemacht. Er war ins Royal Free gegangen und hatte sich umfänglich auf Geschlechtskrankheiten untersuchen lassen, ehe er allein der hormonellen Verhütung vertraute, was reif und rücksichtsvoll war, vor allem angesichts seiner eingeschränkten sexuellen Vorgeschichte. Nathan hatte sich zuvorkommend, prinzipientreu und untadelig verhalten. Gwen hingegen war ein verzogener, selbstsüchtiger und verantwortungsloser kleiner Hohlkopf. Trotz des heutigen Schauspiels, in dem sie der Inbegriff des Elends, der Reue und Bestürzung gewesen war, hielt

James es für mehr als möglich, dass sie es mit Absicht getan hatte. Die Aufmerksamkeit ihrer Mutter zu teilen machte sie wahnsinnig, und mit einem einzigen Kniff hatte sie die ganze Aufmerksamkeit wieder für sich und Nathan dabei auch noch an sich gefesselt. Egal, wie unsicher sie war, sie war es gewohnt, ihren Willen zu bekommen, und jetzt hatte sie einen solchen Wirbelsturm um sich herum geschaffen, dass sie es womöglich auch diesmal schaffte. Sie hatte sich seinem Sohn gegenüber vollkommen inakzeptabel verhalten. Seinem geliebten Sohn, der nach einem Konzert bei Charlie übernachtet hatte, dessen Handy noch immer abgeschaltet war und der überhaupt keine Ahnung von dem Chaos hatte, das zu Hause auf ihn wartete.

Er hatte vor der Badezimmertür warten müssen, während das dumme Gör auf ein Stäbchen gepinkelt hatte, das nochmals bestätigte, was rückblickend vollkommen offensichtlich gewesen war. Und als die drei Minuten Wartezeit vorbei waren, hatte er die Beherrschung wiedergefunden. Bei dem ganzen Geheule und Gekreische musste wenigstens einer einen klaren Kopf bewahren.

Er erkannte jetzt, dass er zu wenig Disziplin gefordert hatte, zu sehr darauf bedacht gewesen war, Julias Regiment nicht zu untergraben oder infrage zu stellen, und er war viel zu respektvoll dem anderen, dem abwesenden Mann des Hauses gegenüber gewesen. Sobald sie sich von diesen Unannehmlichkeiten erholt hatten, würde er sich an Julias Seite Geltung verschaffen, am Kopf der Familie. Er würde Gwen zur Trauerberatung schicken. Er würde darauf bestehen, dass sie alle zusammen eine Familientherapie machten. Er würde reparieren, was kaputt war.

»Ich habe es Daniel versprochen«, sagte Julia und holte James damit zurück in die Gegenwart. »Ich habe ihm versprochen, dass ich auf sie aufpasse. Ich habe versprochen, dass ich beide Elternteile für sie bin.«

»Selbst Jugendliche mit zwei Elternteilen werden ungewollt schwanger.«

»Ich weiß, aber als wir über ihre Zukunft und die Unterstützung gesprochen haben, die sie brauchen würde, um über diesen Verlust hinwegzukommen – er hatte so ein schlechtes Gewissen, sie allein zu lassen. Sie war erst zehn, und er wusste, wie sehr sie darunter leiden würde. Kannst du dir das vorstellen? Sie bestand nur aus ellenlangen Ärmchen und Beinchen und diesem riesigen Büschel irrwitzig roter Haare, ein Ausbund an Lebensfreude und Energie. Er hat es damit verglichen, einen wunderschönen Porzellanteller in die Luft zu werfen. Während er durch die Luft fliegt, sieht man, wie makellos und unversehrt er ist, bis zu dem Augenblick, der kommen muss, in dem er auf dem Boden aufschlägt und zerspringt. Genau das machte er mit ihr. Er war so wütend, weil er sie nicht würde aufwachsen sehen. Wir haben oft darüber gesprochen, was für ein Mensch wohl aus ihr werden würde, haben es uns gemeinsam ausgemalt, und ich habe versprochen, alles zu geben, um sie zu beschützen und ihr ein gutes Leben zu ermöglichen.«

James fand nicht, dass der Jahre zurückliegende Tod des Vaters eine hinreichende Rechtfertigung war. Normalerweise ging er auf das schlechte Benehmen ihrer

Tochter nicht ein, aber mit seinem Schweigen, das dämmerte ihm nun, hatte auch er Daniel verraten.

Er würde sich um Julia kümmern. Er würde nicht zulassen, dass sie sich von einer verstörten, manipulativen Teenagerin schikanieren ließ, die auch noch seinen Sohn mit hineinzog. Nichts davon konnte er laut aussprechen. Stattdessen sagte er: »Du hast ihr ein gutes Leben ermöglicht. Das tust du noch immer.«

»Vielleicht. Aber ganz im Ernst, ich hatte es für das absolute Minimum gehalten, dass sie es ohne Schwangerschaft durch die Schule schafft.«

»Niemand, wirklich keiner, kann seine Tochter mehr lieben, als du Gwen liebst. Wir werden das alle zusammen durchstehen. Es ist grausam, es wird grausam für unsere Kinder werden, aber es wird vorbeigehen. Wir haben es früh genug bemerkt, das macht alles sehr viel weniger kompliziert.«

Julia kreuzte die Beine zum Schneidersitz und fing an, auf dem Nagel ihres kleinen Fingers zu kauen. »Was genau passiert denn jetzt?«

»Hattest du noch nie eine?«

»Nein!« Sie sah ihn entsetzt an. »Wieso, du etwa? Ich meine, hast du schon mal aus Versehen jemanden geschwängert?«

»Nein«, gab James zu. »Mein Wissen ist ausschließlich beruflicher Natur. Aber Pamela hatte eine, kurz bevor wir uns kennengelernt haben. Sie hat es gut weggesteckt, wie sie eben ist. Ich glaube, sie war sich nicht ganz sicher, wer ihr zu diesem Umstand verholfen hatte, was es schwierig macht, sich eine andere Lösung vorzustellen. Es ist schwer, sich das Gesicht eines Babys auszumalen, wenn man nicht mal weiß, welchem Mann es ähnlich sehen könnte.«

»Das ist das Gehässigste, was ich dich je habe sagen hören«, bemerkte Julia kurzzeitig aufgeheitert.

»Na, bitte sehr. Hin und wieder darf ich mir auch mal einen Ausrutscher erlauben, wenn es um meine Exfrau geht. Eigentlich müsste ich sie anrufen und ihr die Nachricht überbringen, aber heute Abend ertrage ich sie einfach nicht mehr. Außerdem will ich nicht, dass Nathan es zuerst von ihr am Telefon erfährt. Oder sie es Saskia erzählt oder auf einmal vor der Tür steht oder – ich will mich gerade einfach nicht damit befassen.«

»Also, was passiert jetzt?«

»Wenn es stimmt, wann sie ihre letzte Periode hatte, dann braucht sie keine chirurgische Abtreibung, dann reicht Mifepriston. Es hemmt das Progesteron, und das führt zur Ablösung der Gebärmutterschleimhaut. Dann muss sie Misoprostol nehmen, dadurch zieht sich die Gebärmutter zusammen, und es werden Blutungen ausgelöst, dann wird hoffentlich alles ausgestoßen. Es wird kein Zuckerschlecken, das sage ich dir, aber es geht ziemlich schnell. Sie bekommt Schmerzmittel und Antibiotika, und wenn alles glattgeht, war es das. Eine Nachuntersuchung noch, und dann ist die Sache gegessen. Codein, Wärmflasche, Fernsehen, Ablenkung.«

»Okay.« Sie nickte, den Fingernagel noch immer zwischen den Zähnen. »Kannst du dir nur für eine Sekunde vorstellen, wie es wäre, wenn unsere Kinder dieses Baby bekommen würden?«

»Damit fangen wir gar nicht erst an, das wäre der reine Wahnsinn. Du hättest ein Enkelkind, das mit mir und Daniel verwandt ist. Und wir beide hätten ein gemeinsames Enkelkind. Das ist doch total kaputt. Hinterher hat es noch Ähnlichkeit mit uns beiden.« Er küsste ihre Hand. »Aber du bist jetzt meine Familie. Und das bedeutet auch, dass jedes Baby, das Gwen irgendwann mal mit irgendeinem Mann bekommt, unser gemeinsames Enkelkind sein wird. Es muss nicht ... Das hier ist nicht ... Es ist nur ein Unfall gewesen. Wenn unsere Kinder irgendwann mal jemanden heiraten und eigene Kinder bekommen, sind wir ein Team und teilen uns die Enkel, und es wird ganz toll werden, wenn es so weit ist. Wir passen auf sie auf und haben unseren Spaß mit ihnen, aber sobald sie anfangen zu schreien, geben wir sie zurück und widmen uns wieder unserem Garten und dem Reisen und ... und Minigolf. Solange Nathan nicht die teuflische Barbierin aus Sevilla heiratet, wird es das reinste Vergnügen. Warte mal zehn, fünfzehn Jahre ab, und dann sprechen wir uns wieder.«

»Ich weiß ja. Danke.«

»Du musst dich nicht bei mir bedanken.« Um ihren Schmerz zu lindern, die Verantwortung zu teilen, bot er ihr ein Opferlamm dar, ein Echo der ungerechtfertigten Verachtung, die sie hegen musste: »Immerhin war es mein dämlicher Sohn, der ihr den Braten in die Röhre geschoben hat.«

»Wann ist die Schwangerschaft vorbei?«

»Ziemlich schnell.«

»Wie schnell? Dieses Wochenende?«

»So schnell nun auch nicht. Eine Woche. Zehn Tage vielleicht.«

»Ich könnte die beiden erwürgen.«

»Das wäre auch eine Lösung.«

Sie schwieg eine Weile. »Können wir auch Tomaten und Basilikum anbauen? Und Oliven, aus denen wir unser eigenes Olivenöl pressen?«

»Dann brauchen wir aber auch einen Esel, der die Ölmühle antreibt. Oder ein Muli, was auch immer das ist, keine Ahnung, wir hatten in Dorchester keine Mulis, als ich klein war, es könnten also auch Damenschuhe sein. Du trägst nichts als Mulis, wenn du auf dem Esel reitest und die Oliven ausquetschst. Mit dem Büffel haben wir dann einen ganzen Bauernhof für unseren Caprese-Salat zusammen.« Er sah auf die Uhr. »Es ist schon zwei Uhr, Schatz, lass uns ins Bett gehen. Diese Katastrophe läuft uns nicht weg.«

Sie lachte, und er war erleichtert. Es war eine Aussicht auf bessere Zeiten, die ersten Knospen nach einem harten Winter.

»Na gut. Versprochen?«

»Versprochen. Morgen warten Stunde um Stunde Elend und Stress auf dich. Es werden Tage vergehen, bis diese Sache erledigt ist. Lass uns schlafen gehen, damit wir sie bei Licht in all ihrer schäbigen Schönheit genießen können.« Er nahm ihr Gesicht in beide Hände und küsste sie innig. »Ich liebe dich über alles, und ich verspreche dir, dass wir das zusammen wieder geraderücken.«

25

Es war nicht zu fassen: Ihre Mutter war ins Bett gegangen, obwohl Gwen sie gerade so sehr brauchte. Nie zuvor war sie in der Not allein gelassen worden. Ihr erster Gedanke beim Aufwachen war, dass es eine Verwechslung gegeben haben musste. Halb erwartete sie, Julia an ihrem Bett sitzen zu sehen, wie sie es früher so oft getan hatte. Als Zweites zählte sie die Stunden, die noch vor ihr lagen, bis sie wiedergutmachen konnte, was gestern so fürchterlich schiefgelaufen war – es war erst vier Uhr. Ihre Mutter musste doch verstehen: Sie durfte nicht schwanger sein, sie war doch selbst noch ein Kind. Sie wollte auf den Arm genommen werden, als wäre *sie* das Baby. Ihr war zutiefst elend zumute.

Zunehmend unentschlossen lag sie wach. Seit James' Invasion hatte sie sich nicht mehr in die oberste Etage gewagt. Das Schlafzimmer zu betreten war unmöglich, das Warten unerträglich. Sie dachte mit aller Macht an ihre Mutter und hoffte, sie würde ihr Bedürfnis spüren, heruntergeschwebt kommen und sie in ihre schützenden Arme schließen. Als kleines Kind war Gwen im Bett geblieben und hatte lauter und lauter geschrien, bis die erlösenden Schritte auf der Treppe zu hören waren.

Irgendwann hatte sie festgestellt, dass es schneller ging, wenn sie aufstand und selbst ins Schlafzimmer ihrer Eltern lief, auch wenn die nächtliche Wanderung ihre ganz eigenen Tücken hatte. Sie musste allen Mut zusammennehmen, huschte die Treppe hinauf und stieß die Tür ins mondbeschienene Dunkel des Elternschlafzimmers auf. Links lag ihr Vater, rechts ihre Mutter. Zwischen ihnen eine Lücke, in die Gwen perfekt hineinpasste. Wie sollte Julia denn auf ihre Tochter aufpassen, wenn sie tief und fest schlief, wenn sie verletzlich und irgendwo in einer Traumwelt war? Gwen flüsterte so lange, bis Julia erst die Augen und dann die Arme öffnete und in Ordnung brachte, was nicht in Ordnung war.

Wie schnell konnte das Ganze wohl geradegerückt werden, damit ihre Mutter ihr verzieh? Und wie würde es ablaufen? Sie wusste nicht, wie Abtreibungen funktionierten, aber sie sah ein hochgeschlossenes weißes Baumwollnachthemd vor sich, Erdbeer-Wackelpudding mit schmelzendem Vanilleeis und die mintgrünen Papiervorhänge der Station, auf der ihr die Mandeln entfernt worden waren. Julia, die auf einer Campingliege an ihrer Seite schlief, sich liebevoll um ihr tapferes kleines Mädchen kümmerte und stolz war. Das winzige Etwas in ihrem Bauch war gerade mal so groß wie ein Mohnkorn, viel kleiner als eine Mandel also, und musste sich doch einigermaßen einfach loswerden lassen. Es war nur ein Staubkorn. Sie war nervös und rastlos und bekam Gänsehaut beim Gedanken an sich einnistende und teilende Zellen. Sie durfte keine Zeit verlieren, es musste weg. Sie konnte nicht einschätzen, wie Nathan reagieren würde, aber sauer würde er bestimmt nicht sein. Er würde hinter ihr stehen, und sie würden gestärkt aus dieser schwierigen Zeit hervorgehen, verbunden durch die dunklen Samtfesseln eines Geheimnisses. Doch solange ihre Mutter so lähmend enttäuscht von ihr war, konnte sie sich nicht auf Nathan konzentrieren. Sie bekam keine Luft, sehnte sich nach Absolution. Wie lange konnte man wohl wegen eines mohnkorngroßen Ausrutschers sauer sein?

Oben vor der Tür lauschte sie, und als sich nichts tat, klopfte sie leise. Keine Reaktion. Sie wartete noch einen Augenblick, dann öffnete sie die Tür und trat in das ehemalige Schlafzimmer ihrer Eltern. Als sich ihre Augen an die Dunkelheit gewöhnt hatten, erkannte sie die schlafende Julia in der Mitte des Bettes und nicht wie in ihrer Vorstellung auf der rechten Seite. Einander zugewandt lagen Julia und James verschlungen da und atmeten jeweils den flachen Atem des anderen. Ein muskulöser Arm lag über ihrer zierlichen Mutter.

Vor Neugier und Ekel erstarrt konnte Gwen nicht wegsehen. Welcher Verrat hatte wohl die letzten Augenblicke vor dieser ungenierten Vereinigung erfüllt? *Ich muss mich für meine Tochter entschuldigen*, oder vielleicht: *Solange wir uns haben, ist alles andere egal.* Im Schlaf war das Gesicht ihrer Mutter mädchenhaft weich, die Stirn ganz entspannt. Ihre Hand lag an James' nackter Brust. Sie sah nicht aus wie jemand, der sich um seine einzige Tochter sorgte. Sie wirkte wunschlos glücklich. So hatte Gwen sie noch nie gesehen.

Gwen machte kehrt und schloss leise die Tür hinter sich. Sie stand lange auf dem Treppenabsatz und fürchtete, sich übergeben zu müssen. Da fiel es ihr wie Schuppen von den Augen: Sie war ganz allein. *Du kannst mich mal*, dachte sie und flüsterte es, um sich zu beruhigen.

Du kannst mich mal.

Du hast dich gegen mich entschieden.

Du hast mir gar nichts zu sagen.

Am nächsten Morgen wurde Julia von lautem Scheppern und Scharren geweckt. James hatte sie am Abend zuvor beruhigt und getröstet, und sie hatten beschlossen, rigoros durchzugreifen. Schon fast im Halbschlaf war ihr Claire eingefallen, James' ehemalige Assistenzärztin. Sie war jung, zugänglich und direkt, und ihre lockere Art würde Gwen gefallen. Julia hatte James gebeten, ihr eine E-Mail zu schicken, und sie hatte sofort geantwortet, obwohl es kurz vor drei Uhr nachts gewesen war – Claire hatte Nachtschicht. Sie würde nach Hause fahren, schlafen und sich dann Zeit für eine Untersuchung, ein Gespräch, eine Tasse Tee nehmen. Julia kam die Treppe herunter und sehnte sich danach, ihre Tochter in die Arme zu schließen, die – das erkannte sie nun, da der Zorn sie nicht mehr blendete – völlig verloren und verängstigt sein musste. Julia wollte ihr berichten, was sie getan hatte, um zu helfen. Doch Gwen selbst hatte über Nacht radikale Änderungen vorgenommen.

Sie hatte offenbar ganz allein die Matratze von Nathans Bett gewuchtet und das Bettgestell auseinander- und in ihrem eigenen Zimmer wieder zusammengebaut.

Was vorher Nathans Zimmer gewesen war, sah jetzt mit den Rücken an Rücken stehenden Kiefernholzschreibtischen aus wie ein Studierzimmer. In Gwens Zimmer stand nur noch ein improvisiertes Doppelbett. Als Julia hereinkam, zog Gwen gerade hektisch ein Spannbettlaken über die beiden Einzelmatratzen, um sie zu einer zu machen. Sie war rot und verschwitzt.

»Was machst du denn da?«

Gwen reagierte nicht. Auf allen vieren versuchte sie mühsam, das Laken über die letzte Matratzenecke zu stülpen. Als es ihr schließlich gelungen war, ließ sie sich zufrieden auf die Fersen sinken.

»Was du da machst, habe ich dich gefragt.«

»Ich baue ein Doppelbett.«

»Ein Doppelbett?«

»Jep.«

Julia setzte sich auf die Kante von Gwens neuem großem Bett. »Kannst du mal bitte kurz aufhören? Ich muss mit dir reden. Ich habe einen Termin bei einer Freundin von James gemacht –«

»Fast fertig, Sekunde.«

»Gwen, hör auf.«

»Was denn?«

»Was *machst* du denn da?«

»Ich baue mein Nest«, fauchte Gwen sarkastisch. »Stehst du mal bitte auf? Ich will die Decke hinlegen.«

Julia erhob sich und suchte nach etwas, an dem sie sich festhalten konnte. Sie spürte ein hysterisches Lachen in sich aufsteigen. »Bist du jetzt völlig durchgedreht? Das Haus gehört nicht dir allein, Gwendolen. Ich verstehe ja, dass du aufgebracht bist, aber du kannst doch nicht einfach … Hilf mir bitte, du wirst nicht glauben, was hier los ist«, sagte sie zu James, der gerade mit drei Teetassen auf einem Tablett in der Tür aufgetaucht war.

Er schaute verunsichert herein. »Was ist *das* denn?«

»Gwen hat die Betten umgestellt. Ganz alleine. Sie ist anscheinend unter die Gewichtheber gegangen.«

»Und wer hat dir das erlaubt?«, fragte James, bekam jedoch keine Antwort. Er wollte das Tablett auf Gwens Schreibtisch stellen, aber der war nicht mehr da. Er suchte nach einer alternativen Oberfläche und stellte das Tablett schließlich auf den Boden.

»Sie hätte sich wehtun können, die Dinger sind höllenschwer. Bitte sag ihr das. Gwen, setz dich doch hin, du machst mich ganz nervös.«

»Alleine schwere Möbel zu rücken ist nicht sonderlich schlau«, bestätigte James. »Aber viel wichtiger: Du hast dich gewaltig geschnitten, wenn du glaubst, ihr könntet jetzt in einem Zimmer wohnen. Bist du völlig durchgedreht? Und das auch noch jetzt? *Heute?* Im Ernst?«

Gwen bezog ein Kissen und schüttelte es wie ein Terrier, der einem Kleintier das Genick brechen wollte. Sie biss die Zähne zusammen.

»Gwen«, flehte Julia. »Bitte hör auf. Setz dich hin, Schätzchen, lass uns reden. Es wird sich alles finden.«

Gwen legte das Kissen aufs Bett und boxte es in Form. »Ich bin nicht schwer von Begriff, und ich muss ganz sicher niemanden um Erlaubnis bitten, um mit dem Vater meines Babys in einem Zimmer schlafen zu dürfen. Mir gehts gut, alles in Ordnung, ich bin durchaus dazu in der Lage, ein Bett umzustellen. Ich bin kein *Kind* mehr, und wenn das Baby kommt, müssen wir sowieso im gleichen Zimmer schlafen, damit wir es nachts hören. Außerdem seid ihr nicht die einzigen Erwachsenen in diesem beschissenen Haus, eure Beziehung ist nicht die einzige, die hier zählt, und ich muss niemanden fragen, ob ich die Möbel in meinem eigenen Zimmer verrücken darf. Was macht ihr überhaupt hier drin?« Sie wischte sich mit dem Handrücken Tränen der Wut aus dem Gesicht.

»Was redest du denn da?« James wirkte sichtlich erstaunt. »Welches Baby?«

»Du hast mir eh nichts zu sagen! Du kannst nicht immer alles bestimmen!«

»Komm, wir gehen.« Er legte Julia eine Hand auf die Schulter. »Ich habe keine Ahnung, was das hier soll, aber produktiv ist es nicht. Wir warten unten auf dich, wenn du bereit bist, dich wie ein zivilisierter Mensch zu unterhalten«, fuhr er fort, und Gwen fragte sich, wie er noch immer aufrecht in ihrer Tür stehen konnte, wie sein Herz unter dem vernichtenden Druck des Hasses, den sie für ihn empfand, weiter schlagen konnte. Er hatte ihr alles genommen, was zählte. Und das wenige, das ihr blieb, würde sie behalten.

Nathan kam am späten Samstagvormittag von seiner Übernachtung bei Charlie zurück und wurde schon in der Küche erwartet. Sein Vater und Julia sahen ihn aus bleichen Gesichtern an, und noch ehe er seinen Heißhunger stillen oder auch nur den dringend benötigten süßen, starken Kaffee machen konnte, teilten sie ihm das Unvorstellbare mit, während seine Freundin lautstark weinend und mit rotem Gesicht in der Ecke saß. Nathan antwortete mit einem seltsamen, unwillkürlichen Geräusch. Ein heiser gebelltes Lachen, ein ungläubiges Stakkato. Er fühlte nichts, nur Ungeduld darüber, dass sie ihm mit ihrem theatralischen Getue die Erinnerung an einen perfekten Abend ruinierten. Bis zu den Sommerferien würden seine Freunde und er nicht mehr ausgehen, und er hatte sich auf Spiegelei auf Toast und eine lange, heiße Dusche gefreut, um den Schweiß der Nacht und den Gestank der beiden Zigaretten abzuwaschen, die er auf dem Heimweg versehentlich geraucht hatte. Doch jetzt starrten ihn alle an und erwarteten eine Reaktion. Gwens Schluchzen wurde lauter. Sie stürmte auf ihn zu, fiel ihm mit fleckig-verquollenem Gesicht um den Hals und zog geräuschvoll die Nase hoch. Ihre Verwandlung verunsicherte ihn, stieß ihn sogar ab, doch um Gwen zu beruhigen, schloss er die Arme um ihre schmale Taille. Erst als er über ihre Schulter hinweg den Gesichtsausdruck seines Vaters sah, hatte er plötzlich einen Knoten im Magen. Das hier war nicht nur Gwens Tragödie. Heiße Tränen der Panik stiegen in ihm auf, und er drückte sie Trost suchend an sich.

Er konnte nicht allein mit ihr sprechen, denn fast im selben Augenblick wurde sie ihm von ihrer Mutter aus den Armen gerissen und zu einer Frau gebracht, die »ihre Optionen mit ihr durchsprechen« wollte. Mit seiner nicht wiedererkennbaren Geliebten verschwanden auch der Lärm und die Hysterie. In der sonnenbeschienenen Küche war es still. Sein Vater sprach leise: Das müsse ein schlimmer Schock für ihn sein, aber Claire sei entspannt und pragmatisch und würde der Situation etwas Realität einhauchen. Bald wäre die Sache geklärt. Nathan spürte, wie sich die Panik zurückzog und betäubende Ungläubigkeit an deren Stelle trat. *Eine schläfrige Benommenheit*, dachte er, *woher kenne ich diese Formulierung? Habe ich mir die selbst ausgedacht? Sollte ich mir auf jeden Fall merken, auch wenn »Benommenheit« ein wenig sperrig ist.* Er hatte hämmernde Kopfschmerzen. Gwen habe selbst erst seit gestern den Verdacht gehabt, erklärte James, und die wenige Zeit habe nur für ein stures, reflexhaftes Aufbäumen gereicht. Sie könne das alles nicht ernst meinen, schließlich habe sie erst gestern Abend das genaue Gegenteil gewollt. Er müsse so viele Fragen haben (Nathan hatte keinerlei Fragen), aber er solle bloß nicht auf ihre wilden Behauptungen eingehen oder sich davon einschüchtern lassen. Es sei ein beängstigender, aber vorübergehender Albtraum, vielleicht ein Weckruf, dass man noch nicht ganz so weit sei, wie man glaube. Nathan solle wissen, dass das Ganze nichts an James' Liebe zu ihm ändere und er nicht böse auf ihn sei, obwohl das natürlich ein gottverdammt unnötiger, dämlicher Ausrutscher sei. Die Sitten würden sich nun allerdings ändern. Es sei Zeit, sich auf den Hosenboden zu setzen, sich zu konzentrieren und seine Prioritäten neu zu ordnen. Nathan müsse ja so wütend sein.

Nathan, der überhaupt nicht wütend war, rieb sich die Schläfen. James hatte ihm Eier gebraten und Toast mit Butter bestrichen. Widerstandslos sagte er: »Ja, ja«, und fing an zu essen.

»Sie sucht einfach Aufmerksamkeit, das hat mit dir nichts zu tun«, fuhr James fort und drückte das Endstück des Toastbrots unnötig fest in den Toaster, »aber wir schaffen das schon.« Nathan nahm das kommentarlos hin und brauchte keine weitere Erklärung. Er hatte keinerlei Bedürfnis, länger oder eingehender darüber nachzudenken. Für sich hatte er die beruhigende Bezeichnung »vorübergehender Albtraum« als passenden Ausdruck für die grausamen fünf Minuten übernommen, in denen seine Freundin wimmernd neben dem Kühlschrank gehockt hatte. Das war krass gewesen, aber jetzt wollte er sich nur noch die Kapuze über die Augen ziehen und schlafen. Vorher musste er allerdings seinem Vater helfen, ein Bettgestell und eine Matratze zurück in sein Zimmer zu tragen – der »Diebstahl« seines Betts war der größte Schock gewesen, ein Angriff auf seine Autonomie und seine Männlichkeit –, aber Gwen war offensichtlich in großer Not, und bis der Albtraum vorüber war, würde er sie mit Samthandschuhen anfassen. »Keats!«, murmelte er enttäuscht, als die Matratze wieder bezogen war, und fiel in traumlosen Schlaf, ohne sich vorher ausgezogen zu haben. James küsste ihn auf die Stirn, versicherte ihm noch einmal, wie sehr er ihn liebe, und ließ ihn dann allein.

Nathan war selbst überrascht gewesen von seiner tiefen Zuneigung für Gwen. Er hatte geglaubt, Valentina von ganzem Herzen zu lieben, wusste aber jetzt, dass es noch mehr gab. Mit Gwen konnte er vollkommen er selbst sein, oder zumindest immer der Teil seiner selbst, der sich im jeweiligen Augenblick am wahrhaftigsten anfühlte. Sie liebte ihn bedingungslos. Von seinen Freunden hatte er gelernt, schlagfertig und voreingenommen zu sein und sich Hände reibend auf die Fehler anderer zu stürzen. Aber Gwens einfache, ehrliche Loyalität machte ihn demütig. Wenn sie allein waren, konnte er zugeben, im Unrecht oder unentschlossen zu sein. Mit Gwen war es weniger beängstigend, fehlbar zu sein, weil sie sich standhaft weigerte, ihn dafür zu halten. Wäre er es gewesen, der in Schwierigkeiten steckte, hätte er keine Sekunde an ihrem Beistand gezweifelt. Dieses Wochenende war sie nicht sie selbst, aber sein Vater hatte gesagt, das ginge bald vorüber, also würde er zu ihr halten, bis sie wieder die Alte war. Sie suche nur Aufmerksamkeit, hatte James gesagt, und sobald sie Julia einen Schock fürs Leben verpasst hätte, würde sie die Sache mit dem Baby ganz sicher nicht weiter durchziehen. Nathan wusste, wie es sich anfühlte, stumm danebenzustehen, während die Eltern sich zerfleischten, und wollte seinem Vater glauben. In seinem Alter konnte niemand schwanger sein. Er war doch keiner von denen – Herrgott noch mal, er ging auf eine Privatschule!

Nathan wachte am Nachmittag auf, als Julia und Gwen wieder da waren – und mit ihnen die Angst. Bis zum Abendessen übergab sich Gwen unzählige Male, als hätte die Entdeckung der Schwangerschaft deren Symptome erst richtig entfesselt. Von zufriedenem Leuchten keine Spur, im Gegenteil: Nach wenigen Stunden wirkte sie bereits ausgezehrt, nahezu verwahrlost. Claires umjubelter Pragmatismus hatte keinerlei Eindruck auf sie gemacht. In den kurzen Augenblicken, in denen sie nicht auf allen vieren auf dem Badezimmerboden kauerte, vertrat Gwen ihren Standpunkt mit leiser Besonnenheit im Tonfall einer freundlichen Kundenservicemitarbeiterin, und Augenblicke später verlor sie wegen einer kaum wahrnehmbaren Provokation den Kopf und kreischte James und ihre Mutter irre an wie Bertha Rochester. Nathan gegenüber war sie voller Liebe und Reue, doch sie hatten nur wenige flüchtige Momente für sich.

Am Sonntagabend wurde beschlossen, dass Nathan am Morgen, wenn die Schule wieder anfing, wie geplant zurück ins Internat fahren sollte. Man konnte den ganzen Tag damit zubringen, das Geschehene zu bedauern, aber das brachte sie auch nicht weiter. In der Sackgasse, in der sie sich befanden, gab es ohnehin nicht viel, das Nathan hätte beitragen können. Das Baby, über das sich alle den Kopf zerbrachen, war – theoretisch – *sein* Baby. Aber wenn Mutter und Tochter mit feurigem Blick und in die Hüften gestemmten Händen aneinandergerieten oder sich weinend in den Armen lagen, was noch verwirrender war, wusste er nicht, was er tun sollte. Sie weinten, sie schlugen Türen, schluchzten Entschuldigungen und nahmen sie sofort wieder zurück. Nathan hatte keinen Platz in diesem Spiel. Weder Gwen noch Julia fragten ihn nach seiner Meinung, also zog er sich hinter seinen Vater zurück. Es kam ihm immer unwahrscheinlicher vor, dass alles wieder gut werden würde, wie James steif und fest behauptete. Gwen hatte den Verstand verloren, und es gab keinerlei Anzeichen dafür, dass sie ihn je wiederfinden würde. Er sehnte sich nach seiner Mutter und nach zu Hause.

26

»Sie muss es natürlich wegmachen lassen«, sagte Iris gefasst, genau wie Julia vorhergesehen hatte. Sie wartete auf den Rest der Ansprache, während ihre Schwiegermutter Süßstoff in den Tee gab. Julia war beinahe erleichtert, in Iris' Wohnzimmer zu sitzen, ihr Urteil über sich ergehen zu lassen und neue Kraft zu schöpfen. Im Beisein ihrer Schwiegermutter gab es nichts, das nicht lösbar oder zumindest handhabbar war. Es tat gut, in der Befehlsform angesprochen zu werden.

Philip hatte Iris die Nachricht überbracht und ihren ungefilterten Zorn und die Enttäuschung einstecken müssen. Vor ihm hatte sie sogar kurz stummen Tränen freien Lauf lassen können. Doch nachvollziehen konnte sie den ganzen Wirbel nicht. Für sie gab es nur die eine Lösung, die alle Beteiligten hinterher möglichst schnell verdrängen würden. Die Zukunft einer jungen Frau stand auf dem Spiel. Auf der einen Seite gab es Bildung, Entscheidungsfreiheit, Unabhängigkeit, auf der anderen sah Iris die finstere Bürde der Vergangenheit. Biologie als Schicksal – das musste doch heutzutage nicht mehr sein. Hätte das Kind auch nur im Ansatz geahnt, wie privilegiert seine Generation war, wäre es vielleicht etwas respektvoller mit dem Wunder der Verhütung umgegangen. Es hätte sie wertschätzen, in Ehren halten müssen, dachte Iris wutentbrannt. Die Pille bedeutete Freiheit, die Erlösung von Nachwuchs und Skalpell gleichermaßen, und dieses ganze unnötige Chaos war einzig und allein Gwendolens Dummheit und Undankbarkeit zuzuschreiben. Wie dem auch sei, dachte sie, es war noch nicht zu spät.

»Da hat sie sich wirklich in eine vertrackte Situation hineinmanövriert, aber jetzt müssen wir sie davon abhalten, einen noch viel größeren Fehler zu begehen. Wenn dir die Empfehlung von Dings' Bekannter nicht gefällt, kennt seine komische Exfrau ganz sicher die richtige Frauenklinik. Himmelherrgott, was würde ich gerade für eine Zigarette geben.« Iris nahm einen affektierten Schluck aus ihrer Teetasse. »Wenn das Kind mir meinen Allen Carr zunichtemacht, wird es mich kennenlernen.«

Julia machte keine Anstalten, die Lektüre eines Nichtraucherratgebers zu kommentieren, also fuhr Iris fort: »Fehler können passieren. Ich gebe zu, das ist Gwens bisher spektakulärste Entgleisung, aber es kann doch nicht sein, dass sie sich damit alles verbaut. Du bist die Mutter, Schluss mit der Schmusepädagogik und dem ganzen Mumpitz, den du für so förderlich gehalten hast. *Das Kind weiß am besten, was ihm guttut.* Das ist doch Unsinn, und nun zeigt sich die wahre Gefahr. Bisher haben wir zugesehen und uns nicht eingemischt, aber Kinder brauchen Grenzen, Julia. Teenager haben keine Impulskontrolle, das ist wissenschaftlich erwiesen. Sie hat doch von nichts eine Ahnung. Du musst das Kind vor sich selbst schützen und diesem Wahnsinn ein Ende setzen.« Iris lachte ungläubig auf. »Du wirst doch wohl nicht plötzlich katholisch werden, Julia?«

Endlich kam Julia zu Wort. »Quatsch! Wie kannst du …? Nein, natürlich nicht. Es gibt keine andere Lösung, es ist nur … Sie lässt einfach nicht mit sich reden. Jeder Versuch, mit ihr zu sprechen, endet in Geschrei. Auf dem Ohr ist sie völlig taub.«

»Dann musst du eben lauter schreien«, sagte Iris entschieden. »Die Zeit läuft.«

»Glaub mir, das weiß ich. Ich habe gestern die halbe Nacht damit zugebracht, einen Brief zu schreiben, den ich ihr aufs Kopfkissen gelegt habe, woraufhin sie mit andächtigem Blick zu mir kam und mir in aller Seelenruhe erklärte, ihr sei bewusst, dass ich nur das Beste für sie wolle, aber das ändere nichts an ihrer Meinung. Nathan war heute Morgen in Tränen aufgelöst, er ist völlig außer sich. Saskia hat Gwen wohl eine E-Mail geschickt, und selbst Pamela hat mit ihr gesprochen. Nicht, dass sie irgendetwas ausrichten könnte, aber wenigstens hat sie Temperament und Statistiken an der Hand. Und Gwen hat einfach aufgelegt. Ich weiß nicht, was ich noch tun soll, ich dringe nicht zu ihr durch. Sie verbaut sich damit doch ihre Zukunft. Und meine auch, aber das interessiert sie nicht. Ich kann sie ja wohl zu nichts zwingen, oder? Kann ich das? Zu so etwas kann man doch niemanden zwingen. Was, wenn sie es wirklich für den Rest ihres Lebens bereut? Das will ich mir gar nicht vorstellen. Aber anders ist es auch … unvorstellbar. Ganz und gar unvorstellbar. Ich würde alles dafür geben, die Zeit zurückzudrehen. Ich will nur, dass der Spuk endlich ein Ende hat.«

Iris stellte ihre Teetasse mit dem Untersetzer auf eine Ausgabe von Le Corbusiers *Der Modulor*, die ganz oben auf dem Bücherstapel auf der mit goldener Seide bespannten Ottomane neben ihr lag. Sie sprach jetzt langsamer, wie mit einer Minderbemittelten. »Der ›Niemand‹, um den es hier geht, ist noch ein Kind, und zwar weder ein sonderlich reifes noch ein besonders weitsichtiges. Deine Formulierungen sind problematisch. Natürlich kannst du niemanden *zwingen*, aber seine minderjährigen Kinder hat man anzuleiten, Verantwortung für ihr Leben zu übernehmen, das ist die Aufgabe einer Mutter. Wenn du von lebenslanger Reue sprichst, dann stell dir doch einfach Folgendes vor: all ihre Freundinnen mit Doktorhüten beim Schulabschluss, mit riesigen Wanderrucksäcken auf dem Weg zum nächsten Besäufnis an irgendeinem vietnamesischen Strand, auf ihrer ersten eigenen Dinnerparty nach nur einem Tag in irgendeinem Graduiertenprogramm. Und dann stell dir daneben unsere kleine Gwen vor, einsam und allein, denn wir wissen beide, dass es so enden wird. Diese halbstarken Jungs halten so was doch keine fünf Minuten aus. Stell sie dir vor, wie sie mit einem schreienden Krabbelkind am Bein die Wäsche aufhängt.«

Julia nickte und sagte nichts, aber Iris hatte genug. Zu Anfang hatte sie noch wie üblich gute Miene gemacht, aber langsam verlor sie die Geduld mit Julia. »Also?«

»Ich weiß«, antwortete Julia zerknirscht. »Es wäre wirklich eine Tragödie.«

»Na, dann wende sie ab, um Himmels willen! Wenn du dir schon solche Gedanken darüber machst, dass Gwen es ihr Leben lang bereuen könnte, dieses Baby nicht bekommen zu haben, dann ist doch klar, dass sie glaubt, sie müsse es behalten. Dann kannst du es auch gleich in der Schule anmelden. Auf eine Privatschule wird es allerdings kaum gehen, wenn es in Ignoranz und Armut aufwächst.«

»Ich kann sie doch nicht an den Haaren dahinzerren! Was soll ich denn machen? Es sind nur noch ein paar Wochen, bis es zu spät ist. O Gott, ich hätte das alles von Anfang an nicht zulassen dürfen, dann säßen wir jetzt nicht hier. Ich mache mir solche Vorwürfe. Für nächste Woche habe ich einen Termin bei einer Familientherapeutin vereinbart. Ich weiß, wir hätten sie trennen sollen, aber der Gedanke, dass James wieder auszieht ...«

»Bitte keine Selbstzerfleischung hier, danke. Es ist einzig und allein Gwendolens Fehler. Aber noch kannst du ihn ausbügeln.«

»Nathan ist ja wohl nicht ganz unschuldig daran«, erwiderte Julia und ignorierte den Rest. In den letzten Tagen hatte sie sich mehr denn je gewünscht, James' Sexverbrecher von einem Sohn ins Arbeitslager in den Kolonien zu schicken oder wenigstens zum Eierschalenvergraben und Kompostbepinkeln unter die permanente Aufsicht seiner Mutter in Boston. Am liebsten hätte sie ihn umgebracht. Es schockierte sie, wie lebhaft sie sich das vorstellen konnte. Vor ihrem inneren Auge sah sie brennende Häuser und Gaslecks. Sie sah ihn froh und munter über die Straße gehen und von einem Bus platt gefahren werden wie im Zeichentrickfilm. Die Wut auf ihre Tochter konnte sie nicht zulassen, so groß und bedrohlich war sie, also bekam Nathan alles ab. Der Zorn war erträglicher als Kummer.

»Ich gebe ihm exakt dreiundzwanzig Prozent der Schuld. Schließlich war nicht er es, der ›vergessen‹ hat, die Pille zu nehmen.« Iris hielt die Finger, mit denen sie die Gänsefüßchen um das ausschlaggebende Wort angedeutet hatte, wie eingefroren in der Luft.

»Ich habe gerade keinen Kopf für solche Anschuldigungen. Ich weiß, wie es von außen aussieht.«

»Gut, für den Moment ist egal, wessen Schuld es ist, das Kind ist so oder so in den Brunnen gefallen. Und jetzt hör mir mal gut zu. Kennst du irgendwen aus unserem Umfeld, irgendein Mädchen aus unserer Bekanntschaft, das das Glück hat, aus einer privilegierten, gebildeten, vermögenden Nordlondoner Familie zu stammen, und unter solchen Umständen ein Kind bekommen hat? Sei bloß nicht so arrogant und glaube, dass wir die Einzigen sind. Statistisch gesehen ist es unmöglich, dass wir niemanden kennen, dessen Tochter in solche Schwierigkeiten geraten ist. Aber die anderen legen keine Briefe aufs Kopfkissen wie die Zahnfee, sondern sie *kümmern sich darum*, Julia. Die Eltern kümmern sich darum. Und die Mädchen verbuchen es als Erfahrung und studieren und machen Karriere und heiraten, und hinterher war alles halb so wild.«

Julia, die bis zu diesem Augenblick gefasst gewesen war, hielt sich nun die Hände vors Gesicht und fing an zu schluchzen. »Ich habe sie verloren. Ich weiß einfach nicht, wie ich an sie herankommen soll.«

»Ach, Liebes.« Iris' Ausdruck veränderte sich nicht, doch ihre Stimme wurde sanfter. Sie seufzte. Sie fühlte sich nicht dafür gerüstet, mit Julias Trauer umzugehen; das fiel nicht in ihren Aufgabenbereich. »Eigentlich bist du doch sehr glücklich, falls du das in diesem ganzen Chaos vergessen hast. Du bist zum ersten Mal seit …«, sie beendete den Satz nicht und fing stattdessen an, die goldene Armbanduhr, die lose an ihrem Handgelenk hing, enger zu stellen. Sie drehte sie herum und überprüfte die Schnalle zwei Mal. Das war einer der Denkwege, die sie nicht beschreiten durfte, dort erwarteten sie nur Fallstricke und Dornensträucher. Sie musste den Rückwärtsgang einlegen. Dabei war unverkennbar, dass Julia in vielerlei Hinsicht besser zu dem großen, umgänglichen Amerikaner passte als zu Iris' geliebtem Sohn, und Iris verspürte stellvertretend für ihn einen gewissen Neid. Daniel war impulsiv und ungestüm und hochintelligent gewesen – ihr hinreißender kleiner Feuerschopf. Julia war keine Herausforderung und viel zu passiv für ihn gewesen. Sie hatten viel gestritten, aber sie hatte ihm nichts entgegenzusetzen, wie er es gebraucht hätte. Ihr Einknicken provozierte ihn nur noch mehr, und so zogen sich ihre Auseinandersetzungen oft über Tage. Die kleine Gwen, die minimale Veränderungen in der Atmosphäre wahrnahm, tanzte wie ein Hofnarr zwischen den beiden hin und her und verausgabte sich bei dem Versuch, ihre Eltern miteinander zu versöhnen. Daniel hätte jemanden mit mehr Pep heiraten sollen. Stattdessen hatte er sich für dieses graue Mäuschen entschieden, und Julia hatte immer abgehetzt gewirkt. Inzwischen wirkte sie entspannter, sie hatte sich geradezu entfaltet. Iris hatte sich aus der Gefahrenzone herausmanövriert. Es war keine Beleidigung für Daniel, sich einzugestehen, dass Julia besser zu diesem nichtssagenden Dings passte. Sie atmete tief durch und schaute auf ihre Hände. An der Linken der traubenfarbene Rubin-Trommelstein, der von achtkarätigem Silber mit kunstvoll gravierten Schnörkeln eingefasst wurde und Philips Mutter gehört hatte. Den dünnen Ehering aus abgewetztem Gold trug sie inzwischen am rechten Ringfinger wie Philip auch.

»Ach, mein Liebes, ich weiß doch.« Sie hielt kurz inne. Philip Alden hätte sie jetzt ermahnt, keine Moralpredigten zu halten. »Du wirst sie nicht verlieren, sie ist ein Teil von dir. Deswegen tut es wahrscheinlich auch so weh. Und du und Dings, ihr habt doch ohnehin schon so viel um die Ohren. Nicht mehr lange, dann seid ihr alle Sorgen los und fangt zusammen ein ganz neues Leben an. Du darfst Gwen nicht erlauben, das zu sabotieren und dabei auch noch ihr eigenes Leben zu zerstören. Glaub mir, das würde eurer Beziehung genauso wenig guttun.«

Julia wischte sich über die Wangen und nickte.

Jetzt reicht es aber auch, dachte Iris plötzlich genervt. Sie wollte keine Katastrophe betrauern, die schon im Entstehen verhindert werden konnte. All das Geheule und die Diskutiererei waren doch verschwendete Energie. »Wie dem auch sei. Wie es bei euch beiden weitergeht, ist eure Sache, das musst du mit Dings besprechen, wenn das Nest tatsächlich leer ist. Aber solange die Kinder noch nicht in alle Welt hingehen«, sie sah Julia mit festem Blick an, »musst du sie daran hindern, sich zu mehren. Sieh zu, wie du das machst.«

27

»Wie wäre es denn hier?«, fragte Nathan und zeigte auf ein dünnes Fleckchen Gras unter einer ausladenden Platane. Dort war weniger los als auf der anderen, größeren Wiese, an der sie gerade vorbeigekommen waren und auf der er ein paar Leute gesehen hatte, die er flüchtig kannte und tunlichst meiden wollte. In der Luft lag noch eine feuchte Kühle, doch die unerwartete Aprilsonne hatte zuversichtliche Massen nach Hampstead Heath gelockt. Nathans Eltern hatten ihn in mehreren Sitzungen auf diesen Ausflug vorbereitet, und er hatte fest vor, ihren Ratschlägen zu folgen.

»Puh, du kannst so froh sein, dass du dich ins Internat zurückziehen kannst. Ich wünschte, ich könnte Mum – ich meine, Julia – und James entkommen. Sie wären mich wahrscheinlich auch am liebsten los. Ich hab es echt satt, dauernd zu heulen und angeschrien zu werden und um Gnade zu winseln und wieder zu heulen, das ist echt unentspannt.«

»Ich glaube, die Kotzerei ist auch nicht gerade hilfreich. Vielleicht solltest du mal drüber nachdenken, das zu lassen.«

»Na gut, ich überlege es mir, aber es macht einfach

so viel *Spaß*. Heute ist es ausnahmsweise mal nicht ganz so schlimm.«

»Das freut mich«, sagte Nathan. Es war schrecklich gewesen, sie würgen zu sehen und dabei auf surreale Art gleichzeitig Schuld und Ehrfurcht zu empfinden, dass sein Sperma so etwas auslösen konnte.

Sie setzten sich auf die Grenze zwischen Sonne und Schatten ins Gras, Nathan auf die Sonnenseite, Gwen in den Schatten. Sie hatte geduscht, trug ihre Kontaktlinsen und sah wieder hübsch und frisch aus wie eh und je. Sie trug eine kirschrote Lolita-Sonnenbrille und eine Jeansjacke, auf die sie irgendwann einmal eine Schar Einhörner mit Regenbogenschweifen gestickt hatte. Seit sie allein waren, hatte sich ihre Laune aufgehellt. Wie sie so an ihrem orangen Lolli lutschte, kam sie ihm vor wie der Inbegriff jugendlicher Unschuld. Endlich erkannte er sie wieder.

»Tut mir leid, dass das alles so ein Drama geworden ist«, sagte sie nach einer Weile. Der Lolli klackte gegen ihre Zähne, als sie ihn zum Sprechen aus dem Mund nahm. »Es frustet mich einfach, dass sie mich nicht verstehen. Ich weiß, ich bin total hormongesteuert, und weil ich deswegen dauernd anfange zu heulen, wirkt es, als wüsste ich nicht, was ich will. Aber ich weiß es genau, ich drücke mich nur missverständlich aus. In meinem Kopf ist alles wahnsinnig klar. Die beiden sind so unflexibel. Sie wollen einfach nicht sehen, dass es Leute gibt, die andere Wege gehen als sie selber. Sie selber? Sie selbst? Egal. Ich glaube«, sie hielt inne, um sich den Lolli wieder in den Mund zu stecken, »ich glaube, es fällt Eltern manchmal schwer zu erkennen, dass ihre Babys erwachsen geworden sind.«

Nathan erkannte die Wahrheit dieser Aussage, aber auch deren Verlogenheit. Ihre Eltern waren nicht etwa aufgebracht, weil ihre Kinder erwachsen wurden, sondern weil sie etwas Kindisches getan hatten. Nie hatte er sich weniger erwachsen gefühlt. Das wurde ihm am deutlichsten bewusst, wenn er mit seiner Mutter telefonierte und sich nach der erstickenden Wärme und Sicherheit ihrer weichen Umarmung sehnte. Letzte Nacht hatte er geträumt, ihm sei ein winziges Baby in einem Marmeladenglas anvertraut worden. Das Glas war zerbrochen, und das Baby hatte japsend vor seinen Füßen gelegen wie ein erstickendes Fischchen.

Gwen wollte gerade weitersprechen, als er ihr den Lolli aus der Hand nahm, ihn mit den Backenzähnen zerbiss und ihr grinsend den Papierstiel mit den verbleibenden Splittern zurückgab. Er wusste, dass ihr diese kleinen privaten Momente gefielen, wenn sie zum Beispiel den Löffel oder die Zahnbürste teilten. Sie genoss es, ihre Nähe offen zu demonstrieren, indem sie ihm das heruntergetropfte Eis vom Handrücken leckte oder ein Kaugummi von Mund zu Mund weitergab. Vielleicht zählte auch die Schwangerschaft dazu, dachte er und schüttelte unwillkürlich den Kopf, als könnte er den Gedanken wie Wasser aus dem Ohr schütteln.

»Sag mir ehrlich, was du willst.« Gwen knibbelte an dem feuchten Papierstiel.

»Okay«, setzte Nathan an. »Na ja, wir sprechen da jetzt gerade von so was wie einem Reiskorn.«

Hätte James oder Julia diesen Satz gesagt, wäre Gwen sofort an die Decke gegangen, aber allein mit Nathan fühlte sie sich nicht angegriffen. Nathan war keine Bedrohung. Wenn er das Baby mit einem Reiskorn verglich, dann hieß das nicht automatisch, dass es auch so unwichtig wie ein Reiskorn war.

»Inzwischen ist es eher so groß wie eine Weintraube, aber egal. Was wäre, wenn du entscheiden müsstest? Was, wenn es dein Körper wäre?« Nathan beobachtete, wie Gwen die Hände unter ihrer Jacke auf den Bauch legte. Noch war er muskulös und fest, und Nathan konnte sich nicht vorstellen, dass unter der weichen Wölbung ihres Nabels etwas so Unheimliches heranwuchs. Dann wanderte ihre Hand ermutigend von ihrem auf seinen Bauch.

Obwohl der Boden hart und kalt war, legte er sich auf den Rücken. Es fiel ihm leichter, offen mit ihr zu sprechen, wenn er sie nicht ansah und stattdessen das Rot seiner geschlossenen Augenlider betrachtete. »Das haben wir doch schon besprochen. Ich glaube, es wäre ein Fehler. Aber ich kann dich zu nichts zwingen.« Das musste er sagen, aber er meinte es auch so. »Ich glaube wirklich, dass es ein Riesenfehler wäre. Wir sind doch viel zu jung. Das fühlt sich alles an wie ein Albtraum. Wir sind beide noch nicht mit der Schule fertig, und ich möchte, dass meine Kinder alles haben können, was ich auch hatte. Wenn man mal so drüber nachdenkt, sind wir ja wirklich privilegiert. Meine Kinder sollen die gleichen Möglichkeiten haben wie ich, was Bildung und Reisen betrifft, ich meine, ich habe schon in zwei verschiedenen Ländern gelebt …«, an dieser Stelle brach er ab, weil er sich vage daran erinnerte, wie seine Eltern über sein horrendes Schulgeld gestritten hatten, und er nicht wusste, wie er die unendlich vielen anderen Gründe aufzählen sollte, aus denen er sich nicht bereit fühlte, Vater zu werden. Am Ende lief es nur auf eines heraus: Er wollte nicht. Er hätte *gekonnt*, dachte er. Im Falle eines Atomkriegs oder einer Alieninvasion, wenn es an ihm gewesen wäre, die Erde mit einer flachsblonden Schar Kriegerinnen neu zu bevölkern, dann hätte er sich freiwillig gemeldet. Aber solange er nicht coole Waffen und einen stahlharten Bizeps besaß und um Leben und Tod gegen böse Mächte kämpfen musste und die Kameras dabei nie schreiende Säuglinge zeigten, sondern sich auf heroische, adrenalingeladene Schäferstündchen inmitten von Schutt und Asche konzentrierten, so lange wollte er keine Kinder. Jetzt nicht und vielleicht auch sonst nie.

»Ich weiß«, stimmte sie heftig nickend zu, als hätte sie das alles schon mal gehört. »Ich weiß genau, was du meinst. Und wir hätten erst mal heiraten sollen und alles genau planen, aber … Ich meine, jetzt ist es eben passiert, Pläne ändern sich.«

Nathan war nicht entgangen, dass sie inzwischen redete, als wäre ein gemeinsames Leben beschlossene Sache. Nur wenige Wochen zuvor hatte sie von einer Grillparty gesprochen, die sie schmeißen wollte, wenn sie bis zum Sommer noch ein Paar wären. Damals hatte ihn diese Zuversicht gefreut, denn er war nur in Bestform, wenn er eine Freundin hatte, wenn er sich darauf verlassen konnte, dass es jemanden gab, für den er immer an erster Stelle stand. Doch jetzt war jeder Vorbehalt verschwunden. Er hatte sich anscheinend, ohne es zu merken, eine Ehefrau angelacht. Sie durfte sich nicht angegriffen fühlen, sonst konnte er das Gespräch vergessen. »Ich wusste gar nicht, dass du so jung schon Kinder wolltest«, sagte er vorsichtig.

»Ich hab wohl vorher einfach nicht drüber nachgedacht.« Sie lag inzwischen ebenfalls auf dem Rücken, setzte sich aber wieder auf und sagte entschlossen: »Es ist vielleicht nicht alles perfekt, aber es fühlt sich richtig an. Auf einmal hat mein Leben einen Sinn und eine Zukunft. Es hört sich wahrscheinlich verrückt an, aber ich glaube irgendwie, dass das alles so vorgesehen war.«

Er lachte trocken, zog die Brauen zusammen und massierte mit zwei Fingern seinen Nasenrücken. Einen Augenblick lang sah er seinem Vater täuschend ähnlich. Die Sonne schmerzte ihm in den Augen, die plötzlich zu tränen anfingen. »Du meinst, so schicksalsmäßig?«

»Ich weiß, es klingt bescheuert. Vor ein paar Tagen hätte ich ja selbst noch gesagt, dass wir total Pech hatten, aber ja, ich glaube ganz, ganz, ganz ehrlich, dass es mein großes Glück war. Ich war mir noch nie so sicher bei einer Sache. Diese kleine Weintraube ist Schicksal – und ich bin jetzt schon ihre Mutter. Ich kann es fühlen. Es war so nicht geplant, aber jetzt ist es eben passiert.« Sie ballte die Faust über ihrem Herzen. »Ich bin dafür bestimmt. Jetzt setze ich vielleicht sechs Monate oder ein Jahr aus und mache dann mit der Schule weiter und fange eben ein Jahr später an zu studieren und zu arbeiten. Das ist doch nicht anders, als hätte ich ein Auslandsjahr gemacht.«

»Ich glaube nicht, dass man Kinderkriegen mit einem Auslandsjahr vergleichen kann. Mit – was weiß ich – Seesternzählen auf Ökomission in Südostasien oder einer Wanderung auf dem Inka-Pfad hat das wenig zu tun.«

»Den Inka-Pfad würde ich nie wandern. Guck mich nicht so an, sonst muss ich lachen. Ich meine es todernst. Für so was bin ich nicht gemacht, ich bin eine totale Stubenhockerin. Klar, verglichen mit den meisten anderen sind wir reich, und ich könnte natürlich halbtags irgendwo arbeiten gehen oder so, aber Mum wird mich schon unterstützen, wenn das Baby erst mal da ist. Sie will ja, dass ich weiter zur Schule gehe. Außerdem hätte sie sonst wahrscheinlich bald selbst ein Kind bekommen.« Sie hob trotzig das Kinn, und ein unlesbarer Ausdruck huschte über ihr Gesicht. Ihre Augen blitzten. »Das muss sie jetzt nicht mehr.«

Nathan sah sie verwirrt an. »Ist deine Mutter nicht fünfzig oder so?«

»Nein!« Kurz wirkte Gwen etwas verunsichert. »Sie ist siebenundvierzig.«

»Ich meine, inzwischen ist zwar bewiesen, dass die Fuller-Männer Supersperma haben«, sagte Nathan und strich sich unsichtbaren Staub oder Konfetti von seinen imaginären Schulterklappen, »aber ich glaube nicht, dass das mit siebenundvierzig noch viel ausrichten kann. Und warum gehst du überhaupt davon aus, dass sie noch ein Kind wollen? Mein Vater wird in fünf Jahren *sechzig*, da tut er sich so was doch nicht mehr an. Wenn sie uns los sind, geht bei denen noch mal eine ganz neue Phase los, das wäre totaler Quatsch. Mein Dad faselt immer davon, deine Mom zum Klassikhören in den Sonnenuntergang zu entführen oder so ähnlich. Er kann es kaum erwarten, mein Schulgeld nicht mehr zahlen zu müssen.« Nathan kehrte zu ihrer eigenen Situation zurück. »Was ist eigentlich, wenn das Ding da drin schon angeschlagen ist, weil du die Pille weitergenommen hast?«

»Das kann sein, es muss nicht. Es *kann*.« Ihr stiegen die Tränen in die Augen.

»Schon gut, schon gut, ist ja auch unwahrscheinlich.«

»Jedenfalls kann jetzt nichts mehr passieren.« Sie streichelte seinen Arm und sprach mit sanfterer Stimme weiter. »Wir sind so ein gutes Team. Wir sind schon viel weiter als unsere Freunde. Denk mal an Katy oder Charlie oder egal wen.«

Nathan wusste nicht, wie er zu ihr durchdringen sollte, er durfte auf keinen Fall laut werden. Sie verlagerte etwas das Gewicht, sodass ihr Schatten jetzt auf sein Gesicht fiel und er wieder sehen konnte. Mit dieser vorübergehenden Klarsicht sagte er so deutlich er sich traute: »Ich bin nicht bereit für ein Baby. Ich bin noch nicht bereit, Vater zu werden. Ich … ich will das einfach nicht. Bitte nicht, ich kann das einfach nicht.«

»Ich glaube, du bist wohl bereit. Ich glaube, du wirst ein toller Vater.« Sie legte sich wieder neben ihn, diesmal auf die Seite, ein Bein über ihn, die Hand auf seiner Brust. Kurze Zeit später hörte er, wie sich ihr Atem veränderte. Erschrocken stellte er fest, dass sie eingeschlafen war.

Auf dem Kriegspfad waren seine Eltern beide gleichermaßen Respekt einflößend, aber er wusste, wie sehr sein Vater ihn trotz allem liebte, er würde immer hinter ihm stehen. Er hatte es nicht übers Herz bringen können, Gwen die unbequemen Wahrheiten zu servieren, wie es ihm sein Vater aufgetragen hatte, oder ihr zu drohen, wie seine Mutter befohlen hatte. Eltern waren Eltern, und sie würden ihr schon nicht erlauben, die Sache durchzuziehen. Aber dass sich ihm die Kehle jetzt so zuschnürte, war doch wohl nicht nötig. Und die Tränen, die ihm schon wieder in den Augen standen, auch nicht.

Die Sonne war gewandert, inzwischen fielen breite Sonnenstreifen auf Gwens Gesicht. So vorsichtig er konnte, wand er sich aus ihrer Umarmung, setzte sich auf und beugte sich vor, damit sein Rücken ihrer blassen Haut Schatten spendete. Für das imaginäre Filmteam ließ er den Kopf in die Hände sinken, die personifizierte männliche Verzweiflung.

28

»Bitte keine Witze über schwere Geburten. So weit dürfen wir es gar nicht kommen lassen.«

»Ganz sicher nicht!« Pamelas Stimme klang blechern. »Irgendwer muss das Mädchen doch zur Vernunft bringen. Ich kann nicht fassen, dass Nathan versagt hat.« James und Pamela hatten in den vergangenen zwei Wochen jeden Tag telefoniert, daher wusste sie, dass sich an der Situation nichts geändert hatte. Gwen war mit Argumenten nicht mehr zu erreichen, als säße sie unter einer Glaskuppel, die sie von jedem Geräusch und jeglicher Vernunft abschirmte. Sie saß dort mit dem leeren Blick und der Überzeugung eines religiösen Eiferers und war ärgerlich herablassend gegenüber jenen, die das Licht Gottes nicht sahen. Sie würde das Baby bekommen, das würde sie hinkriegen. Sie hatte sich im Internet informiert und würde schon alles instinktiv richtig machen, man würde ihr nur vertrauen müssen. James konnte ihr kaum in die Augen sehen. Es durfte doch nicht sein, dass eine verzogene, trotzige Pubertierende ihrer aller Leben auf den Kopf stellte.

»Wo wir gerade von schweren Geburten sprechen«, fuhr Pamela fort, »unser Sohn klingt wie ein anderer

Mensch, seit er wieder in der Schule ist. Man könnte meinen, er wäre in Disneyland. Es zerreißt mir wirklich das Herz. Ich bin gerade auf der Autobahn unterwegs, und die Sonne scheint, und ich war so erleichtert, ich dachte: Ja, es wird alles gut, mein kleiner Junge ist wieder er selbst, aber langsam frage ich mich, ob es so sinnvoll war, ihn zurückzuschicken. Eigentlich müsste er sich mit dem Problem auseinandersetzen, stattdessen blendet er es völlig aus. Das ist doch gefährlich. Er müsste dafür kämpfen, es zu verhindern, bevor es zu spät ist. Ist das jetzt nicht das Wichtigste? Ein verdrängtes Problem kann man nicht lösen. Mein Gott, kann er nicht für ein paar Wochen nach Hause kommen und wieder aufs Internat gehen, wenn die Sache erledigt ist? Er ist schließlich der Einzige, der überhaupt noch Einfluss auf sie hat. Er muss ihr, so oft es eben nötig ist, sagen, dass sie sich wie eine Schwachsinnige verhält. Ich weiß nicht, was passiert ist, als sie sich im Park unterhalten haben, ich hätte ihn wahrscheinlich besser vorbereiten sollen, aber jetzt erzählte er irgendwas von einem freiwilligen sozialen Jahr in einer Klinik in Südafrika. Aus den Augen und, zack, aus dem Sinn.«

»Volltreffer!«

»Das hat Gwen auch gesagt. Haha! Na, du weißt ja, was ich meine. Ich habe ihn natürlich daran erinnert, dass er bis dahin einen sechs Monate alten Säugling zu Hause haben und nirgendwo einen Freiwilligendienst machen wird, aber das ist gar nicht zu ihm durchgedrungen. Er verdrängt es total.« Im Hintergrund hörte James die Ansage des Navis. »Unter uns: Ich werde ihm sagen, dass ich jede Sekunde dieses Vortrags gehasst habe. Ich will nicht immer nur meckern, ich will nicht immer nur Verderben und Verantwortung predigen, aber ich habe versucht, ihm ein bisschen Angst zu machen. Sie wird schon auf ihn hören, wenn er nur hartnäckig bleibt. Wenn er es ihr nicht ins Gesicht sagen kann, muss er eben E-Mails schicken. Wenn sie denn überhaupt lesen kann. Ich habe schon mal ein paar Ideen gesammelt. Ich will, dass mein Kind unbeschwert die Welt entdecken kann, Freundinnen in Argentinien, Italien, Australien und Japan hat, sich selbst findet und seinen Horizont erweitert. Ich rate ihm immer: Wenn du alle deine Freundinnen ›Schatzi‹ nennst, musst du dir ihre Namen nicht merken. Weißt du was? Er wird dieses beschissene Auslandsjahr machen, dafür sorge ich. Wenn sie das Kind unbedingt will, soll sie sich gefälligst allein drum kümmern. Was soll denn – oh, warte mal. Sekunde, die Straße ist … Ich muss mal eben auf die Schilder gucken. Das Navi sagt, ich soll da lang fahren, aber auf den Schildern steht was anderes. Okay, das wird schon. Wo war ich? Ach, ja. Ich wollte, dass er es im Leben zu etwas bringt. Ich hätte mir nie träumen lassen, dass er mal mit einer mauligen Teenie-Braut und ihrem brüllenden Baby in der Vorstadt endet. Er sollte es doch leicht haben.«

»Ich hoffe, das mit der Teenie-Braut hast du ihm nicht gesagt. Wir haben schon genug Probleme.«

»Machst du Witze? Ich habe natürlich direkt gesagt, dass ich ihn für diese Dummheit enterben würde. Zum Glück war ihm so was noch gar nicht in den Sinn gekommen, er klang ehrlich entsetzt. Warum ist denn jetzt hier eine Ausfahrt, verdammt? Sekunde mal. Ich rufe dich gleich zurück, ich hab mich verfahren.«

Irgendetwas lief bei Pamela in letzter Zeit gewaltig schief, und das nicht nur beim Autofahren. Ihre ganze Identität wurde infrage gestellt.

Ihre Praxis im Geburtshaus war eingerichtet wie ein Wohnzimmer. Keine Möbelhierarchie, kein trennender Schreibtisch, kein Chefsessel, der von Diplomen und Bildungsvorteilen kündete und davon, dass ihr Leben nichts mehr mit dem Leben derer zu tun hatte, denen sie helfen wollte. Stattdessen gab es weiche Sofas und identische Sessel. An diesem Ort weinten sich Frauen die Augen aus, weinten über Männer, darüber, was Männer ihnen angetan hatten, was ihnen von Männern eingepflanzt worden war. Die Biologie bestimmte, wer von wem Besitz ergriff, das war das älteste Gesetz der Welt – Frauen hatten automatisch die passive Rolle. Und doch gehörten zwei dazu, die eine Reihe von Entscheidungen trafen. Zwei Körper, die zu einem verschmolzen, zwei Menschen, die eigentlich gemeinsam die Konsequenzen hätten tragen müssen. Mit den Frauen in ihrer Praxis hatte Pamela Mitgefühl, sie verstand ihre Wut: Man musste die Männer zwingen, Verantwortung zu übernehmen. Ohne Wenn und Aber.

Aber wenn sie an Nathan dachte, ihren kleinen Jungen, seine draufgängerische Naivität, seine Überschwänglichkeit, sein schelmisches Grinsen, dann hatte sie das Gefühl, ihm sei etwas genommen worden, das er in seiner Unschuld nicht hatte schützen können. In ihrer rücksichtslosen Heimtücke, mit der sie ihn in die Falle gelockt hatte, war Gwen ihrem Alter weit voraus. Es gab solche Frauen, nicht alle waren passiv und Teil einer großen, einander wohlgesinnten Gemeinde. Gwen hatte sich auf Nathan gestürzt, weil sie sich an ihrer Mutter rächen oder ihn für immer an sich ketten wollte (denn er war ganz klar zu gut für sie, das Ganze hatte nur aufgrund des beengten Raums passieren können, da war Pamela sicher), vielleicht auch, weil sie sich eine lebendige Puppe zum Kuscheln wünschte. Jedenfalls hatte sie Pamelas kleinen Jungen *überfallen* – das war der passende Ausdruck. Es war doch wirklich fast so – sie spielte mit dem Wort, das ihr spontan in den Sinn gekommen war. Nein, nicht ganz, gab sie zu, ganz das Gleiche war es wohl nicht. Aber so ähnlich. Auf jeden Fall war es ein Übergriff.

Sie hatte sich doch nicht verfahren. Als sie die richtige Ausfahrt gefunden hatte, rief sie James zurück, der sofort abhob und fortfuhr: »Vielleicht wäre es wirklich besser, wenn er hier wäre. Aber du kannst dir nicht vorstellen, wie es in diesem Haus ist, wenn Julia und das Mädchen sich an die Kehle gehen. Ich wollte ihn da einfach raushalten. Der Junge hat ein bisschen Ruhe zum Lernen verdient.«

Pamela pfiff durch die Zähne. Sie entdeckte ein Dunkin' Donuts mit Drive-in und stellte dankbar fest, dass ein großer Eiskaffee ihre Fahrt deutlich aufwerten würde. Sie bremste ab und bog auf den Parkplatz ein, sofort hatte sie bessere Laune. »Was für ein Desaster. Erinnerst du dich noch daran, wie er uns wegen dieses japanischen Kampffisches angebettelt hat? Und dann hat er vergessen, das Aquarium sauber zu machen, und der Fisch ist erstickt. Ich nehme alles zurück. Ich glaube, es ist ein Geschenk, dass er unter der Woche nicht da ist und Raum zum Atmen hat. Als wir telefoniert haben, kam Charlie in sein Zimmer, und Nathan klang so glücklich, wieder bei seinen Freunden zu sein. Das sind schon gute Jungs, trotz der ganzen High-Fives und geheimen Handschläge.«

»Vor ein paar Tagen habe ich ihn gefragt, ob er Charlie von dem Baby erzählt hat, und er hat mich angesehen, als würde ich Spanisch sprechen. Da dachte ich mir: Lass ihm seine Verdrängung. Wenn wir Gwen nicht in den nächsten Wochen überzeugen können, wird er nicht mehr lange Kind sein können.«

»Ach, Jamesy!«, seufzte Pamela in dem Ton, in den sie immer verfiel, wenn sie merkte, dass er sich nicht mehr gegen sie wehrte. Er hatte dabei ein klares Bild von ihr im Kopf, wie sie sich vorbeugte, die Fingerspitzen aneinanderlegte, ihm freien Blick auf ihr großzügiges Dekolleté und ihren verführerisch gespitzten Schmollmund bot. In Wirklichkeit stand sie im Leerlauf in der Drive-in-Schlange von Dunkin' Donuts und las mit Heißhunger die Karte. »Es würde aus ihm keinen Erwachsenen machen. Er wäre einfach ein Kind mit einem Kind. Und genau deshalb darfst du es nicht zulassen. Jetzt kommt es auf dich an, dieser Haufen ist auf dein Eingreifen angewiesen. Bitte verpass deinem Sohn einen Arschtritt und bring ihn dazu, sich verdammt noch mal mit seinem Problem auseinanderzusetzen.«

29

Es war nicht das erste Mal, dass Philip von Julia enttäuscht war. Es machte ihn immer traurig, wie sie sich wegen ihrer Schuldgefühle von Gwen auf der Nase herumtanzen ließ. Gwen ging auf eine liberale Schule, auf der unmittelbares Lob und Wohlbefinden wichtiger waren als die verzögerte Belohnung, die Disziplin und akademischer Erfolg versprachen. Der Wert fantasievoller Selbstentfaltung stand im Vordergrund. Anderswo hätte man in der gleichen Zeit sicher Grammatik oder schriftliche Division gelehrt. Gwen war nie gezwungen worden, zur Schule zu gehen, die wenigen Hausaufgaben zu machen, die sie aufbekam, oder ihrer Mutter im Haushalt zu helfen. Ihr war nicht beigebracht worden, ihre Mutter als differenziertes Individuum zu sehen, denn es bereitete beiden große Erfüllung, ausschließlich Gwens Bedürfnisse zu befriedigen. Dieses gemeinsame Hobby schweißte sie zusammen. Gwen hatte nie ein »Nein« zu hören bekommen. Seit Daniels Diagnose hatte Julia ihr Leben darauf ausgerichtet, wie das ultimative Kindermädchen jede noch so kleine Falte in Gwens Alltag glatt zu bügeln. Sie tat alles, was in ihrer Macht stand, um diesen einen, großen, fortwirkenden Kummer zu stillen. Doch was Gwen wollte, war nicht automatisch das, was sie brauchte. »Babys weinen auch, wenn man ihnen ein Steakmesser wegnimmt«, hatte Iris bei einem ihrer Gespräche zu dem Thema gesagt, »aber deswegen lässt man sie ja noch lange nicht damit spielen.« Philip war der gleichen Ansicht. Julia hätte das Messer schon vor langer Zeit konfiszieren und Voraussicht, Kraft und Überzeugung genug haben müssen, um dem Gezeter zu widerstehen. Als gute Eltern machte man seine Kinder eben manchmal unglücklich, aber Julia hatte für die Zukunft ihrer Tochter nie Spezifischeres gehofft als ein unbestimmtes »Glück«. *Sie muss keine Astrophysikerin werden, ich wünsche mir nur, dass sie glücklich wird.* Als wäre ein solcher Zustand nur unter Ausschluss von harter Arbeit, Disziplin und Ehrgeiz zu erlangen. Iris und er hatten darüber zahllose Gespräche geführt. Gab es nicht auch glückliche Astrophysiker? Doch Philip hatte Iris immer davon abgehalten einzuschreiten. Jetzt fühlte er sich deswegen mitschuldig. Sie hätten etwas sagen müssen. Er hätte Julias Traurigkeit entgegenwirken müssen, indem er den Mund aufmachte – er selbst hatte sich der gleichen Schwäche schuldig gemacht.

Es war Pessach, und Pessach war unumgänglich, selbst für eine so assimilierte und wenig religiöse Familie wie ihre. James' Vorschlag, dieses Jahr »bei Pessach zu passen«, war verlockend, aber genauso unrealistisch, wie Weihnachten ausfallen zu lassen. Und so versammelten sie sich bei Iris und taten, zwei Wochen nachdem die Bombe geplatzt war, als wäre alles wie immer. Iris erstickte fast an den Befehlen, die sie geben, und den Reden, die sie halten wollte und nicht durfte. Philip war der Einzige, der sie hörte. Immer und immer wieder hörte er sie in seinem Kopf, denn Iris durfte Gwen an diesem Tag nicht behelligen. Julia hatte sie beide gewarnt – *Es ist nicht der richtige Zeitpunkt. Wenn wir wollen, dass sie zur Vernunft kommt, bringt es nichts, sich gegen sie zu verbünden, das geht nur nach hinten los. Wenn wir unbedingt zusammen feiern müssen, dann bitte ganz friedlich.* Doch Zurückhaltung war nicht Iris' Stärke. Sie würde ein Ventil brauchen, und niemand hatte ihr verboten, Philip anzugehen.

»Spar dir die Scheinheiligkeit«, fuhr sie ihn bei seiner Ankunft an, dabei hatte er noch kein Wort gesagt. Sie wies mit dem in Papier gewickelten Strauß roter Tulpen, den er ihr mitgebracht hatte, Richtung Küche. »Du kannst direkt durchgehen. Und wenn du mir heute wieder den Mund verbietest, kannst du was erleben. Ich werde mich wie angeordnet zurückhalten, aber mach das bloß nicht noch mal. Denk nicht mal dran.«

Der Einwand, er habe doch gar nichts gesagt, hätte nichts gebracht. Iris und er hatten jede Diskussion schon in jeder möglichen Variante miteinander geführt. Das Gebiet war abgegrast, es waren dieselben alten Fallstricke und Klüfte, um die sie ergebnislos kreisten. Sie waren in ihren Rollen gefangen und konnten nicht aus ihrer Haut.

Gwen tauchte mit einer Schale Cashews auf, die sie sich im regelmäßigen Takt eines Metronoms in den Mund steckte. Ihre schönen braunen Augen waren mit zu viel schwarzem Make-up umrandet, ihre Sommersprossen unter hellem Puder kaum noch zu sehen. »Opa!«, rief sie, lächelte unsicher durch ihre Wimpern und wischte sich die salzigen Finger an der Jeans ab, bevor sie ihn mit ihrem freien Arm umarmte. »Cashew?«

»Später, danke. Wie gehts dir, *Maidele*?«

»Gut. Ein bisschen … Ich muss die ganze Zeit essen, sonst wird mir schlecht.«

Philip sah Iris nach oben gehen, langsam und elegant wurde sie wie ein Magnet von ihrer Enkelin abgestoßen. Iris würde sich nicht lange zurückhalten können, wenn Gwen immer wieder auf die Schwangerschaft anspielte, sei es auch nur vage. Gwen schien deswegen keineswegs verlegen, sie wirkte beinahe übermütig. Philip sehnte sich plötzlich nach seiner Wohnung.

In der Küche deckte James gerade den Tisch. Sie begrüßten sich, und Philip streckte die Hand aus, um das Besteck entgegenzunehmen.

»Danke, ich bin fast fertig. Wie gehts dir?«

Philip ließ sich in einen Stuhl sinken und hoffte, Iris würde ihn dort sitzen lassen. Sie hatte immer sehr genaue Vorstellungen, was die Sitzordnung betraf, und hatte sich möglicherweise eine bestimmte Reihenfolge notiert, obwohl ausschließlich Familie zu Besuch war. »Gut, danke. Und euch?«

James sah Philip lange an. »Sagen wir mal so: Blut. Frösche. Blattern. Viehpest. Egal was. Jede Plage klingt verlockender als vierundzwanzig Stunden in unserem Haus. Ich muss dir sagen, ich schäme mich. Ich muss mich für meinen Sohn entschuldigen. Ihr seid bestimmt aus allen Wolken gefallen.«

»Stimmt«, sagte Philip. »Aber du musst dich nicht entschuldigen.«

»Wie auch immer, es tut mir von Herzen leid. Und heute Abend dürfen wir es nicht einmal ansprechen, damit wir den Auszug aus Ägypten feiern können. Ich wurde übrigens als Barkeeper abgestellt, kann ich dir was anbieten? Ich habe vor, mich kräftig zu betrinken, und möchte dir raten, das Gleiche zu tun.«

»Nathan ist heute nicht da?«

»Nein, wir dachten … Er ist zum Lernen bei einem Freund. Er fand … Weißt du, wo der Korkenzieher ist? Ich hatte den Eindruck, er bräuchte …« James schien keinen dieser Sätze zu Ende bringen zu können. Wahrscheinlich mied Nathan gerade den Kontakt zu Gwen, zu ihnen allen, und Philip konnte es ihm kaum übel nehmen. Auch ihm hatte es vor diesem Abend gegraut. Er begann mühsam, sich wieder von seinem Stuhl zu erheben, und brach den Versuch erleichtert ab, als James sagte: »Ach, hier ist er ja. Es gibt nur Roten, wegen des Seders.«

»Dann nehme ich Roten«, sagte Philip. »Danke.«

Philip wusste, wo Giles den Korkenzieher aufbewahrt hatte, ebenso kannte er die diversen anderen Stellen, zwischen denen er wanderte, seit Iris das Steuer im Haus wieder an sich gerissen hatte. Nicht darunter war der Ort, an dem er selbst ihn verstaut hatte, als er noch hier gewohnt hatte: im Regal neben den Weinflaschen. Giles und Iris hatte seine Ordnung missfallen, und obwohl Giles schon vor Jahren in die Provence ausgewandert war, herrschte noch immer einiges von dem Chaos, das er angerichtet hatte.

Giles war kurz nach seinem Umzug nach Frankreich gestorben, und die beiden Zustände – tot sein und in einem französischen Landhaus leben – waren im Wörterbuch der Familie zu Synonymen verschmolzen, sodass das eine zwischen Philip, Daniel und Julia ein Euphemismus für das andere geworden war. Nett war das nicht. Philip konnte nur hoffen, dass Giles, mit dem er freundschaftlich verbunden gewesen war und der einen guten Insiderwitz zu schätzen gewusst hatte, nachsichtig mit ihnen gewesen wäre. Daniel hatte in den letzten zwei Monaten seiner Krankheit oft davon gesprochen, dass er ebenfalls »nach Frankreich ziehen« würde, und seinem Vater dabei suchend ins Gesicht geschaut, ob er nicht wenigstens ein winziges Lächeln als Antwort bekäme. Er hatte gelassen, unbekümmert gewirkt, seine Angst verborgen, um sie zu schonen. Sein tapferer Junge. *Es ist nicht richtig, dass er nicht mehr lebt und ich noch hier bin.* Mühsam rief Philip sich in die Gegenwart, in die Küche zu James zurück.

Philip mochte James. James war sympathisch, er hatte eine beruhigende Wirkung auf Julia und brachte sie zum Lachen. Seit sie mit ihm zusammen war, war sie wieder schön. Endlich erinnerte sie wieder an das zierliche, gut aussehende Mädchen, als das er sie kennengelernt hatte. In den Jahren zuvor hatte sie – es waren Iris' barsche Worte, nicht seine, aber er musste zugeben, dass sie damit nicht ganz falschlag – geradezu verhärmt ausgesehen. Jetzt wirkte sie wieder jugendlich, leuchtete beinahe. James strahlte eine wikingerhafte Stärke und Lebenskraft aus, und Philip fand zum ersten Mal den

Begriff »kerngesund« wirklich zutreffend. Er versuchte, nicht an den viel zu frühen Tod seines Sohnes zu denken, aber er verstand, warum Julia sich zu einem Mann wie ihm hingezogen fühlte. Im aktuellen Ausnahmezustand bewährte sich James wieder und wieder, dabei wurden seine Freundlichkeit, Großzügigkeit und sein Verständnis auf eine harte Probe gestellt. Er hatte eine Klinik herausgesucht, mit dem Psychologen auf seiner Station gesprochen, im Internet Videos zusammengesucht, die Gwen sich anschauen sollte, um ihr begreiflich zu machen, was es bedeutete, in ihrem Alter ein Kind zu bekommen. Nicht ein einziges Mal, berichtete Julia, sei er laut geworden. Er war nett zu Gwen, er schien sie zu mögen, und er verstand, dass sie nur mit sanfter Beharrlichkeit weiterkommen würden. Er kümmerte sich um alle.

»Pamela hat mir erzählt, dass sie dir ihre Reiseberaterin auf den Hals gehetzt hat, das tut mir leid. Sie ist nicht gut darin, ein Nein zu akzeptieren. Die Tagung ist wahrscheinlich nichts für dich, wenn ich das so sagen darf. Für mich ist sie jedenfalls nichts.«

»Ich glaube auch. Sie hat eine Menge ungewöhnliche Literatur mitgeschickt. Ich fürchte, Joan, der Reisevermittlerin, wurde der Eindruck vermittelt, ich sei bloß ein ängstlicher Reisender, der etwas Überredung nötig hat. Es war ihr schrecklich peinlich, als sie den Irrtum feststellte. Ich wollte sie beruhigen und habe gesagt, ich sei trotzdem an den Reisedetails interessiert. Offensichtlich«, er musste lachen, »hat sie große Probleme gehabt, koschere Croissants für das Frühstück zu finden.«

»Ich glaube, wenn du noch mehr erzählst, bekomme ich auch schlechte Laune. Julia ist übrigens gerade oben und hilft Iris mit irgendeinem Formatierungsproblem auf ihrem Laptop.« James stellte Philip das Weinglas hin, und im selben Augenblick betraten die Frauen die Küche. Iris scheuchte Julia und Gwen vor sich her und sagte ungeduldig: »Können wir langsam mal anfangen?«, als hätte nicht sie die letzte halbe Stunde am Computer verbracht.

Sie setzten sich und rauschten oberflächlich durch Philips Haggada-Lesung, die stellenweise von Julia souffliert wurde. Iris hatte den Meerrettich vergessen, weshalb sie das Nächstbeste nehmen mussten, das sie im Kühlschrank fanden: gelben amerikanischen Senf aus einer Quetschflasche. Außerdem stellte sich heraus, dass sie keinen gebratenen Lammknochen hatte, doch Iris wühlte so lange im Schrank, bis sie einen Bio-Brühwürfel mit Lammgeschmack in glänzender lila Folie fand. Sie hatte natürlich nicht selbst gekocht, sondern Zitronenhähnchen und rote Quinoa mit säuerlichen Johannisbeeren in der Lebensmittelabteilung von Selfridges gekauft. Philip aß zwei Teller Salat – er fühlte sich verpflichtet, bei jeder Gelegenheit Phytonährstoffe zu sich zu nehmen, da er sich zu Hause nie Salat machte (aus dem gleichen Grund hatte er beim Karpas besonders viel Petersilie genommen). Arbeit hatte er für ein neutrales Thema gehalten, und James und er unterhielten sich entspannt über eine Uterusruptur, die er behandelt hatte, bis Gwen sagte, das sei eklig und ob sie bitte das Thema wechseln könnten? Erst da war ihm seine

Taktlosigkeit aufgefallen. Mehr als einmal bemerkte er, dass James und Julia unter dem Tisch Händchen hielten. Julia und Gwen hingegen wechselten bis auf einen kurzen, verbitterten Disput beim Verteilen der Suppe kein Wort miteinander. Philip spürte Iris' wachsende Ungläubigkeit darüber, dass Julia, die unübersehbar vor Wut kochte, niemandem zugestand, das Offensichtliche anzusprechen. Der ganze Abend hatte etwas Halluzinatorisches – die Unterhaltung war höflich, spröde und vollkommen inhaltsleer. Zwischen Julia und Gwen war die Luft aufgeladen, was alle anderen tunlichst ignorierten. Das war so haarsträubend englisch, dass Philip sich fragte, wie James das wohl aushielt. Iris war sichtlich genervt, weil James alles lobte, was auf dem Tisch stand. Von ihrer Familie hingegen erwartete sie genau dieses überschwängliche Lob. Nach dem Essen half James, den Tisch abzuräumen, und Philip beobachtete, dass ihr auch das missfiel, es war ungehörig und zu vertraulich. Der Sohn dieses Mannes hatte ihre Enkelin kompromittiert – und das schloss ihn mit ein, er war mitschuldig und nicht willkommen an ihrem Tisch. Manchmal wünschte Philip sich, er würde Iris nicht so gut kennen. Wenn sie sich gemeinsam in Gesellschaft befanden, verdrängten ihre Empfindungen oft seine. Er hörte ihre durchdringende Stimme in seinem Kopf lauter als seine eigenen milden Gedanken und Beobachtungen. Er war müde.

30

Die Ankündigung später am Abend war eine Überraschung.

»Wir sind ja eine Familie«, sagte Iris und sah mit unverhüllt ironischem Blick von Julia zu James, der sich gerade eine weitere Makrone nehmen wollte und nun innehielt. Sie schaute zu Gwen, die mit im Schoß gefalteten Händen dasaß, und schließlich zurück zu Julia, die Philip Wasser nachschenkte.

»Wo wir alle hier versammelt sind, möchte ich euch etwas Wichtiges mitteilen: Ich habe beschlossen, das Haus zu verkaufen.«

»Das hast du doch schon tausendmal gesagt, Omi.«

»Ist das denn jetzt schon nötig?«, fragte Julia.

»Es ist keine Frage der Not. Ich ziehe um, Punkt. Ich habe eine gute Käuferin gefunden, eine Bauunternehmerin. Sie ist genau die Richtige.«

»Wie meinst du das, du hast schon jemanden gefunden? Wann denn?«

»Zufällig haben wir uns erst heute Morgen kurz ausgetauscht. Sie will keine Zeit vertrödeln, und genau so jemanden habe ich gesucht. Es ist alles gar nicht so kompliziert. Hätte ich das vorher gewusst, hätte ich das Haus schon vor Jahren verkauft. Ich will mir alle Optionen offenhalten, ich will in der Lage sein … Wer weiß, was die Zukunft bringt.«

Niemand sagte ein Wort. Philip wirkte entsetzt, dachte Julia. Er sagte nichts, starrte nur auf seine Hände. Die Knöchel waren steif und geschwollen, doch er gab selten zu, dass sie ihm Probleme bereiteten. Sie wollte ihn verteidigen, aber ihr fiel nichts ein, das nicht herabsetzend oder beschämend für ihn gewesen wäre. Er rührte sich nicht, sah nicht auf. Schließlich sagte Gwen: »Aber Omi, es ist wirklich keine gute Idee umzuziehen, wir lieben dein Haus doch alle, und du wohnst so nah bei uns.« Etwas leiser fuhr sie fort: »Und Dad ist doch hier aufgewachsen. Verkauf es nicht. Überleg es dir noch mal.«

»Wo willst du denn lieber wohnen?«, fragte James.

»Ich habe eine Wohnung in St John's Wood gefunden, direkt an der Finchley Road. Ich weiß gar nicht, warum ihr mich alle so anstarrt. Ihr könnt doch nicht geglaubt haben, dass ich für immer in diesem riesigen Haus wohnen bleibe. Ich warte bestimmt nicht, bis man mich hier auf der Bahre raustragen muss. Ich will zum Regent's Park laufen können und näher am Zentrum wohnen. Die alte Wohnung von Giles in Bayswater hat mir gefallen. Die Lage war wirklich unheimlich praktisch. Und ich will eine Eigentümergemeinschaft, die sich um das Dach und den Teppich auf den Fluren und den ganzen Kram kümmert. Ich will die finanzielle Freiheit haben, um … Ich will meinen Lebensabend nicht damit verbringen, ein Haus instand zu halten. Da fallen mir massenhaft bessere Dinge ein.«

»Aber du bist doch noch keine neunzig, Iris.«

»Trotzdem«, sagte Iris entschlossen.

Philip neben ihr hatte noch immer kein Wort dazu gesagt. Er schien ebenso wenig davon gewusst zu haben wie alle anderen. Aber war es nicht auch sein Haus? Konnte Iris es einfach ohne seine Zustimmung verkaufen? Und warum überhaupt? Spaziergänge im Regent's Park waren kein Argument, wenn sie in Hampstead Heath lebte. Gwen hatte die Tragweite dieser Entscheidung noch nicht erfasst, wie Julia mit Entsetzen feststellte. Sie würde ihr erklären müssen, dass das Haus ihrer Großmutter so gut wie verkauft war und es keinen Sinn mehr hatte, darüber zu diskutieren. Was Gwen jetzt brauchte, waren Unterstützung und Stabilität, um sich den anstehenden Entscheidungen stellen zu können, keine weiteren Turbulenzen und Unklarheiten. Gwen schob ihren Stuhl zurück.

»Ich muss dringend pinkeln«, verkündete sie unnötigerweise und trottete, eine Hand auf ihrem unsichtbaren Babybauch, in den Flur.

Iris schnalzte mit der Zunge. »Zum Glück erinnert sie uns alle noch mal daran, dass sie schwanger ist. Wir haben schließlich ganze zwölf Sekunden über etwas anderes gesprochen. Wie nachlässig von uns.«

Julia sah James an und musste unfreiwillig lachen. James schüttelte den Kopf, auch er kämpfte gegen ein Grinsen. Als Gwen zurückkam, stand James abrupt auf. »Danke euch, es war wirklich ein schöner Abend, aber es wird spät. *Laschana Haba'a Bi* Finchley Road. Philip, sollen wir dich mitnehmen?«

Julia und Iris sahen ihn erstaunt an. Gwen stand breit gähnend in der Tür.

»Das wäre sehr nett, danke«, sagte Philip. Er hatte nicht mitgelacht. Schwerfällig stützte er sich auf den Tisch und erhob sich langsam.

Als sie zu zweit in ihrer eigenen Küche saßen, fragte James: »Wusstest du von ihrem Plan? Philip war ja anscheinend ganz sprachlos.«

»Ich verstehe es auch nicht, das Haus muss doch zur Hälfte ihm gehören. Sie kann es nicht einfach verkaufen, ohne ihn zu fragen. Er hat es, glaube ich, sogar schon vor der Hochzeit gekauft.«

»Wahrscheinlich ist es auf ihren Namen eingetragen.«

»Selbst wenn – man muss doch seinen Exehemann fragen, wenn man das Haus der Familie verkaufen will, oder? Vor allem, wenn er angeblich auch noch der beste Freund ist. Sie hat hier wie lange gelebt?« Sie fing an zu rechnen. »Giles hat, glaube ich, ein paar Jahre bei ihr gewohnt, nachdem er seine Wohnung aufgegeben hat und bevor er nach Frankreich gezogen ist.« Sie erlaubte sich ein leichtes Grinsen bei der Formulierung, machte jedoch keine Anstalten, James aufzuklären, denn in diesem Fall meinte sie tatsächlich den Umzug nach Frankreich. »Und davor all die Jahre mit Philip. Daniel ist in diesem Haus geboren. Wie herzlos, das so beiläufig zu verkünden. Typisch Iris. Habe ich dir erzählt, dass wir ewig lange gar nicht wussten, ob die beiden nun offiziell geschieden sind oder nicht? Sie haben einfach keine Fragen zugelassen. Und als sich dann endlich herausstellte, dass die Scheidung gerade durch war, war auch ihre Beziehung mit Giles schon fast wieder vorbei. Das gehörte alles zur Show, sie wollten uns zeigen, wie ungewöhnlich einvernehmlich die Trennung war: ›Ups, fast hätten wir vergessen, uns scheiden zu lassen.‹«

»Einseitig gefällte Entscheidungen haben nicht viel mit Einvernehmen zu tun.«

»Nein.«

Das Telefon klingelte. »Oma ist dran«, rief Gwen von oben. »Sie will mit dir sprechen, Mum.«

Julia ging ans Küchentelefon.

»Du hättest mich vorhin nicht anschauen müssen, als wäre mir ein zweiter Kopf gewachsen«, kam Iris ohne Umschweife zur Sache.

»Tut mir leid, ich war nur überrascht.«

»Tja, viele Dinge sind überraschend. Ich war auch überrascht, als ich erfuhr, dass meine sechzehnjährige Enkelin es für schlau hält, ein Kind zu bekommen. Aber ich habe mich damit abgefunden«, sagte Iris barsch. »Und jetzt bin ich für Bestechungen jeglicher Art gerüstet – Kunsthochschule, Auslandsjahr, was immer sie will, bekommt sie, wenn sie diesem Irrsinn ein Ende setzt. Und wenn sie das unselige Ding unbedingt bekommen muss, muss es sich wenigstens nicht an den eigenen Haaren aus dem Sumpf ziehen. Aber das verrate ich ihr natürlich nicht.«

»Iris, das ist doch sicher nicht –«

»Ich habe diverse Gründe, und keinen davon muss ich dir erklären. Es ist mein Haus, und ich kann damit machen, was ich will.«

»Natürlich, das ist mir klar. Ich hoffe nur, es wird nicht nötig sein –«

»Und doch vergehen die Tage, und nichts ändert sich. Ich hoffe natürlich trotzdem, dass ich unrecht behalte. Danke für euren Besuch heute«, schloss Iris steif. Die Förmlichkeit sollte verletzend wirken. »Sag Gwendolen, ich rufe sie am Wochenende an. Hoffentlich versteht diese Familientherapeutin etwas von ihrem Fach.« Sie legte auf, und Julia zuckte mit den Schultern, als James sie fragend ansah. Die Selbstgerechtigkeit ihrer Schwiegermutter, ihre Großzügigkeit, die ominösen Prophezeiungen – Julia ertrug es nicht, darüber zu sprechen.

31

Die roten Ziegelbauten mit den vielen Giebeln auf der Fitzjohn's Avenue waren im späten neunzehnten Jahrhundert für die Reichen und Mächtigen von Hampstead errichtet worden. Ausladende neogotische Bauten mit erhabenen Treppen, die geschäftige Töchter von Schiffseignern, Seidenmagnaten und Weinhändlern heruntergeschwebt waren, um in ihre wartenden Kutschen zu steigen. Jetzt schleppten sich die Reichen und Mächtigen diese Treppen hinauf, um ihre Traurigkeit verstehen zu lernen, denn in diesen Palästen befanden sich mittlerweile die cremefarbenen Sprechzimmer der Freudianer, Jungianer und Kleinianer. In Nummer 88 praktizierten drei unabhängige Therapeuten: zwei Eheberater und eine gewisse Dr. Rhoda Frankel, klinische Psychologin, Familientherapeutin, Absolventin der Wesleyan University und, wie sie am Telefon erklärt hatte, siebenfache Großmutter. Sie hatte eine freundliche Stimme mit breitem Long-Island-Akzent, das mochte Julia. Als Dr. Frankel gehört hatte, dass Julias sechzehnjährige Tochter von ihrem Quasi-Stiefbruder schwanger war, hatte sie nicht mit der Unverbindlichkeit einer Therapeutin »Mhm« gemacht, sondern durch die Zähne gepfiffen und gesagt: »Na, *das* ist nicht leicht!« Das Foto im Internet zeigte eine Frau Mitte sechzig mit wachen Augen, breiter Brust und einem markanten, hellbraunen Bob, der ordentlich um eine kirschrote Brille fiel. Ihre Kleidung war komplett marineblau, und um den Hals trug sie eine lange Kette aus kompliziert ineinandergesteckten neongrünen Acrylglasquadraten. Julia hatte dieser Kopie in die Augen gesehen, als sie mit dem Original telefonierte, und während sie so ruhig wie möglich erklärte, worum es ging, sehnte sie sich danach, sich hemmungslos weinend in die wunderbar weich wirkenden Arme von Dr. Frankel sinken zu lassen.

Julia saß neben Gwen auf einem weichen butterblumengelben Sofa im Wartezimmer, vor ihnen stand ein mit uralten Fingerabdrücken übersäter Glastisch. Die welligen National-Geographic-Hefte darauf wurden nicht mehr beachtet, seit die Patienten sich lieber hinter Smartphones versteckten und angestrengt so taten, als wären sie an einem anderen Ort. In der Ecke stand ein großer verstaubter Kaktus, direkt daneben eine leuchtend grüne Schusterpalme, die bei näherem Hinsehen aus Plastik war. Gwen hatte die Ärmel über die Hände gezogen und sie zwischen die Oberschenkel gesteckt, ihre Stirn war in Falten gelegt. Mit vorgeschobenen Lippen fixierte sie einen Punkt in ihrem Schoß. Ihre Haltung, ihr Gesichtsausdruck, jede Bewegung schrie wie durch ein Megafon, dass sie nicht freiwillig hier war.

Julia konnte nicht aufhören, ihre Ansprache innerlich zu wiederholen. War sie die Anklage oder die Verteidigung? Im Vorfeld der Sitzung hatte sie sich Dr. Frankel als Retterin ausgemalt, doch nun fürchtete sie, die freundliche Amerikanerin würde sie richten, nicht vermitteln, sondern Schuld sprechen und eine Strafe verhängen. *Sie ist zu jung*, probte sie ihren Text, *sie hat ihr ganzes Leben noch vor sich*. Und ohne zu wissen, wofür sie plädierte, wiederholte sie es wieder und wieder. *Ich habe mit jedem Atemzug dafür gekämpft, Mutter und Vater für dich zu sein. Warum bist du so wütend?* Und: *Bitte, bitte, bitte.*

Wie auf dem Foto im Internet war Dr. Frankel in Marineblau gekleidet. Sie war fülliger als auf dem Bild, aber ihr Haar hatte das gleiche teure Hellbraun, statt der roten Brille trug sie ein rahmenloses Gestell mit ovalen Gläsern ganz vorn auf der Nasenspitze. Sie begrüßte sie beim Vornamen: »Gwen, Julia, kommt rein«, und wies auf zwei niedrige, sandfarbene Sessel. Sie selbst quetschte sich ihnen gegenüber in einen aufrechten Holzstuhl und lächelte mit einem Spiralblock auf den übereinandergeschlagenen Beinen erwartungsvoll, während Gwen und Julia es sich bequem machten. Gwen überraschte ihre Mutter, indem sie sich kerzengerade hinsetzte, die Hände artig auf die Knie legte und beinahe erwartungsvoll dreinblickte. Den Kopf hatte sie leicht zur Seite geneigt, als würde sie nur auf Anweisungen warten. Dr. Frankel sprach sie direkt an.

»Gwen, du weißt bestimmt, dass deine Mom und ich kurz am Telefon besprochen haben, worum es geht, als wir den Termin gemacht haben. Sie konnte mir also schon ein bisschen erzählen, wie sie alles erlebt hat, aber ich würde gern erfahren, wie es *dir* geht. Ich nehme mal an, dass jeder von uns seine eigene Perspektive hat, ja?« Julia meinte, den Hauch eines Nickens bei Gwen zu sehen. »Ich bin hier, um zuzuhören und vielleicht dabei zu helfen, dass ihr einander besser zuhören könnt. Ich wüsste gern, warum du hier bist und was du für Erwartungen mitbringst. Wie hast du die Entscheidung getroffen, heute hierherzukommen?«

»Meine Mum wollte, dass ich komme.«

»Aha.«

Darauf folgte langes Schweigen. Julias Hoffnung schwand.

»Verstehe. Du wolltest also gar nicht herkommen?«

Gwen schüttelte den Kopf.

»Dann glaube ich«, Dr. Frankel lehnte sich zurück und betrachtete einen Punkt über ihren Köpfen, »ich glaube, dass es in dem Fall eine ziemlich große Entscheidung war, die du da getroffen hast.« Sie sah Gwen wieder an. »Schließlich bist du jetzt hier. Unsere Mütter wollen ja viele Dinge, und als Teenager, da stimmst du mir vielleicht zu, tun wir diese Dinge nicht immer.«

»Ich bin mitgekommen, weil du mich gebeten hast –«, Gwen wandte sich an Dr. Frankel, »Ich bin mitgekommen, weil sie mich gebeten hat und ich zeigen wollte, dass ich nicht *einfach so* irgendwelche Sachen nicht mache …«, sie blinzelte ein paar Mal, räusperte sich und verstummte dann wieder.

Julia hatte ihre Ansprache noch nicht gehalten. Sie hatte so viel sagen wollen – zu Gwen, zu Dr. Frankel, vielleicht auch zu sich selbst. Doch über Gwens Gesicht huschte ein Ausdruck, der sie plötzlich fragen ließ: »Würdest du lieber allein mit Dr. Frankel sprechen? Ich kann auch draußen warten.«

Gwen sah ihrer Mutter kurz in die Augen und nickte.

Julia stand auf. »Gut«, sagte sie energisch. Innerlich flüsterte sie Dr. Frankel zu: *Sie ist noch ein Baby*, und ein letztes Mal: *Bitte.* Dann schlüpfte sie aus dem Zimmer.

Julia und Gwen gingen die Fitzjohn's Avenue hinauf zum Kreativmarkt. Gwen war nicht sicher gewesen, ob ihre Mutter mit dieser Erweiterung ihres Ausflugs einverstanden war, aber sie konnte jetzt noch nicht nach Hause fahren, wo sie nie unter sich waren. Dr. Frankel hatte etwas verzweifelt (nachdem sie während des Gesprächs in einigen Sackgassen gelandet war) vorgeschlagen, dass Mutter und Tochter mehr Zeit miteinander verbrachten und dabei Dinge taten, die ihnen Spaß machten. Und für Gwen gab es nichts Schöneres als dieses Bastelparadies, das so viele künftige Projekte verhieß. Was ihrer Mutter Spaß machte, wusste sie nicht genau. Vielleicht Klavierspielen? Sie spürte ein unangenehmes Ziehen im Magen. Bislang hatte sie immer geglaubt, Julia wäre am glücklichsten, wenn sie Zeit mit Gwen verbringen konnte, egal, was sie dabei taten – das hatte sie jedenfalls immer gesagt. Doch in letzter Zeit ertrug sie es offensichtlich kaum, Gwen auch nur anzusehen.

Ansonsten war die Therapiesitzung nicht sonderlich erfolgreich gewesen. Anfangs hatte Gwen das Gefühl gehabt, sie könne sich in Anwesenheit ihrer Mutter nicht angemessen verteidigen, doch als Julia weg war, hatte Gwen plötzlich so etwas wie Heimweh verspürt. Am liebsten wäre sie ins Wartezimmer gestürmt und hätte um Vergebung gebettelt, weil sie ihre Mutter aus dem Raum geschickt hatte. Sie hatte nicht gewollt, dass Julia ging. Verschwinden sollten nur ihre Missbilligung und ihre Enttäuschung. Das schlechte Gewissen hatte ihr die Luft genommen, sie reizbar und bissig gemacht, sodass sie jeden von Dr. Frankels weiteren Ansätzen abschmetterte. Sie hatte das professionelle Wohlwollen, das sie in diesem Raum deutlich spürte, nicht verdient.

Mutter und Tochter liefen schweigend nebeneinanderher. Als sie die Prince Arthur Road überquert hatten, streckte Julia die Hand nach Gwen aus, und sie legten den Rest des Weges Arm in Arm zurück. Obwohl sie kein Wort sprachen, merkte Gwen, wie sich der Druck auf ihrer Brust langsam löste. Sie schlurfte etwas und machte kürzere Schritte, um im Takt zu bleiben. Vor dem Laden ließen sie einander los. Gwen hielt Julia schüchtern die Tür auf. Durch die Mal- und Zeichenabteilung gingen sie ins Allerheiligste zum »Gießen und Modellieren«.

»Wonach suchst du denn?«

Gwen zuckte mit den Schultern. »Weiß nicht. Ich gucke erst mal, was es gibt.« Sie betrachtete ein Päckchen hautfarbener Knete in verschiedenen Tönen. Seit Jahren mischte sie alle Hautfarben selbst, dieses überteuerte Set war etwas für Anfänger. Doch gleich daneben lagen Modellierwerkzeuge mit schlanken Holzgriffen. Hastig nahm sie sich eins und rollte es zwischen den Fingern wie eine Zigarre. Es kostete sechzehn Pfund, eine ganz schöne Summe, aber es hatte zwei Enden, und das eine, die Nadel, würde sie täglich benutzen. In diesen Produkten lag ein Zukunftsversprechen. Die Welt war ein bisschen weniger einsam, wenn man sie modellieren und mit anderen teilen konnte. Sie fischte in der Tasche ihrer Strickjacke nach ihrem Portemonnaie.

»Mum?«

»Ja?«

»Hasst du mich noch?«

Julia wirkte entsetzt, wodurch es Gwen gleich ein bisschen besser ging. Hoffnung machte sich breit, als ihre Mutter ihre Wange streichelte.

»Ich könnte dich niemals hassen, mein Schätzchen. Du bist das Wertvollste, was ich habe. Das weißt du doch.«

Gwen nickte unsicher und kaute an der Nagelhaut ihres kleinen Fingers. Sie nahm ein Päckchen froschgrüner Knete in die Hand. »Die nehme ich für diesen monströsen Kaktus aus der Praxis. Der war ja wohl schräg.«

Julia grinste. »Der hatte schon etwas Phallisches.«

Gwen fing an zu kichern. »Und mörderische Stacheln!«

»Was Freud wohl daraus gemacht hätte?«

Sie konnten sich das Lachen nicht mehr verkneifen und ernteten missbilligende Blicke von der Kassiererin. Julia hielt sich die Hand vor den Mund und wandte sich ab. Ein Schluchzen stieg in ihr auf, doch sie schluckte es herunter. Es reichte. Das alles musste ein Ende haben. Sie wischte sich eine Träne weg, holte Luft und drehte sich entschlossen wieder um. Gwens Kichern verstummte.

Mit beiden Händen umfasste Julia Gwens Hand. Sie küsste die trockenen Fingerknöchel ihrer Tochter über den dunkelroten Herzen und schwarzen Sternen, die Gwen sich auf die Finger gemalt hatte.

»Mein Schätzchen, sag mir, was du wirklich willst. Was sagt dir dein Bauch?«

Gwen sah zu ihrer Mutter hinunter. Überhaupt nicht mehr streitlustig, sondern so ruhig sie konnte, sagte sie: »Ich muss mein Baby behalten.« Diese Formulierung machte jede Entgegnung unmöglich, und Julia nahm ihr schlaksiges kleines Mädchen in den Arm.

TEIL III

32

Iris scheuchte Gwen und Katy in ihr Schlafzimmer, wo die geschliffenen Glastüren der leeren, mit lila Tapete ausgekleideten Schränke offen standen und die Fenster inzwischen keine Vorhänge mehr hatten. Kleiderhaufen lagen auf dem Bett, dem Boden und dem Sessel, und auf einem der Nachttische stapelten sich kleine weiße Schachteln mit der Aufschrift MOTTENTOD. Jeder Haufen war mit einem ausgerissenen linierten Blatt Papier markiert, auf dem Iris' gestochene Handschrift prangte: »Altkleidersammlung?«, »Behalten!«, »Weitergeben!«, »Eventuell für den Sommer?«, »Gwendolen?«

»Ihr könnt alles haben, bis auf die Sachen auf dem Stuhl, die trage ich noch. Und wenn ihr etwas aus dem Haufen da an der Wand haben wollt, zeigt es mir bitte vorher, da sind ein paar Sachen für deine Mutter dabei, und die Hosen wären dir sowieso zu kurz. Ich kann es kaum erwarten, das alles los zu sein, mit jedem Tag fühle ich mich befreiter. Ich hätte schon vor Jahren umziehen sollen.« Sie breitete die Arme schwungvoll aus wie ein Dirigent vor dem Orchester. »Alles, was ihr nicht haben wollt, könnt ihr einfach mit ein paar Päckchen

Mottentod in einen von den leeren Kartons da werfen, die bringe ich zu Norwood. Mit der Reinlichkeit nehme ich es ja wirklich peinlich genau, aber es wäre absolut blamabel, eine Kleiderkammer mit Motten zu infizieren.«

Gwen betrachtete die Schachteln unsicher. Auf jeder waren eine rote Zielscheibe und ein steifes Insekt abgebildet, das die Beinchen wie vom Schlag getroffen in alle Richtungen von sich streckte. »Ich glaube, ich fasse das lieber nicht an, Omi, das ist bestimmt giftig.«

»Wie du meinst«, sagte Iris knapp. Sie wandte sich an Katy: »Heutzutage darf man als Schwangere ja fast gar nichts mehr. Als ich mit Gwens Vater schwanger war, wollte ich unbedingt nach Vietnam, das gab vielleicht ein Theater! Alle waren dagegen, wegen Stress und Helikoptern und Gas und solchem Unsinn. Ich hatte überhaupt keine Erfahrung als Auslandskorrespondentin, ich weiß ehrlich gesagt gar nicht, was mich damals geritten hat, aber ich wollte unbedingt dahin. Es war zwar noch früh, aber nach dem Tonkin-Zwischenfall war klar, dass es dort zur Sache gehen würde. Natürlich erlaubte die Zeitung es nicht. Ich erklärte, mein Mann sei Gynäkologe und habe keine Einwände, vietnamesische Frauen bekämen schließlich auch Kinder, und das *Gehirn* sei ja durch eine Schwangerschaft nicht beeinträchtigt, doch dann gaben sie mir stattdessen die Kolumne, und das passte mir sowieso viel besser. Philip Alden hatte natürlich schrecklich viel Verständnis dafür, dass ich wegwollte, aber Männer sind immer zufriedener, wenn die Frau zu Hause bleibt, egal, was sie sagen.«

Katy strich sich das Haar hinter die Ohren und lächelte voller Bewunderung und Angst, dass sie jetzt etwas Schlaues über Vietnam oder Schwangerschaften oder Männer sagen sollte. »Stimmt«, sagte sie und blinzelte nervös. »Mann, Sie waren so mutig!«

»Wir Frauen *müssen* mutig sein, Liebes, wenn wir es zu etwas bringen wollen. Feigheit und Dünnhäutigkeit sind der größte Feind erfolgreicher Frauen. Wenn man auch nur einen Deut auf das gibt, was andere sagen, hat man schon verloren. Also, im Brotkasten sind Crumpets, wenn ihr eine Pause machen wollt. Gesetzt den Fall«, damit wandte sie sich an Gwen, »dass deine Mutter sie in ihrem Packwahn nicht schon verstaut hat. Ruft mich, wenn ihr Fragen habt.«

Allein im Zimmer blickten die Mädchen einander ungläubig an. Iris' Geschmack war immer kostspielig gewesen, selbst in Zeiten, in denen Philip und sie seine Eltern unterstützt und gleichzeitig ihre Hypothek bedient hatten, und sie hatte fast nichts davon weggeworfen. Gwen fielen sofort zwei Sechzigerjahrekleider ins Auge, eins in Burgunderrot, das andere in Lila, dazu eine noch ältere gelbe Popeline-Bluse mit übergroßem Bubikragen. Sie sah ihr zukünftiges Ich vor sich: Stilvoll, weltgewandt und von allen beneidet würde sie im nächsten Jahr in Seide und Spitze zur Schule schreiten. Sie würde ein unvorstellbares neues Leben führen, und eine reifere Garderobe kam ihr da nur angemessen vor.

Sie fingen auf dem Bett an. Schonungslos musterten sie Baumwollblusen und Bürohosen aus. Gwen entdeckte einen kastenförmigen Pullover aus pfirsichfarbenem Mohair, und Katy fischte Augenblicke später eine glatt glänzende Bluse in Fuchsia aus dem Haufen.

»Was meinst du, wie lange du noch normale Klamotten tragen kannst?«, fragte Katy, während sie die Bluse faltete. Gwen hatte ihre Freundin erst eine Woche zuvor eingeweiht, und seitdem hatten die beiden über nichts anderes mehr gesprochen.

»Keine Ahnung, wahrscheinlich die ganze Zeit, weil ich so riesig bin. In der Schule soll jedenfalls niemand Bescheid wissen, bis das Halbjahr zu Ende ist. Dann bespricht meine Mum mit den Lehrern, wie es nächstes Jahr weitergeht und so.«

»Sieht man denn inzwischen was? Ich hab heute noch gar nicht geguckt.«

Gwen zog ihren Pullover hoch und Katy schaute ihr angestrengt auf den Bauch.

»Nichts, du bist immer noch superdünn. Das ist alles so krass. Ich glaube, es kommt bei mir erst richtig an, wenn du schwanger *aussiehst*. Freut sich Nathan denn mittlerweile?«

»Dafür ist es noch ein bisschen früh«, antwortete Gwen plötzlich gereizt. Sie zog den Pullover herunter und wandte sich wieder dem Bett zu. Fast hatte sie den Eindruck, Katy wolle provozieren, sie wusste schließlich genau von den Missstimmungen im Hause Alden-Fuller. Aber wie sollte man sich auch richtig auf etwas freuen, das noch über ein halbes Jahr in der Zukunft lag? Sie ließ einen Gürtel auf den Stapel mit aussortierten Kleidungsstücken fallen.

»Den nehme ich, wenn du ihn nicht willst.«

Gwen gab ihr den Gürtel und konzentrierte sich wieder auf ihren Haufen. Katy fragte immer nur nach Nathan: Wie es *ihm* dabei ginge, was *er* wolle, ob er »ihr beistehen« würde – sie fiel automatisch auf Vokabular aus einem anderen Jahrhundert zurück. Gwen hatte ihr erklären müssen, dass an einer Schwangerschaft zwei Menschen beteiligt seien, dass der Frau nicht »beigestanden« werden müsse und Nathan und sie sich in dieser Hinsicht vollkommen einig seien. Letzteres war vielleicht ein wenig aufgebauscht, denn bislang war er auf keinen ihrer Versuche angesprungen, ihm den Gedanken an eine Vaterschaft schmackhaft zu machen, nicht mal in der Theorie. Die letzten Male war er panisch geworden, zwei Mal hatte er geweint, und zum Trost hatte sie ihm eine Überzeugung vorspielen müssen, die sie nicht empfand. Doch anders als ihre Eltern schien er nie wütend zu sein oder ihr die Schuld zu geben. Ihnen war etwas widerfahren, und er sagte, er vertraue ihr nun, die richtige Entscheidung zu treffen, auch wenn »richtig« für sie noch nicht das Gleiche bedeutete. Sie waren weiterhin zusammen. Die Stimmung hatte sich gelockert, als sie herausgefunden hatte, dass er so wenig wie möglich darüber sprechen wollte. Wenn sie sich an diese Maßgabe hielt, war zwischen ihnen fast alles genauso wie vorher. Heute Morgen hatte sie sich eine kleine Auszeit genommen, um Himbeermuffins mit weißer Schokolade zu backen, die ihm beim Lernen helfen sollten. Er hatte drei davon gegessen, und Gwen war das Herz aufgegangen, als er das Gebäck (und wie Gwen schlussfolgerte: dessen holde Bäckerin) mit dem

Urteil »Supergeil, danke« bedachte. Wenn er zu Hause war, schalt er sie nicht mehr, wenn sie mit dem Handy spielte oder Blogideen auf ihre Lernunterlagen kritzelte, er schien es nicht einmal mehr zu bemerken – was sie wiederum dazu motivierte, sich zu konzentrieren und somit seine Aufmerksamkeit zurückzugewinnen. Zuerst hatte sein Desinteresse sie verunsichert, doch sie kannte ihn und wusste, wie es laufen würde. Er würde zeigen, was in ihm steckte, sobald es darauf ankam. Der männliche Instinkt konzentrierte sich immer nur auf das unmittelbar Bevorstehende – er hatte Prüfungen und musste sich für eine Uni entscheiden, das beanspruchte eben seine Zeit. Neun Monate wären an Weihnachten vorbei, und jetzt war gerade mal Mai. Katy hatte ihr Geheimhaltung, Unterstützung und immerwährende Freundschaft geschworen, aber heute stellte sie nur belanglose, kindische Fragen, und Gwen wünschte sich fast, sie hätte ihr nie davon erzählt.

»Es dauert ja auch echt noch eine Weile. Du hast es ziemlich früh rausgefunden.« Katy fuhr sich mit einer dunkel glänzenden Haarsträhne um die Nase und dachte nach. »Hast du eigentlich überhaupt keine Angst? Ein bisschen bestimmt, oder?«

»Nein, eigentlich nicht. Ich freue mich einfach drauf, mein Baby kennenzulernen.«

Sie hatte eine Gelegenheit ausgeschlagen, und Katy erkannte die Lüge. Gwen sah, wie die grundsätzliche Bereitschaft zu Mitgefühl aus ihrem Blick verschwand und an deren Stelle Enttäuschung trat. Nach so langer Zeit vertraute Gwen ihr nicht mehr. *Ich weiß genau, dass du die richtige Entscheidung getroffen hast. Es ist doch normal, dass man zwischendurch wackelige Knie bekommt, das heißt nicht, dass du dich falsch entschieden hast*, hätte sie gesagt und Gwen den Kopf gestreichelt. Niemand anders würde das tun, aber wie hätte Gwen zugeben sollen, dass sie Schwierigkeiten hatte, sich das Ende dieser Schwangerschaft vorzustellen? Sie konnte es aus dem Augenwinkel erahnen, doch wenn sie den Kopf drehte, verschwand es wie ein Phantom, und ihre Gedanken landeten erleichtert anderswo. Es war viel einfacher, sich in Tagträumen zu verlieren. Darüber, wie ihre Klassenkameraden reagieren würden; wie sie im Spätsommer mit Babybauch aussehen würde, ihrem Ehrenabzeichen, dem eindrucksvollen, unmissverständlichen Symbol ihres Frauseins. Sie hatte bisher nur für die Schwangerschaft gekämpft. Alles, was danach kam – ein Baby, Muttersein –, war verschwommen, schwierig zu fassen. Eine bizarre Vorstellung. Doch sobald sie zugab, Angst zu haben, würde der Zweifel womöglich ihre äußere Überzeugung bröckeln lassen.

Katy hielt ihr als Friedensangebot ein gepunktetes Halstuch hin. »Das hier ist megasüß, vielleicht kannst du es dem Baby als Stirnband anziehen. Ach, das ist alles so krass. Du musst mich unbedingt auf dem Laufenden halten, ich will jedes Detail wissen.«

»Dann hör auf, alles so ernst zu nehmen«, sagte Gwen angesäuert, lenkte aber schließlich ein und fügte hinzu: »Ist doch klar, dass ich dir alles erzähle. Du wirst schon nichts verpassen, keine Panik.«

»Wie gesagt, ich komme jeden Tag nach der Schule

vorbei, ich will die coole Tante sein. Und ich will mitkommen, wenn du zum Ultraschall gehst, und shoppen und bei den ganzen Vorbereitungen helfen und so.«

»Mir ist schon wieder übel, ich muss mich mal hinsetzen. Du kannst die Sachen ja hochhalten und mir zeigen.« Gwen ließ sich schwer in einen Haufen Mäntel auf dem Sessel sinken. Es half, sich die Zukunft mit Katy vorzustellen. Mit einer Freundin an ihrer Seite war alles weniger beängstigend.

Sie setzten die Arbeit fort, immer wieder unterbrochen durch Aufschreie über die Schätze und Grausamkeiten, die sie entdeckten. In der Lücke zwischen Schrank und Wand fand Gwen schließlich einen kleinen, abgenutzten Lederkoffer, den sie aufs Bett hievte. Katy begutachtete gerade eine weiße Seidenhose, als Iris hereinkam und sie ihr wehmütig aus der Hand nahm. Sie betrachtete die Hose mit verklärtem Blick, als wäre sie das Foto eines ehemaligen Geliebten, das aus den Seiten eines ramponierten Buchs gefallen war.

»Die habe ich im Sommerurlaub in Nizza gekauft. Die behalte ich, vielleicht ziehe ich sie noch mal an. Ich hörte die Meermädchen singen, hin und her, auch wenn sie nicht aus Flanell sind, sondern glücklicherweise von Pierre Cardin. Ach herrje, wo in aller Welt hast du denn den Koffer ausgegraben, Gwen? In dem hast du gar nichts zu suchen«, sagte sie scharf und legte die Hose beiseite. Doch Gwen, der die Anwesenheit ihrer Großmutter Erlaubnis genug war, hatte die wuchtige Messingschnalle bereits aufschnappen lassen. Der Kofferdeckel klappte auf und offenbarte sein zerfleddertes, ausgeblichenes Paisleyfutter sowie sechs ordentliche Stapel gebügelter und gefalteter Babykleidung.

»Omi!«, flüsterte Gwen. »Sind die von Dad? Oh, bitte, bitte, kann ich die haben?«

»Ausgeschlossen«, erwiderte Iris streng und erntete flehende Blicke von beiden Mädchen und eine bebende Unterlippe von ihrer Enkelin.

»Nein. *Na gut.* Aber wir halten fest, dass ich das nicht gutheiße. Katy, ich weiß nicht, wie du dazu stehst, aber damit eins klar ist: Ich halte es für absolute Selbstsabotage meiner Enkelin, dieses Kind zu behalten, und das weiß sie auch. Nimm die Sachen, wenn es unbedingt sein muss. Gott weiß, was da genau drin ist. Die Strampler deines Vaters, eine Babydecke und, wenn ich mich recht entsinne, eine durch und durch hässliche Kollektion kratziger selbst gestrickter Jäckchen von Philip Aldens Mutter, die, wie du feststellen wirst, sehr viel Freizeit hatte.« Sie wandte sich zum Gehen. »Ich hoffe sehr, dass dir das endlich die Augen öffnet. Das sind Anziehsachen für einen Menschen, nicht für ein Spielzeug. Ich gebe sie dir sehr ungern.«

Gwen bemerkte, wie sich Katy die Tränen aus dem Gesicht wischen musste. Gwen besaß viele wertvolle Artefakte, aber es war so lange her, dass sie etwas Neues von ihrem Vater gefunden hatte. Als sie Katy weinen sah, schluckte sie den Kloß in ihrem Hals herunter und sagte mit fester Stimme: »Sei doch nicht albern.« Als Baby war ihr Vater noch nicht ihr Vater gewesen, und diese Klamotten waren wirklich niedlich, aber sie gehörten nicht zu einem Menschen, den sie vermissen konnte.

Sie legte einen Arm um ihre Freundin und stellte mit pochendem Herzen fest, dass das jetzt wohl ihre erste spontane mütterliche Geste gewesen war.

Katy zog die Nase hoch und wischte sich mit den Ringfingern unsichtbare Wimperntusche unter den Augen weg. »Tut mir leid. Es ist nur … Das ist so schön. Du hast bestimmt Bilder von deinem Vater in diesen Sachen, und wenn das Baby kommt, dann kannst du die Bilder nachstellen und … Das ist doch echt was Besonderes. Die Sachen sind wunderschön. Du hast so ein Glück, dass du sie gefunden hast.«

Eine Weile lang saßen sie Arm in Arm da. Gwen strich wehmütig über einen winzigen weißen Strampelanzug mit unebenen Perlmuttknöpfen. Es war absolut unvorstellbar, dass in diesem Augenblick ein kleiner Mensch in ihr heranwuchs, der eines Tages in diese Kleider passen würde. Der Kloß in ihrem Hals war wieder da. Sie wollte sich keine strammen Babyärmchen in diesen Ärmeln und den heißen Klammergriff eines winzigen Körpers vorstellen. Sie wischte sich die Nase am Ärmel ab und sagte: »Ich muss meiner Mum Bescheid sagen, jetzt sofort. Die wird Augen machen, dass es Sachen gibt, die sie noch nicht kennt! Guck dir das Zeug an, das ist so süß. Ich hoffe, es macht sie nicht traurig, sie ist nämlich oft traurig wegen meinem Dad. Falls sie sofort kommt, wenn ich ihr schreibe, und sie supertraurig ist, macht es dir dann was aus, kurz zu meiner Oma nach unten zu gehen? Nur für zehn Minuten oder so?«

Natürlich mache ihr das nichts aus, sagte Katy, Gwens

Oma sei total cool, aber sie müsse sowieso gleich gehen. Eigentlich sogar sofort. Seit sie die vergilbten, museumswürdigen Strampler gesehen hatte, die genauso leblos waren wie der Mann, der sie einst getragen hatte, verspürte sie den dringenden Wunsch, sich in die U-Bahn zu setzen und zurück nach Totteridge zu fahren, wo ihr eigener Vater mit seinem kleinen Bäuchlein, dem schütter werdenden Haar und seinen fünfundvierzig Jahren gesund und munter auf sie wartete, sie in den Arm nehmen und ihr – großes Pfadfinderehrenwort – versprechen würde, nie zu sterben. Gwens Koffer mit brüchigen Babyschlafanzügen war verstörend wie tote Schlangenhaut.

»Das ist ein Zeichen«, sagte Katy bestimmt und zog ihren Pullover unter einem Stapel Kissen hervor. »Selbst wenn deine Oma dagegen ist, dein Vater wollte, dass du die Sachen findest, er wacht über dich und das Baby.«

Gwen brachte ein wenig überzeugendes »Mhm« hervor. Sie hasste solche Klischees. Wenn sie dieses »Wachen« hörte, stellte sie sich immer einen neugierigen Nachbarn vor, der über einen Palisadenzaun glotzte. Außerdem wollte sie die Schwangerschaft nicht mit ihrem Vater verbinden. Sie hatte versucht, sich einzureden, dass er stolz auf sie war, weil sie den harten, mutigen Weg gewählt hatte. Aber er würde doch kaum so weit gehen und ihr Geschenkkörbe aus dem Himmel schicken. Die Mädchen gingen gleichermaßen erleichtert auseinander. Gwen musste unbedingt mit Julia sprechen. Als sie hörte, wie Katy sich unten höflich von Iris verabschiedete, holte sie ihr Handy hervor.

Es klingelte und klingelte. Gwen legte auf und versuchte es sofort noch einmal. Wo war ihre Mutter? Und warum spürte sie nicht wie früher, dass sie gebraucht wurde? Gwen warf ihr Handy aufs Bett. Diese endlose Übelkeit war unerträglich. Ohne Katy hatte sie keine Lust mehr weiterzumachen, ihr war heiß, und sie fühlte sich den Tränen nahe. Vielleicht brauchte sie ein kleines Mittagsschläfchen. Sie würde ihren Schatz mit nach Hause nehmen, ihn eigenhändig waschen und bügeln, ihn in ihrem Zimmer verstecken und ihrer treulosen Mutter nicht einmal einen Blick darauf gewähren. Die Kleider waren unendlich wertvoll, aber sie durfte Julia damit keine Ahnung von der Wirklichkeit aus Fleisch und Blut vermitteln, die sie bald erwartete. Sie hatte solche Reliquien nicht verdient. Sie baute sich ein neues Leben auf, und Gwen würde das Gleiche tun.

33

»Das bringt doch nichts. Bis wir dran sind, hat der Film längst angefangen«, beschwerte sich Iris, trat genervt von einem Fuß auf den anderen und versuchte über den Pulk von Menschen vor ihnen hinwegzusehen, um den Auslöser für diesen Rückstau ausfindig zu machen. Sie war mit Philip im O2 Centre auf der Finchley Road und stand an, um Eintrittskarten für eine Wal-Dokumentation zu kaufen. »Was für eine Wahl?«, hatte Iris verdattert gefragt, als Philip ihr von der Idee berichtet hatte, woraufhin er sie aufgeklärt hatte. Weil sie davon ausgegangen waren, dass eine Independent-Tierdoku keinen Massenansturm auf die Kinokassen auslösen würde, hatten sie keine Karten reserviert. Iris warf einen Blick auf die Uhr.

»Ich glaube, es macht nichts, wenn wir fünf Minuten verpassen. Wir wissen doch, worum es geht«, sagte Philip.

»*Du* weißt, worum es geht. Ich hatte angenommen, es ginge um Abstimmungsverfahren.«

»Wenn es dir lieber ist, gehen wir im Untergeschoss etwas essen.«

Iris rümpfte die Nase, als hätte er vorgeschlagen, in

den Mülleimern des Einkaufszentrums nach Essen zu suchen. »Können wir nicht zur Abwechslung mal ein ordentliches Restaurant aufsuchen? Hier ins Kino zu gehen ist die eine Sache, aber ein kulinarisches Paradies ist es nicht gerade. Das tut jetzt allerdings wenig zur Sache, ich habe nämlich gar keinen Hunger. Der Morgen mit Gwen hat mir buchstäblich den Appetit verdorben. Ich fühle mich ganz krank.«

»Gwen hat doch –«

»Gwen benimmt sich wie das trotzige Kind, das sie ist, und das Schlimmste daran ist ihre Selbstzufriedenheit. Dabei steuert sie blind auf eine Katastrophe zu. Du hättest sehen sollen, wie sie sich auf Daniels Babysachen gestürzt hat. Sie ist überglücklich, im Mittelpunkt zu stehen, und merkt dabei gar nicht, dass sie in etwa sieben Monaten nie wieder im Mittelpunkt stehen wird. Und diese Freundin von ihr ist ja ganz nett, aber leider auch ziemlich hohl.«

»Sie sind nun mal Kinder, da kannst du dich nicht beschweren, dass sie sich wie Kinder benehmen.«

»Mir wäre es lieber, wenn sie ein paar Freundinnen mit der einen oder anderen Hirnzelle hätte. Der Gruppenzwang würde sie schon in die richtige Richtung lenken. Wenn sie nur ein paar Freunde mit etwas Ehrgeiz im Leib hätte, würde sie ganz andere Entscheidungen treffen. Wenn Julia sie auf eine ordentliche Schule geschickt hätte –«

»Sie hat eine wunderbare Mutter. Und einen fürsorglichen Stiefvater. Und uns.«

»Das wird nicht reichen.«

Sie gingen ein paar Schritte vor, als die Schlange sich verkürzte, weil entmutigte Wartende ihre Plätze aufgaben. An den Kassen ging es noch immer nicht voran. Iris schnalzte missbilligend mit der Zunge und hängte sich die Handtasche auf die andere Schulter. »Man sollte ja eigentlich meinen, dass man ältere Leute wie uns nicht so lange stehen ließe. Dass vielleicht mal jemand – Oh, vielen Dank. Gern, danke. Das ist sehr freundlich. Na, komm«, kommandierte sie im Gehen, »danke, ja. Danke Ihnen. Jetzt müssen wir uns entscheiden, ob wir den Film sehen wollen oder nicht. Schnell. Meeressäuger oder aufgeben und nach Hause fahren. Vielleicht sollten wir lieber nach Hause fahren.«

»Wir sind doch fast dran.«

»Ich weiß, aber ich glaube, ich bin heute zu deprimiert für Fische. Es gibt in Gwens direktem Familienumfeld ganze drei Gynäkologen, ich verstehe einfach nicht, wie das passieren konnte. Und warum es nicht sofort korrigiert wurde. Das ist doch krank, eine Tragödie. Wie soll ich mich da auf Wale konzentrieren?« Iris wurde theatralisch, das war kein gutes Zeichen. Sie hatten den Ticketschalter erreicht.

»Ich verstehe dich ja. Wenn du willst, lassen wir es sein.«

»Ich bin sehr müde«, sagte Iris. Das war die Wahrheit, aber es war ungewöhnlich, dass sie solche Schwäche zeigte. Sie trat aus der Schlange und zurück in das Getümmel des Einkaufszentrums. Philip folgte ihr und entschuldigte sich im Gehen bei den Wartenden, die ihnen den Vortritt gelassen hatten.

Schweigend fuhren sie die Rolltreppe hinunter. Hitzig, als hätte er ihr widersprochen, sagte Iris: »Das ist doch eine *Farce*. Gwen hat das nicht verdient. Sie ist einfach naiv. Sie ist naiv und hat keinerlei Vorstellung, nicht die entfernteste Ahnung davon, was passieren wird. Sie meint, sie bekommt eine nette kleine Puppe zum Spielen und die Aufmerksamkeit, die ihr jetzt zuteilwird, würde für immer anhalten. Dabei wird ihr Leben nach und nach in Fetzen gerissen werden … Ich wollte das ohnehin anbieten, aber ich habe Julia gesagt, wenn sie es im Keim erstickt, bezahle ich ihr die Kunsthochschule. Studiengebühren, Wohnung, noch etwas obendrauf zur Erpressung. Alles, was sie will.« Als sie unten waren, bot sie Philip mit fahriger Geste eine Hand zum Absteigen, die er kommentarlos akzeptierte. »Willst du zu Fuß gehen, oder soll ich dich fahren?«

»Wenn es dir nichts ausmacht, würde ich gern fahren. Das ist aber ein sehr großzügiges Angebot, meinst du, sie nehmen es an?«

»Sie stecken den Kopf in den Sand wie die Strauße, sogar die sogenannten Erwachsenen. Die Trägheit der Masse eben. Das ist so *unnötig*! Ganz und gar unnötig. Wenn Gwen dieses Kamikazemanöver wirklich durchzieht, werde ich persönlich ein Kindermädchen aussuchen und bezuschussen.« Iris suchte in ihrer Handtasche nach dem Autoschlüssel, und Philip war auf einmal sehr froh, bald zu Hause zu sein. Die Wale konnten warten. Er war erschöpft, und Iris' Stimmung war explosiv.

»Erinnerst du dich noch an das italienische Au-pair-Mädchen?«, fragte er und hoffte, sie damit vom Abgrund zurückzuholen. Manchmal, wenn man die Sache vorsichtig anging, ließ sie sich besänftigen. »Soll ich deinen Regenschirm halten? Dann hast du die Hand frei. Das war wirklich nett. Es war sehr hilfreich, so jemanden zu haben.«

»Gioia. Die war völlig daneben«, sagte Iris barsch. Sie hatte den Schlüssel gefunden und steuerte nun in scharfem Tempo auf den dunklen Parkplatz zu. Philip hatte Mühe, Schritt zu halten. Seine Knie schmerzten, während er steif hinter ihr hermarschierte und den Schirm nach vorn gekippt hielt, um Iris vor dem Regen zu schützen. Abrupt blieb sie stehen.

»Wo ist denn das verfluchte Auto?«

»Irgendwo da drüben, glaube ich. Sie hatte doch nur Heimweh, oder? Daniel mochte sie, und das ist schließlich die Hauptsache. Sie konnte gut mit ihm umgehen.«

»Zwei Sekunden bevor wir uns in Paris treffen wollten, hat sie mich im Stich gelassen. Halt das Ding mal ein bisschen höher, es fängt wieder an. Sie war ein egoistisches kleines Mädchen. Ach, da ist es ja, Gott sei Dank gibt es diese Fernbedienung. Am Ende musste Giles Daniel auf dem Weg nach Bargemon vorbeibringen.«

»Giles musste *was*?« Philip wurde langsamer. Es fiel ihm schwer, sich an ein Wochenende vor Jahrzehnten zu erinnern, an eine Geschichte aus ihrem Kanon in Ehren gehaltener Erlebnisse: Wir waren mal glücklich – hier ist Beweisstück A. Mit schmerzendem Handgelenk ließ er den Schirm sinken. »Gioia hat ihn doch auf dem Weg nach Neapel zu uns nach Paris gebracht.«

»So war es geplant, ja.«

»Das verstehe ich nicht.«

»Ach, mein Lieber, es hat einfach alles nicht so geklappt wie geplant.« Iris sah ihn ungeduldig an. Sie nahm ihm den Regenschirm ab und hielt ihn mit beiden Händen kerzengerade. »Sie hatte eine Busverbindung von London aus gefunden, und sie wollte unbedingt zum Hochzeitstag ihrer Eltern oder so was. Es gab einen großen Knall, weil sie dumm und ich wütend war, und dann war ich aufgeschmissen. Ich konnte den Jungen doch nicht allein mit der Fähre fahren lassen.«

»Natürlich nicht, aber … Ich verstehe das noch nicht ganz. Du hast ihn also bei Giles gelassen, als du nach Paris gekommen bist? Ist es das, was du mir sagen willst?«

Iris war weitergegangen, doch Philip bewegte sich nicht vom Fleck, und sie musste sich umdrehen, um mit ihm zu sprechen. Sie wirkte ungehalten. »Ja, Philip, das habe ich getan. Es gibt keinen Grund, so entsetzt zu tun. Unterm Strich war es die richtige Entscheidung. Wir hatten diesen schlimmen Streit vor deiner Abfahrt, und dann hast du mir so einen lieben Brief geschrieben, in dem du das Wochenende für uns geplant hast, und das konnte ich doch nicht einfach absagen. Es regnet – können wir das im Auto weiterbesprechen? Komm wenigstens her und stell dich unter den verdammten Schirm. *Meine Güte!* Damals stand unsere Beziehung auf wackeligen Beinen. Und am Ende musste niemand seine Pläne ändern, Giles hat einfach einen kleinen Umweg nach Bargemon genommen, er wollte ohnehin nach Frankreich. Ich konnte dir nicht absagen, und

Giles hat angeboten, mir aus der Klemme zu helfen. Warum guckst du denn so wütend? Er hat seine Aufgabe sehr ernst genommen, das versichere ich dir. Die beiden hatten viel Spaß, Daniel hat mir hinterher alles erzählt.«

Philip rieb sich die Augen. »Ihr habt mich belogen.«

Iris fiel darauf keine Antwort ein, denn Giles und sie hatten Philip im Laufe der Jahre hunderte Male belogen. Hauptsächlich war es dabei um Sex auf Partys und Recherchereisen, an Wochenenden in den Cotswolds und bei Überstunden im Büro gegangen. Diese kleinen Schwindeleien konnten für Philip doch nichts Neues sein. Sie rechnete nach und stellte fest, dass diese Enthüllung den Anfang ihrer Affäre mit Giles viel früher datierte, als Philip bisher geahnt hatte. Jahre bevor sie es offiziell gemacht hatten.

»Ihr habt mich belogen«, wiederholte Philip.

»Es war doch nur ... Das ist doch Irrsinn, du warst hinterher sogar mit Giles befreundet. Bitte, komm jetzt unter den Schirm.«

»Du hast meinen Sohn dazu angestiftet, mich anzulügen.«

»Ja, mein Lieber, es gab damals noch ganz andere Notlügen zwischen uns.« Plötzlich verunsichert hielt sie inne. Sie kam den Grenzen der abgeschotteten kleinen Welt, die sie sich geschaffen hatten, sehr nah. Ein Zauberbann hatte sie beinahe fünf Jahrzehnte lang umschlossen, sie hatten eine anpassungsfähige, hingebungsvolle, kameradschaftliche Liebe unter einem Mantel aus stillschweigendem Verständnis gehabt. Sie sprach nicht weiter, Regeln waren Regeln.

Philip wiederholte: »Du hast Daniel dazu angestiftet, mich anzulügen. Er war ein kleiner Junge. Du hast eine Lüge zwischen mich und meinen Sohn gepflanzt.«

»Wir hatten doch so einen wunderbaren Urlaub, alle drei«, protestierte Iris kraftlos. Philips Stimme hatte sich überschlagen, als er ihr seinen letzten, unverhältnismäßig scharfen Vorwurf gemacht hatte. Sie spürte ein panisches Kribbeln, weil er das Ganze so sehr in den falschen Hals bekommen hatte. »Daniel hat dich angebetet! Wie kommst du darauf, dass irgendetwas zwischen euch hätte –«

»Iris.« Philip nahm seine Brille ab, auf der die Regentropfen im Licht der langsam vorbeiziehenden Scheinwerfer glänzten. »Du hättest bei Giles bleiben sollen«, sagte er leise. »Du hättest die Wahrheit sagen müssen, dann wäre da jetzt nicht diese … diese *Wunde* zwischen mir und meinem Sohn, diese Kluft. Alles wäre besser gewesen als das. Er muss so durcheinander gewesen sein, und ihr habt ihn auch noch dazu angestiftet, du und Giles, ihr habt seinen Vater … Ich weiß nicht … Ich … Ich verstehe das nicht. Und jetzt ist Daniel nicht mehr da. Er ist nicht mehr da, um zu hören, dass er sich keine Sorgen machen muss.« Philip machte ein paar unsichere Schritte rückwärts, weg von Iris.

»Wir reden im Auto weiter, komm«, sagte Iris und drehte sich entschlossen um. »Das ist doch Irrsinn, mein Lieber, er war noch ein Kind, er hatte die Sache vergessen, sobald er einen Crêpe im Mund und einen Hauch von Paris gesehen hatte.« Sie waren einem ausgewachsenen Streit gefährlich nah, und erst jetzt fiel ihr auf, dass es dazu seit dem Tag nicht mehr gekommen war, an dem sie endlich die Scheidungspapiere unterzeichnet hatten. Oder seit dem Tag, an dem er sie angeschrien hatte, weil sie Julia angeschrien hatte, weil sie in Schwarz zu Daniels Beerdigung erschienen war. Jedenfalls konnte sie nicht mitansehen, wie er da stand, wie der Regen sein feines weißes Haar an den Schädel geklebt hatte, wie ihm dicke Tropfen wie Tränen über die Wangen liefen. Ohne Brille wirkte er verletzlich und sehr alt. Wie war Philip Alden bloß so alt geworden? Bei diesem Wetter, um diese Uhrzeit, hatte er hier draußen nichts verloren. Sie zog den Kopf ein und lief mit großen Schritten die letzten Meter zu ihrem Wagen, damit er hinterherkam. Sie ließ den Motor an und drehte Heizung und Sitzheizung auf. Zuerst musste er warm und trocken werden, dann konnte sie ihm immer noch alles erklären. Doch er war ihr nicht gefolgt.

34

Es kam Julia unfair vor, James in den spontanen Umzug ihrer Schwiegermutter einzubeziehen, doch für ihn war es ganz selbstverständlich mitzuhelfen, und dafür war sie ihm dankbar. Was immer Julia beschäftigte, es war automatisch auch James' Sache. Diese Eigenschaft hatte sie früh an ihm entdeckt und immer bewundert. Ohne ihn und Nathan hätte das Umzugsteam nur aus der zierlichen Julia, dem arthritischen Philip und einer von Dauerübelkeit geplagten, zerstreuten Gwen bestanden, die in letzter Zeit alle Aufgaben mit einer lästigen, selbstzufriedenen Trägheit erledigte. Sie würde heute sicherlich diverse Gelegenheiten finden, alle daran zu erinnern, dass sie nicht schwer heben durfte, weil sie schwanger war, dass sie nicht zu viel Kaffee oder schwarzen Tee trinken durfte, weil sie schwanger war, dass sie die anderen keine Minute lang vergessen lassen durfte, dass sie schwanger war, weil sie schwanger war. Sie brauchten James – zum Tragen und für die Atmosphäre, auch wenn das niemand zugeben wollte.

Die Möbel würden zum offiziellen Verkaufsdatum des Hauses am nächsten Tag von einem Umzugsunternehmen abgeholt werden, aber *alles* andere mussten sie selbst packen: Seidenkissen, die die Umzugshelfer nicht anfassen durften, gerahmte Bilder, drei Schubladen voller auseinanderfallender Kodak-Fototaschen, aus denen die Negative herausrutschten, zahllose muffige, unbenutzte und akkurat gebügelte Tischdecken, eine Kiste mit uralten Telefonen, vom schwarzen Schnurlosen aus den Neunzigern bis hin zu einem popelgrünen Wählscheibenapparat, der es Gwen besonders angetan hatte. Einkaufstüten voller unidentifizierbarer Kabel und Ladegeräte, deren Gegenstücke längst im Müll gelandet waren. Lampen ohne Schirme und mit durchgebrannten Glühbirnen, auf denen sich eine statisch aufgeladene graue Staubschicht gebildet hatte. Ein Drucker. Ein Scanner. Ein sperriges Faxgerät aus grünlich-grauem Plastik, von dem sich Iris nicht trennen konnte, obwohl sich herausstellte, dass sie Faxe ausschließlich an Philip schickte, dem sie auch E-Mails, SMS und Sofortnachrichten schicken konnte. Ablageboxen mit Hunderten verblasster Zeitungen, die jeweils einen Artikel von Iris enthielten. Und Bücher, Bücher und nochmals Bücher. Iris hatte angeblich schon vorsortiert und -gepackt (jedenfalls hatte sie im Vorfeld immer wieder auf ihre Schufterei angespielt), und doch wirkte das Haus entmutigend unverändert. Seit Jahrzehnten war es in unterschiedlichen Konstellationen das Zuhause der Aldens gewesen. Gerade einmal seit zwei Wochen wusste Julia von den Plänen ihrer Schwiegermutter, und der endgültige Exodus sollte innerhalb eines Tages geschehen.

»Das Umzugsunternehmen würde das morgen alles einpacken, wenn wir ein paar Stunden mehr buchen«, versuchte Julia zum letzten Mal, sie zu überzeugen. James, Nathan, Gwen und sie waren wie geplant frühmorgens mit Paketbandabrollern, Scheren und Eddings bewaffnet angerückt, aber sie hatte die Hoffnung noch nicht aufgegeben, dass Iris sich doch für das Gesamtpaket des Umzugsunternehmens entschied und sie stattdessen in South End Green frühstücken gehen konnten. Der Mann am Telefon hatte ihr ein Angebot für das ganze Haus gemacht. Sie arbeiteten sehr gründlich, hatte er erklärt, sie müsse keinen Finger rühren. Seine Jungs würden sogar die Klorolle vom Halter miteinpacken, keine Sorge. Iris wollte davon nichts hören. Umzugskartons und Luftpolsterfolie waren schließlich schon geliefert worden.

»Meine Liebe, ich lasse doch nicht irgendwelche wildfremden Männer in meinen Habseligkeiten herumwühlen«, trillerte Gwen. Alles lachte, nur James nicht, der sich nicht einmal erlaubt hätte, das Gesicht auf Iris' Kosten zu verziehen, das wusste Julia. Stattdessen krempelte er die Ärmel hoch und fing an, die Umzugskartons aufzubauen, die im Flur an der Wand lehnten.

»Genauso ist es«, sagte Iris ungerührt mit einem eleganten Schulterzucken. Sie trug dem Anlass entsprechend eine schwarze Stoffhose und einen schwarzen Kaschmirpullover mit Rollkragen, den Julia schon seit den Anfangsjahren mit Daniel nicht mehr gesehen hatte. Emaillierte Armreifen in Kobaltblau und Smaragdgrün klapperten an ihren knorrigen Handgelenken – dieser Umzug hatte offensichtlich einige verschollen geglaubte

Schätze an die Oberfläche befördert. »Es wäre wirklich schauderhaft, wenn sie überall herumstochern würden. Mit ihren groben Tatzen würden sie doch bloß alles durcheinanderbringen und kaputt machen. Mir ist es viel lieber, wenn die Familie das übernimmt.« Sie küsste Julia, umarmte Gwen und gab James einen noch nie da gewesenen flüchtigen Kuss auf die Wange.

Julia war kurz gerührt, bis ihr einfiel, dass auch Iris sich des Werts seiner Anwesenheit bewusst sein musste. »Ist Philip schon da?«, fragte sie.

Iris streifte ihre schwarzen Turnschuhe ab und stakste in die Küche. Julia und Gwen folgten ihr. »Philip Alden ist nicht da. Sollen wir oben anfangen? Oder hier? Soll ich uns einen Tee aufsetzen?«

Gwen ließ sich auf einen Küchenstuhl sinken. »Es ist *so* heiß hier!«, jammerte sie, was niemand außer ihr empfand. »Ich schmelze!« Sie zog den Pullover aus und fächelte sich Luft zu. Julia wandte genervt den Blick ab. Am Telefon hatte Iris einen unverzeihlichen Witz darüber gemacht, dass sie Gwen die schwersten Kisten tragen lassen sollten.

»Also gut. Warum beschriftest du nicht die Kartons für uns?«, sagte Iris. »Das ist eine wichtige, körperlich anspruchslose Aufgabe. Aber du musst mich vorher fragen. Das Allerwichtigste ist nämlich, das Zimmer klar und deutlich zu vermerken, sonst stapelt sich am Ende alles im Flur, der reinste Albtraum. Wir anderen können im Schlafzimmer anfangen, ich habe schon Häufchen vorbereitet. Ich bin froh, dass ich so viel ausgemistet habe, eine ganze Menge davon kann ich spenden.«

»Sollte nicht lieber Philip das Schreiben übernehmen?«, schlug Julia vor. »Gwen kann ja vielleicht Sachen falten. Er ist übrigens in den letzten Tagen nicht erreichbar gewesen, geht es ihm gut? Er reagiert gar nicht mehr auf meine Anrufe.«

»Es geht ihm bestimmt fabelhaft, aber er kommt nicht. Ich wollte ihn nicht mit diesem Chaos belasten. Er kann ohnehin nichts heben, da wäre er mehr als nutzlos gewesen und hätte uns im Weg herumgestanden. Außerdem hasst er es, wenn ich Dinge wegwerfe. Wir hätten nur gestritten.«

Julia wollte gerade sagen, dass Philip sich sicher trotzdem gefreut hätte, dabei zu sein, aber etwas im Blick ihrer Schwiegermutter ließ sie schweigen.

»Das Ganze sollte schnell erledigt sein, wenn wir effizient arbeiten. Kommt am besten alle mit hoch, dann kann sich jemand um den Computer kümmern, und der Rest arbeitet sich von oben nach unten.«

»Ich übernehme den Computer, Oma.« Gwen machte sich auf den Weg und berichtete Nathan, der im Flur gestanden hatte, von dem Plan. Julia fing an, in der Küche aufzuräumen, wo sich auf jeder Oberfläche Rechnungen und Briefe unter gelben Post-its stapelten. Auf dem Küchentisch lag ein Stapel gebundener Bücher: *Glück für Jim, Liebende Frauen, Der Regenbogen, Anna Karenina, Die Blumen des Bösen.* Julia strich über die Buchrücken, die teilweise zerfleddert und teilweise in gutem Zustand waren.

»Die gehörten Giles. Das sind alles frühe, manche sogar Erstausgaben. Die soll Camilla haben.« Camilla war Giles' Tochter, ebenfalls Journalistin, die in Brighton lebte und in ihrem winzigen Garten Hühner hielt.

»Das ist aber nett.«

»Die meisten anderen hat sie schon, sie sollten alle beisammen sein. Er hat seine Sammlung hier in meinem Büro gelassen, als er nach Frankreich gezogen ist – ach, jetzt sei nicht so albern –, als er *wirklich* nach Frankreich gezogen ist. Ich habe immer gesagt, er soll sie mitnehmen. Wo liegt denn der Sinn darin, sie zu besitzen, wenn man sie nicht anschauen kann? Aber er hat darauf bestanden, dass sie in meiner Obhut bleiben, und sein Haus mit billigen Taschenbüchern vollgestopft. Typisch Giles«, endete sie mit einem Lächeln.

»Sollen wir die mit der Post schicken, oder kommt sie bald vorbei?«

»Leg sie einfach beiseite, ich finde nicht, dass wir sie der Royal Mail anvertrauen sollten. Auch wenn ich Lawrence nur zu gern dem Vergessen anheimfallen lassen würde. Die tragen wir so.« Das hatte Iris über sehr viele Dinge gesagt. Julia stellte sich eine menschliche Ameisenstraße von Parliament Hill zu der neuen Wohnung vor, jeder nur mit einem Teelöffel oder einer einzelnen Tasse in der Hand.

»Wie viel hast du denn schon eingepackt?«

»Ach, es ist kaum noch etwas übrig, ich habe wirklich geschuftet. Warte, ich zeige es dir.« Iris zog die Tür zur Speisekammer schwungvoll auf und gab den Blick auf ordentlich gestapelte und zugeklebte Kartons frei. Julia war erleichtert.

»Soll ich die schon mal rausbringen? James hat einen

Parkplatz vor der Tür ergattert. Es ist bestimmt gut, schon mal etwas rauszuschaffen.«

»Das wäre wunderbar, Liebes, ich muss jetzt hoch und Anweisungen geben, Gott weiß, was die Kinder sonst mit meinen Sachen machen. Ich schicke dir Dings herunter, der kann dir helfen.« Damit war Iris verschwunden. Julia betrachtete den Inhalt der Speisekammer. »P. A. Bücher« stand auf einer Kiste. »P. A. Kleidung«, »P. A. Fachbücher«, »P. A. Tennisschl. u. Sportkl.«, »P. A. Akten«, und auf jedem der Kartons: »2. SCHLAFZIMMER«, »2. SCHLAFZIMMER«, »2. SCHLAFZIMMER«.

35

Eine kurze Atempause. James war bei der Arbeit, die energieraubenden Kinder waren in der Schule und Julia allein zu Haus. Allein mit ihren Gedanken und – endlich – mit ihrem Klavier. Bis vier Uhr hatte sie keinen Schüler. James war ein paar Tage zuvor mit Nigel-Hess-Noten nach Hause gekommen, eins seiner absoluten Lieblingsstücke, aber sie hatte das Heft noch nicht aus der Folie genommen. Seit Kurzem verbrachte sie all ihre Freizeit damit, sich die verhängnisvollen Wendungen auszumalen, die Gwens Leben als Teenie-Mutter nehmen würde, und für alle Eventualitäten zu planen. Jetzt, wo sie sich in Ruhe auf die Noten konzentrieren konnte, merkte sie, wie ihr Puls sich beruhigte. Deswegen hatte James ihr die Noten geschenkt – damit sie sich etwas gönnte, das sie sich aus schlechtem Gewissen in der Hektik nicht erlaubte. Die Freude würde, das wusste sie schon jetzt, nicht länger anhalten als das Konzert selbst, aber an diesem hellen, stillen Nachmittag bot es geistige Versenkung und Erholung.

Ende des Jahres würde sie Großmutter sein. Großmutter! Erst in den letzten Tagen hatte sie sich gezwungen, diese Vorstellung zuzulassen, denn es kam ihr richtig und wichtig vor, den Tatsachen ins Auge zu sehen. Gwen hatte ihre Entscheidung getroffen und von nun an keinen Grund mehr, an der Unterstützung ihrer Mutter zu zweifeln. Sie würde ihre Ängste und Sorgen begraben. Sie sprachen nicht mehr über andere Optionen. James und sie hatten bewusst entschieden, andere Vokabeln zu nutzen und einander bei der Bewältigung dessen zu helfen, was vor ihnen lag. Sie sagten nicht mehr »Desaster«, »Albtraum« oder »Unfall« (jedenfalls nicht allzu oft) und versuchten es stattdessen mit dem, was es eben war – einem »Baby«. Zu Weihnachten würde es einen neuen Menschen in ihrer Familie geben.

Es hatte eine Zeit in ihrem Leben gegeben, in der sie sich nach einem zweiten Kind verzehrt hatte. Sie hatte Daniel so lange damit unter Druck gesetzt, bis er bestimmt hatte, dass sie im Sinne ihrer Ehe einen Schlussstrich ziehen und sich verbindlich mit ihrer lustigen, spitzbübischen kleinen Gwen zufriedengeben mussten. Julia hatte still geweint und eingewilligt und doch weiterhin heimlich ihren Eisprung errechnet und die Temperatur gemessen, die Hoffnung nie ganz aufgegeben. All die vergossenen Tränen, all der Kummer um ein ungekanntes Fantasiegeschöpf und all die wertvollen Stunden, die sie besser mit dem echten kleinen Mädchen, um das sich ihre Welt drehte, hätte verbringen sollen.

Und so viele Jahre später hatte sie James und das Glück gefunden. Die Einsamkeit war vorbei, sie war aus den Untiefen der Mutterschaft aufgetaucht und hatte ihre Lunge wieder mit Luft gefüllt. Wie sollte sie all das noch einmal von vorn ertragen? Sie hatte Leidenschaft, inneren Frieden und eine Zukunft mit einem Mann gefunden, den sie liebte. Dieses Mal nicht wegen der Kinder, die er ihr schenken würde, sondern weil sie ihn von ganzem Herzen liebte.

Sie betrachtete ihre Hände auf den Tasten. Grünliche Adern schienen durch die zarte, blasse Haut, ein geplatztes Äderchen zwischen dem dritten und vierten Knöchel ihrer rechten Hand, die Nägel waren stets kurz fürs Klavierspielen. Bald würden dies die Hände einer Großmutter sein. Sie würde noch einmal bei null anfangen, ob sie wollte oder nicht. James war in ihr Leben gerauscht, und sie hatte sich jung gefühlt, war voller Hoffnung gewesen. Und im Bruchteil einer Sekunde war es Gwen gelungen, dass sie sich uralt fühlte. Sie blätterte zurück auf die erste Seite und fing an zu spielen.

Das Klingeln des Telefons drang wie aus einer anderen Welt an ihr Ohr, und sie nahm nur ab, damit es aufhörte. Sie hörte ein Scharren und schließlich eine keuchende Iris: »Julia! Gott sei Dank!«

Julia tauchte langsam aus den gefühlsbetonten Tiefen des zweiten Satzes auf. Ihre feuchte Wange überraschte sie, ihr war gar nicht bewusst gewesen, dass sie geweint hatte. »Ist bei dir alles in Ordnung?«

»Nein, bei mir ist absolut gar nichts in Ordnung. Das krasse Gegenteil! Ich bin absolut … Eine Unverschämtheit! Und dass du dazu geschwiegen hast, verzeihe ich dir nie. Ich dachte, wir vertrauen einander –«

»Iris, halt, wovon redest du denn da?«

»Er hat eine Freundin!«

»Was?«

»Er hat jemanden kennengelernt. Er hat sich heimlich ein kleines Partymäuschen angelacht. Ich weiß nicht, wen du meinst zu beschützen, indem du dich dumm stellst, aber ich weiß alles. Ich bin gerade auf der Hampstead High Street an ihm vorbeigefahren, wo er Händchen haltend mit einer billigen Blondine beim Kaffee saß.«

Es kam Julia vor, als hätte sie auf einem Nachtflug eine Valiumtablette mit Whisky heruntergespült und würde jetzt wach gerüttelt, um das Flugzeug zu landen. Sie blinzelte und versuchte sich zu konzentrieren. Ihr Blick wanderte weiter über die Noten, sie konnte das Stück noch immer hören. Sie legte die Seiten zusammen und sah zu Boden.

»War es Valentina? Er ist doch eigentlich wieder im Internat, er dürfte nicht mal in der Nähe der High Street sein. Bitte sag nicht –«

»Wie? Wer ist Valentina? Warum hast du mir nichts gesagt?«

»Nathans Exfreundin. Italienerin, blondiert, ein bisschen billig, wie du gesagt hast. Aber sie werden doch nicht Händchen gehalten haben. Wirklich?«

»Wessen …? Wovon in drei Gottes Namen redest du denn da? Philip Alden sitzt mit einer Frau auf der High Street. Und erzähl mir nicht, du wüsstest nichts davon. Ich bin mir sicher, ihr habt gemauschelt, während ich links liegen gelassen wurde. Wer ist sie?«

»Philip? Ich weiß von nichts, ehrlich, ich habe keine Ahnung. Wir hatten kaum Kontakt in letzter Zeit, er war völlig abgetaucht. Gwen und er schreiben sich ab und zu E-Mails, aber das ist alles, was ich weiß. Ich habe ihn vor ein paar Tagen das erste Mal seit Langem gesehen. Vielleicht war er ein bisschen geheimniskrämerisch, aber ich war so abgelenkt … Wir haben nur über Gwen geredet. Ich habe gesehen, dass ihn jemand abgesetzt hat –«

»Blond?«, wollte Iris wissen. »Gelber Korkenziehermopp? Unmöglicher dunkler Ansatz? Fett? *Jeans?*« Das letzte Wort hatte sie ausgespuckt wie Gift, als wären Jeans an einer solchen Person gleichzusetzen mit einer SS-Uniform.

»Ich habe ihre Beine nicht gesehen, sie saß im Auto. Aber ja, blonde Locken. Ich weiß nicht, wer sie ist. Ich dachte, es wäre eine Nachbarin, die ihn mitgenommen hat.«

»Tja, sie wirkten eben sehr nachbarschaftlich. Verdammt nachbarschaftlich. Mein Gott, der Mann hat es eilig. Aber was weiß denn ich, vielleicht geht es ja schon *jahrelang* so –«

»Du klingst aufgebracht, komm doch zu mir. Wo bist du?«

»Ich bin nicht aufgebracht!«, brauste Iris auf. »Ich kann es nur nicht fassen. Ich bin zu Hause – ha! Wie grotesk! Es ist eine Farce, diese sterile, anonyme Wüste von einem Gebäude als ›Zuhause‹ zu bezeichnen. Ich bin im Gästezimmer meiner neuen spartanischen Wohnung. Ich bin in Zimmer 101 meines keimfreien, per Aufzug erreichbaren, altersgerechten, Finchley-Road-nahen, freudlosen, weißwandigen Jumbo-Sargs. Ich befinde mich in einer Kiste umgeben von anderen Kisten. Ich bin zu den Akten gelegt.«

»Komm zu mir, nimm dir ein Taxi, na los.«

»Erklär mir mal bitte, warum ich in diesem Höllenblock wohne, wenn er mich gar nicht braucht? Warum, frage ich dich, bin ich hier? Warum, wenn nicht, um mich auf seine alten Tage um Philip Alden zu kümmern, habe ich mein geliebtes Haus mit seinen *schwierigen Treppen* verkauft?«, kreischte Iris hysterisch. Julia wusste nicht, was sie auf all diese Fragen und die ihnen innewohnenden Enthüllungen antworten sollte. Iris hatte immer nur davon gesprochen, finanziell unabhängig sein zu wollen, um Gwen in Zukunft unterstützen zu können. Julia hatte nicht gewusst, dass sie auch Philips Zukunft geplant und abgesichert hatte und dass diese bei ihrer Entscheidung womöglich sogar schwerer gewogen hatte. Einiges ergab jetzt viel mehr Sinn – die Eile, mit der sie ihr Haus verkauft hatte, obwohl James und Julia deutlich zum Ausdruck gebracht hatten, dass sie sich selbst um Gwens und Nathans Bedürfnisse kümmern würden. Die seltsame Lage der neuen Wohnung. Gwens Schwangerschaft schien nur der letzte Impuls für die Umsetzung eines lange gehegten Plans gewesen zu sein. War Iris etwa davon ausgegangen, dass Philip wieder mit ihr zusammenzog? Am anderen Ende der Leitung hörte Julia es krachen, als wären Gegenstände gefallen oder geworfen worden.

»Komm rüber«, wiederholte Julia behutsam. »Ich setze Wasser auf.«

»Du musst nicht mit mir sprechen wie mit einer Zurückgebliebenen. Er hat aufgehört, seine Karten zu benutzen, ich habe also nicht die leiseste Ahnung, wo er gewesen ist und was er gemacht hat. Bis ich ihn eben zu Gesicht bekommen habe, stand ich neben mir vor Angst, er könne irgendwo im Straßengraben liegen und verhungern. Nicht mal bei Sainsbury's war er. Es wäre wirklich nett gewesen, wenn mir jemand Bescheid gesagt hätte, dass ich mir keine Sorgen mehr um ihn machen und damit kolossal viel Zeit und Energie verschwenden muss. Ich hätte nicht eine Sekunde darüber nachdenken müssen.«

»Was denn für Karten?«

»Bankkarten natürlich«, blaffte Iris ungeduldig. »Ich interessiere mich wohl kaum für seinen Bibliotheksausweis.«

»Aber wie kannst du –«

»Na, wir haben ein gemeinsames Konto, das liegt doch auf der Hand.« Und noch ehe Julia Gelegenheit gehabt hatte, diese erschreckende Enthüllung über ein Paar zu verdauen, das seit Urzeiten getrennt war, fuhr sie fort: »Jetzt liegt auf dem Konto das ganze Geld für das Haus, und er hat nicht einen Cent davon angerührt, weil er mir irgendwas beweisen will. Dabei steht sein Thermostat wahrscheinlich sogar noch auf fünfzehn, wenn seine Freundin zu Besuch ist, und ich lebe in einem Altenheim, in dem er nicht wohnen will. Es ist wirklich rasend komisch.«

»Aber Iris, du hasst deine Wohnung doch nicht wirklich, oder?«

»Doch«, fauchte Iris. »Ich hasse sie. Ich verabscheue

sie, aber jetzt wohne ich hier, und das lässt sich nicht mehr ändern. Wie dumm von mir, mich um einen tattrigen alten Idioten kümmern zu wollen, der mir Interesse und Abhängigkeit vorgespielt hat. Vielleicht sollte ich nach Frankreich ziehen. Camilla fährt sowieso nie hin und bietet mir ständig an, das Haus zu nutzen. Ich komme vorbei. Darf ich?«

Julia hatte Iris noch nie um Erlaubnis bitten hören und staunte. »Natürlich, komm sofort her. Es ist bestimmt nichts. Sie ist sicher nur eine Freundin.«

36

Joan Perelman war Skorpionin, Teilzeit-Reiseberaterin und Vollzeit-Witwe und lebte und arbeitete in Stanmore in einer luftigen und trotz ihrer Zwergschnauzer-Zucht makellos sauberen Doppelhaushälfte mit Kieselputz, die sie vor Kurzem jubilierend abbezahlt hatte. Sie war sechsundsechzig Jahre alt, hatte bereits mit fünfzig ihren Steve verloren und war seitdem allein und einsam, auch wenn sie das niemals zugegeben hätte. Nicht vor den Frauen aus ihrem Donnerstagsbuchclub und vielleicht nicht einmal vor sich selbst. Ihre beiden Söhne (Journalist und Arzt; Wassermann und Fische) lebten mit ihren Feuerzeichen-Frauen und Joans fünf Enkeln in Israel. Sie freute sich zwar, dass sich die beiden häuslich niedergelassen hatten und sich so oft sahen, doch Joans Leben in London war dadurch ziemlich ereignislos geworden.

Über Monate hinweg hatte sie in unregelmäßigen Abständen E-Mails mit Dr. Philip Alden ausgetauscht. Er hatte eigentlich als Referent auf einer Hebammentagung in Paris sprechen sollen, die von einer in Boston lebenden Britin koordiniert wurde. Pamela Fuller verlangte Joan zwar einiges ab, doch über die Jahre hatte sie auch viel Geld bei ihr gelassen. Als Pamela sie also gebeten hatte, diesen schwer zu fassenden Teilnehmer festzunageln, hatte sie sich kurzerhand mit verlockenden Ambientebildern der Rive Gauche, einer Übersicht des Wellnessprogramms und dem Tagungsmaterial bewaffnet ins Auto gesetzt. Sie würde ihn schon überreden können, wenn das Pamelas Wunsch war.

Dann war alles ganz schnell gegangen, wie Joan ihrer Freundin Cathy nach dem »Hip-Hop-Hüften«-Kurs in der Umkleide gestand. Er war natürlich eine Spur älter als sie, aber er hatte ein so schönes Gesicht und klare, traurige Augen, aus denen Witz und Weisheit sprachen. Und als sich das Tagungsmissverständnis fast unmittelbar geklärt hatte, bot er ihr einen Kaffee an. Den kochte er auf dem Herd und trug ihn auf einem bedrohlich wackelnden Tablett zu ihr ins Wohnzimmer. Er schenkte ihr Kaffee ein und bot Milchpulver an, was sie zugleich rührte und traurig machte, und bat sie mit schelmischem Funkeln in den Augen, ihm zu erläutern, was er denn in Paris alles verpassen würde. »Erzählen Sie mir doch mal etwas …«, er nahm die obersten beiden Broschüren vom Stapel, »vom ›zweisprachigen Rückführungskurs‹.« Also berichtete sie ihm von ihren Schwierigkeiten, einen Simultandolmetscher für die Meditationskurse am Abend zu finden, und irgendwie kam sie vom Hundertsten ins Tausendste, und er hörte sich an, wie sie über den geplanten Besuch ihres Sohnes (er würde mit seiner Familie bei den *Machatunim* wohnen und leider nicht bei ihr), den Geburtstag ihres Enkels und das Geschenk sprach, das sie für ihn ausgesucht hatte (ein Bausatz, mit dem man aus einer Getränkedose einen Roboter basteln konnte – er hatte sich ein Videospiel gewünscht, aber davon hielt sie nichts). Er stellte die richtigen Fragen und sagte, es müsse schwer für sie sein, dass die Familie so weit entfernt war. Dann erzählte er ihr von seinem Sohn Daniel, der an Krebs gestorben war, und sie konnte sich der Tränen nicht erwehren. Sie entschuldigte sich, es sei scheußlich von ihr, über die Geschichte eines Fremden zu weinen, aber sie habe solches Mitleid mit ihm, und sie beschwere sich auch noch, dass sie in ein Flugzeug steigen müsse, um ihre Söhne zu sehen, es tue ihr schrecklich leid, und er bedankte sich aufrichtig bei ihr. Dann erzählte sie ihm, dass Daisy in knapp einem Monat werfen würde, und er zeigte so herzliches Interesse, dass Joan die Unterhaltung in den Tagen darauf im Geiste immer wieder durchging.

Philip schien das Gespräch auch in Erinnerung geblieben zu sein, denn aus heiterem Himmel rief er Wochen später an einem regnerischen Abend im Mai an, um sich nach der Hündin zu erkundigen. Joan freute sich so sehr über den Anruf, dass sie ihn für den nächsten Tag zum Tee einlud, um Daisy kennenzulernen. Und damit er nicht auf falsche Gedanken kam, fügte sie unbeholfen hinzu, sie würde gern seine fachmännische Meinung hören. Er habe sich über Tiergeburten informiert, erklärte er, während sie eine Spinatlasagne auftaute und er anders als geplant noch immer in ihrer Küche saß, es werde ihm eine Ehre sein, der Geburt beizuwohnen. Seit diesem Tag war er ihr kaum mehr von der Seite gewichen. Eine Woche später wurde Joan auf dem elften Geburtstag ihres Enkels in Pinner erwartet, und es schien nur folgerichtig, Philip mitzunehmen. Er begleitete sie auf die Geburtstagsparty, lernte ihre Söhne kennen und half beim Bau des 7-Up-Roboters. Es war alles noch ganz frisch, ja, aber sie wussten übereinander alles, was sie wissen mussten. Es war unerwartet und himmlisch und alles verzehrend: Es war Liebe.

37

Gwens Klausurwoche verlief ohne Zwischenfälle, was unter den gegebenen Umständen bemerkenswert war. Wenn man sie nach ihrem Gefühl für die Prüfungen fragte, antwortete sie stets mit »Geht so« oder »Gut« oder im Falle ihres Aufsatzes in Kunstgeschichte mit »Ganz okay, glaube ich«. Mehr erzählte sie nicht. Jeden Abend kam sie mit einem Bärenhunger zum Essen, legte ein kurzes Vokabel-Intermezzo auf dem Sofa ein und ließ sich dann ein Bad einlaufen, in dem sie entweder Jahreszahlen auswendig lernte oder einen heruntergeladenen Meditationstrack hörte. Wenn Julia am Badezimmer vorbeikam, hörte sie Fetzen wie »Erlauben Sie Ihren Gedanken, sich zurückzuziehen wie Wellen« oder »Sie können alles wissen, was Sie wollen, wenn Sie nur in Ruhe abwarten, dass die Weisheit Sie erfüllt«. Julia hielt es für den sinnvolleren Ansatz, die Lernintensität der Osterferien in den letzten paar Tagen aufrechtzuerhalten, statt in der Badewanne auf die Weisheit zu warten, doch sie erinnerte sich an die Tränen und die nächtliche Hysterie der letzten Prüfungsphase und sagte lieber nichts. Gwens morgendliche Übelkeit war extrem, aber von unerwartet kurzer Dauer gewesen und hatte sich inzwischen völlig gelegt, ebenso ihre Müdigkeit. Sie hatte keinerlei Symptome mehr und – das band sie jedem auf die Nase – fühlte sich wieder ganz wie sie selbst, manchmal vergesse sie sogar tagelang, dass sie schwanger war. Trotzdem ging sie jeden Abend freiwillig um neun Uhr ins Bett, »um Verantwortung zu zeigen«, sodass James und Julia eine unverhoffte Reihe von schönen Abenden zu zweit auf dem Sofa verbringen konnten, wie sie es niemals zuvor getan hatten. Und wie sie es niemals wieder tun könnten, dachte Julia mit einem Ziehen im Hals. Gwen mochte die Schwangerschaft verdrängen, während sie das Schuljahr beendete, aber viel länger konnte man sie nicht ignorieren. Sie war in der zehnten Woche – auf der einen Seite war das sehr früh, auf der anderen spät.

Während Gwen augenscheinlich ruhiger wurde, wurde Nathan immer verzweifelter. Seine Prüfungen begannen erst an dem Tag, an dem Gwen ihre letzte schrieb, für ihn ging es also noch um alles. Um in Oxford angenommen zu werden, brauchte er Bestnoten. Er erklärte Gwen, er habe keine Zeit, sie von der Schule aus anzurufen, und sie protestierte nicht, auch sie stand unter Druck. Ohne ihre Stimme im Ohr war es überraschend einfach, so zu tun, als hätte sich zu Hause nichts verändert. Er arbeitete pausenlos und hatte seinen Schlaf aus Effizienzgründen erst auf sechs, dann auf fünf und schließlich auf vier Stunden pro Nacht gedrosselt. Wenn ihm die Augen über den Büchern zufielen, trank er Kaffee oder nahm Koffeintabletten und saß dann umso länger am Schreibtisch, um die zittrige Schlaflosigkeit voll ausnutzen zu können. Charlie gab ihm Augentropfen, die halfen gegen das Brennen und die Trockenheit. Über den Sommer würde er genug Zeit haben, sich zu erholen.

Nie hatte er etwas mehr gewollt als diese Einsen. Zur Not würde er ganz auf Schlaf, auf jeden Genuss verzichten, er würde lernen, bis ihm die Hände vom Schreiben krampften und das Hirn blutete. Er war erleichtert gewesen, in die entspannte, lerneifrige Atmosphäre seines Wohnheims zurückzukehren, aber auf die kam es nicht an. Polynomdivision konnte er im 24er-Bus wiederholen, über Genexpression hätte er im Gehen auf der Straße lesen, die Eigenschaften von Übergangsmetallen zur Stoßzeit am Piccadilly Circus auswendig lernen können. Er fürchtete, das Leben würde ihn in die Ecke drängen, aber er würde sich freikämpfen, und Oxford würde ihm Unterschlupf gewähren. Er war die Zielstrebigkeit in Person. Er war unermüdlich. Er würde es schaffen. Er würde triumphieren.

38

Am Morgen hatten Nathans Prüfungen endlich begonnen, und seitdem hatte James sein Handy nicht mehr aus der Hand gelegt. Sehnsüchtig schaute er aufs Display und seufzte ungeduldig wie ein liebeskranker Teenager. Er wartete auf den Bericht zur Mechanikprüfung vom Nachmittag. Physik sei sehr gut gelaufen, erklärte er Julia, ohne aufzusehen, und runzelte konzentriert die Stirn, während er seine Antwort tippte. Die Frage, die sie zur Reibung erwartet hatten, war tatsächlich drangekommen, und Nathan hatte die Antwort im Schlaf aufsagen können. Es war sein offenkundiges Selbstbewusstsein in diesem Prüfungsmodul, das die unliebsame Diskussion über das kommende Jahr ausgelöst hatte. Julia rieb schweigend Orangenschale, der scharfe Geruch stieg ihr in die Nase. Sie war überhaupt nicht in Feierlaune, aber das wollte sie mit dem Kuchen ausgleichen, den sie gerade backte. Heute war Gwens letzte Prüfung.

Sie hatten die zweiwöchige Prüfungsphase außergewöhnlich entspannt und harmonisch durchschifft, doch vor ihrer Tochter lag noch ein ganzes Jahr Schule, ehe sie sich in Nathans privilegierter Situation befand und Universitäten in Betracht ziehen und Pläne schmieden konnte. Wie würde ihre Zukunft aussehen, und wie sollte sie überhaupt so weit kommen, wenn Nathan nicht in London blieb? Julia würde alles tun, was nötig war, um Gwens Träume vor dem Zerplatzen zu bewahren, aber sie hatte nicht vor, mit dem Baby zu Hause sitzen zu bleiben, während Nathan ungestraft nach Oxford durchbrannte. Er musste das nächste Jahr zu Hause wohnen, um bei seinem Kind zu sein, das war für sie so selbstverständlich, dass sie es gar nicht für diskussionswürdig gehalten hatte. Er konnte schließlich noch immer frei unter den medizinischen Fakultäten im Umkreis wählen, von denen einige zu den besten des Landes zählten.

Am Abend vor seiner Rückkehr nach Westminster hatte Nathan beim Abendessen mit leisem Bedauern verkündet, er werde sich nicht mehr im fernen Harvard bewerben, als müssten alle überrascht und voller Lob für dieses große Opfer sein. Julia hatte nichts weiter als »Aha« sagen können und um den Spargel gebeten. Harvard? Nach Weihnachten würde ihre Tochter es kaum mehr bis zum Kiosk an der Ecke schaffen. Auch für Julia und James verschwamm die Zukunft, auf die sie sich so gefreut hatten – Musikfestivals wurden von Fläschchenfütterungen und Trotzanfällen unterbrochen, das neue Klavier in Lewes wetteiferte mit Plastikplunder in Regenbogenfarben um Aufmerksamkeit –, und für Nathan stand Oxford weiterhin fest. Auf der bisher unberührten Oberfläche ihrer Beziehung war eine kleine, kribbelnde Schwiele entstanden. Sie hatten sich ihr genähert, sie umkreist und sich ohne Ergebnis wieder zurückgezogen. »Vielleicht bekommt er ja gar nicht die richtigen Noten«, versuchte James sie zu beschwichtigen, was in Wirklichkeit heißen sollte: *Bitte, bitte, ich liebe dich, wir haben es so weit geschafft, wir müssen doch zusammenhalten, bitte lass uns nicht streiten.* Und vielleicht reichten seine Noten ja wirklich nicht, vollkommen ausgeschlossen war es nicht, nur äußerst unwahrscheinlich. Seine Lehrer hatten schon lange prophezeit, dass er in allen Fächern die Bestnote bekommen würde. Und was wäre dann? Egal, was James behauptete, zum Pendeln war es viel zu weit. Er würde den Platz also ablehnen müssen. Julia betete, dass er am Ziel vorbeischoss und dieses Opfer nicht bringen musste, für das er mit größter Wahrscheinlichkeit Gwen verantwortlich machen würde.

Sie dachte an Oxford. Nathan würde bald den goldenen Schlüssel ausgehändigt bekommen und in diesen verwunschenen Garten entschwinden, an diesen Ort des privilegierten Prunks und der trägen Tradition. Für Gwen hingegen würde das Leben als Teenie-Mutter beginnen. Oxford wäre nichts für Gwen gewesen, das wusste Julia, aber sie hatte ihre eigenen Träume. In den Ferien hatten Mutter und Tochter einmal das Animationsinstitut des Leeds College of Art besichtigt, und Julia hatte den Blick nicht mehr von Gwens Gesicht abwenden können. Wie ausgehungert hatte sie die Skizzentische, das Modellierstudio, die Reihen von iMac-Bildschirmen in sich aufgenommen. Sie hatte ihre Mutter ungläubig angesehen, und Julia hatte die Ungeduld ihrer Tochter einen unerwarteten Stich versetzt. *Werde nicht so schnell erwachsen*, dachte sie, *noch nicht.* Gwen hatte instinktiv gewusst, wo es langging. »Hier werden ganz traditionell Einzelbilder gemalt«, »Die Püppchen sind für Stop-Motion-Animationen«, »Das muss das Aufnahmestudio für die Synchronisierung sein«, »Hier werden 3-D-Animationen am Computer gemacht«. Ihr kleines Mädchen wollte einer von diesen ernsthaften jungen Menschen mit den gefärbten Haaren, den Gesichtspiercings, den karierten Flanellhemden und Springerstiefeln sein, die so konzentriert über Joystick und Maus, Bleistift und Knete hockten. Julia erschrak und verstand zum ersten Mal, dass ihre Tochter sich nichts sehnlicher wünschte, als sie zu verlassen, und dass dieser Zeitpunkt immer näher rückte. Julias Welt würde ohne ihren Kern in sich zusammenfallen, mit Gwen würde alles verschwinden, was ihr etwas bedeutete. Kurz nach diesem Besuch in Leeds hatte sie der ersten Verabredung mit James zugestimmt.

Es stand außer Frage, dass Nathan zu Hause wohnen musste. Er würde Verantwortung tragen – auch wenn das jetzt noch unvorstellbar schien –, und ein Medizinstudium am Imperial College, immerhin seine zweite Wahl, war keineswegs zu verachten. Um es mit Iris' Worten zu sagen: Für Medizin am Imperial musste man alles andere als Schiwa sitzen. Er konnte nicht alles haben – den Sex, die Freundin, den Intellekt, die Freiheit und als krönenden Abschluss noch wie Houdini verschwinden, um in dieser herrlichen Stadt mit den schimmernden, kinderfreien Türmen und den vielen Büchern wieder aufzutauchen. Er konnte nicht alles haben.

»Ich weiß nicht, was du von mir hören willst.«

»Ich will, dass du mit mir sprichst. Ich will verstehen, warum du so dagegen bist. Ich will mit dir Pläne schmieden –«

»Aber deine Pläne beinhalten, dass dein Sohn hundert Kilometer weit weg von meiner Tochter ist. Und, viel wichtiger, von *seinem* Sohn oder *seiner* Tochter. Und das sechs Jahre lang.«

»Die Trimester in Oxford sind nur acht Wochen lang, und an den Wochenenden kommt er zurück, Gwen wird viel öfter in der Schule sein.«

»Wenn sie denn wieder zur Schule geht.«

»Sie muss. Das sollte gar nicht zur Diskussion stehen. Während der Woche wird sie alle Unterstützung bekommen, die sie braucht, sie wird nie allein dastehen. Ich habe dir gesagt, ich werde mich um dieses Baby kümmern. Ich werde alles in meiner Macht Stehende tun, um den beiden den Rücken freizuhalten, ihr Leben wird nicht aus den Fugen geraten. Du und ich, wir sind da, und wir schaffen das. Pamela sagt, sie könne es eventuell einrichten, zwei Wochen pro Trimester herzukommen, wenn es hilft –«

»Was redest du denn da? *Unser* Leben wird aus den Fugen geraten! Alles wird anders sein. Ich weiß überhaupt nicht mehr, was vor uns liegt. Ich bin fast fünfzig, James, ich will gar nicht daran denken, wie es ist, mit einem Kleinkind im Haus noch mal ganz von vorne anzufangen. Ich weiß ja nicht, wie es für Pamela und dich war. Vielleicht hattet ihr Babys, die sofort durchgeschlafen, nie geschrien und ihre Fläschchen selbst abgekocht haben, aber bei mir war es ganz sicher nicht so.

Ich habe mich damals gefühlt, als hätte ich einen permanenten Jetlag. Ich hätte mir nie … Natürlich werden wir für die beiden da sein, aber du kannst Nathan nicht *alles* abnehmen. Es geht doch auch gar nicht um Erfolg oder Misserfolg. Medizinstudium ist Medizinstudium, und er sollte froh sein –« Julia hielt inne, James hatte die Augenbrauen hochgezogen. Sie setzte neu an. »Er sollte dankbar sein, egal, wo er studiert. Ich meine nur, ein Doktor in Medizin von einer angesehenen Uni ist an sich schon ein Triumph, egal von welcher. Er kann an jeder Uni studieren, die meisten anderen haben selbst ohne Baby nicht so viel Auswahl. Es gibt keinen Grund, so weit wegzugehen.« Die Vorstellung, dass Pamela sie heimsuchen würde, war zudem geradezu Übelkeit erregend, aber das erwähnte sie lieber gar nicht erst.

»*So weit weg?* Julia, hundert Kilometer sind doch keine Strecke.« James wies hinter sich in Richtung der M40, in Richtung des goldenen Horizonts, vor dem sein Sohn die Segel setzen würde. Sie wusste, was ihm wichtig war – er hatte beide Abschlüsse in Harvard gemacht, und Pamela hatte Naturwissenschaften am Christ's College in Cambridge studiert, ehe sie zum Medizinstudium nach Harvard gegangen war. Pamela und James telefonierten im Moment oft miteinander, und Julia konnte sich die Gespräche lebhaft vorstellen – warum sollte ihr Sohn einen Studienplatz an einer Weltklasse-Uni ablehnen, wenn sie seine vorübergehende Abwesenheit auffangen konnten? Selbst wenn er stattdessen auf ein gutes Londoner College ging, war es eine symbolische Selbstaufopferung. James konnte sich um das Baby und den Haushalt kümmern, und das mit besserer Laune und erheblich mehr Bereitwilligkeit und Sachverstand als sein Sohn. Prinzipiell hatte sie dafür Verständnis, es war ein uralter Reflex. Strebten nicht alle Eltern danach, ihre Kinder in die Welt zu entlassen, auf dass sie Erfolg und Freiheit fänden? Wenn Nathan dabei etwas im Weg stand, würde James das Hindernis wie ein Bulldozer dem Erdboden gleichmachen. Doch in diesem Fall war das Hindernis ihre Tochter, und sie würde nicht zulassen, dass Gwen für einen verhätschelten, überprivilegierten kleinen Sowieso niedergewalzt wurde. Sie holte tief Luft, fing noch einmal von vorne an und sah, wie James die Zähne zusammenbiss. So angespannt hatte sie ihn noch nie erlebt. Doch dann klingelte ihr Handy, und sie sprang auf. Es war bestimmt Gwen, die von ihrer letzten Prüfung berichten wollte. Wenigstens eine Sache, die gut zu laufen schien. James sah auf sein Handy.

»Hallo, mein Schätzchen! Wie ist es gelaufen?«

»Mami.« Die Stimme am anderen Ende klang gedämpft und verzerrt, als wäre Gwen in der U-Bahn. »Mami, kannst du mich abholen?«

»Ich verstehe dich kaum, wo bist du denn? Was ist passiert? Es ist doch nur ein Modul von vielen, Schätzchen, bestimmt ist alles halb so schlimm.«

»Ich bin auf dem Klo. Mami, bitte komm.« Julia hörte ein zittriges Schluchzen. »Ich blute.«

39

Als Nathan auf Zehenspitzen hereinkam, lag Gwen im Schlafanzug auf dem Sofa, das Haar zu zwei dicken Zöpfen geflochten, die Knie ans Kinn gezogen. Hinter der Brille war ihr Gesicht fahl, sie fixierte den flackernden Fernsehbildschirm. Sie kaute auf der Nagelhaut ihres Daumens herum und schien gar nicht mitbekommen zu haben, dass er da war. Die Luft war stickig, die einzigen Lichtquellen waren der Fernseher und eine Leselampe, die gelbes Licht an die Wand warf.

Nathan blieb unsicher in der Tür stehen. Er sagte leise ihren Namen, wie um sie zu wecken, woraufhin sie aufsah und ihm ein müdes Lächeln zuwarf.

»Du hättest doch nicht kommen müssen.«

Er setzte sich vorsichtig neben sie. Er wusste nicht, ob sie Schmerzen hatte oder was er sagen sollte, wenn es so wäre. Was war ihr im Krankenhaus angetan worden? Was war ihr genommen worden?

»Ich meine, ich freue mich natürlich. Aber du hast morgen zwei Prüfungen.« Ihre Stimme klang rau, als wäre ihr Hals sehr trocken.

»Du bist wichtiger«, sagte er bestimmt. Sein Vater hatte am Telefon das Gleiche gesagt: Prüfungen! Aber wie könnte er heute noch einen einzigen Gedanken an Prüfungen verschwenden? Wie hätte er in seinem Wohnheim bleiben können? Die Stimme seines Vaters – voller Herzlichkeit und Mitleid und der beruhigenden Ausstrahlung, die in diesem Augenblick außer Reichweite war – hatte eine solche Sehnsucht in ihm ausgelöst, dass er es keine Sekunde länger im Internat ausgehalten hatte. Sobald er mit erhobenem Arm auf der Victoria Street stand, ging es ihm besser. Als er im Taxi saß, kam es ihm vor, als liefere er sich ein Wettrennen mit der Zeit und müsse sich zu seiner Angebeteten durchkämpfen, um in einem großen Endkampf geprüft zu werden und sie zu retten. Nichts in den letzten Wochen hatte sich echt angefühlt – um ihn herum hatten seltsame Stürme getobt, doch mit eingezogenem Kopf war alles wie immer gewesen, die Bedrohung zu weit weg, zu abstrakt, um sie fassen zu können. Jetzt stand er unter Strom. Zum Fahrer zu sagen: »Geben Sie Vollgas«, war männlich und aufregend. Das war echt. Doch als sie in der langsam dahinkriechenden Blechlawine auf der Edgware Road standen, war sein imaginäres Filmteam plötzlich verschwunden, er musste nicht mehr spielen. Das Adrenalin versickerte langsam und ließ ihn zitternd zurück. Er versuchte immer wieder, bei seiner Mutter anzurufen, aber in Boston war es Nachmittag, sie war bei der Arbeit und würde noch stundenlang nicht erreichbar sein. Er kniff die Augen fest zu und biss auf das weiche Fleisch zwischen Daumen und Zeigefinger, um durch den Schmerz seine Beherrschung wiederzuerlangen. Als der Taxifahrer sich umdrehte und fragte, ob alles in Ordnung sei, konnte er nicht antworten. Er verstand nicht, woher dieser Kummer plötzlich kam, er wusste nur, dass er komplett von ihm eingehüllt wurde.

Zu Hause hatte er hysterisches Treiben erwartet, er hatte sich vor Blut gefürchtet, vor einer Konfrontation mit der weiblichen Biologie. Diese dumpfe Stille war beunruhigend, und er wusste nicht, was jetzt von ihm erwartet wurde. Gwen hatte bereits eine Wärmflasche, und neben ihr auf dem Wohnzimmertisch hatte jemand ein Krankenzimmer-Stillleben arrangiert: ein Teller Kekse, eine Tasse Tee, ein Glas Wasser, eine Tüte mit Schokoladenplättchen, eine Packung Schmerztabletten, Taschentücher und eine Klatschzeitschrift. Er war nach Hause gekommen, um sie gesund zu pflegen, einen Abend lang schwer zu büßen, am nächsten Tag wieder zur Schule zu gehen und etwas verändert zu haben. Doch sie hatte alles, was sie brauchte.

»Gehts dir gut?«, fragte er unbeholfen. Er lehnte sich vor, um sie zu küssen, aber sie neigte nur den Kopf, sodass er sie väterlich am Haaransatz erwischte.

»Mir gehts gut. Dein Dad hat mir einen Termin bei einer Kollegin gemacht. Nicht bei dieser Claire, bei jemand anderem. Das ist nett, normalerweise müsste ich viel länger warten. Danach ist es wohl nicht mehr so schlimm.«

»Hast du Schmerzen?«

Sie schüttelte den Kopf. »Im Krankenhaus hat man mir gesagt, ich kann Paracetamol nehmen, aber als wir wieder hier waren, hat dein Dad mir … Er hat gesagt, ich muss nicht leiden, wenn er etwas Stärkeres hat, das ich auch nehmen darf. Er hat mir irgendwas amerikanisches gegeben.« Das Sprechen hatte sie angestrengt, und sie sank zurück in die Sofakissen.

»Du Glückliche, Dad gibt mir nie das gute Zeug. Aber ich meine, geht es *dir* gut? Kann *dir* noch was passieren?«

»Nein, alles gut. So läuft das eben manchmal. Hat nicht sollen sein oder so.«

»Aber wie kann es –« Nathans Stimme versagte. Er nahm ihre blasse Hand und legte sie an seine Lippen. Er konnte Gwen in den dunklen Höhlen ihrer Augen nicht finden. Er hätte beinahe ein Kind gehabt. Einen Sohn vielleicht. Plötzlich schossen ihm Tränen in die Augen. Gwen kniete sich hin, und er legte den Kopf an ihre Brust. »Wie kann es denn einfach so *weg* sein? Das war unser *Baby*.«

»Ist gut«, flüsterte sie, »alles ist gut.« Sie streichelte ihm den Kopf, doch je mehr sie versuchte, ihn zu beruhigen, desto heftiger weinte er. Er konnte nicht aufhören. Nichts war gut. Er hatte etwas verloren, an das er nie geglaubt hatte.

Oben in ihrem Zimmer legte Gwen sich erschöpft ins Bett. Sie hatte Nathan zurück in die Schule beordert, zurück zu drängenderen Aufgaben und den unverändert anstehenden Prüfungen. Sie war erleichtert gewesen, als sein Vater mit ihm ins Auto gestiegen und es im Haus wieder still geworden war. Als James zurückkam, hörte sie ihn mit ihrer Mutter in der Küche, und zum ersten

Mal verspürte sie nicht den wütenden Impuls zu lauschen. Geheimnisse und Verrat interessierten sie nicht mehr. Sie wusste, dass sie über sie sprachen, liebevoll über sie sprachen. Das hatte sie nicht verdient.

Ihre Mutter hatte das Bett frisch bezogen und ihr eine neue Wärmflasche gemacht, die Gwen jetzt auf den dumpfen Schmerz in ihrem Unterleib presste – auch wenn der in Wirklichkeit gar nicht so schlimm war, nicht schlimmer jedenfalls als während ihrer Periode. Kurze Zeit später klopfte James und kam mit zwei Tabletten und einem Glas Wasser herein.

»Für die Nacht. Du kannst jetzt eine nehmen und eine nach zwei Uhr, falls du aufwachst.«

»Kann ich davon besser schlafen?«

Er nickte.

»Es tut eigentlich gar nicht so schlimm weh, kann ich sie trotzdem nehmen?«

»Sicher. Es ist ja nur heute. Aber nicht beide auf einmal. Gwen?« Er blieb in der Tür stehen, fuhr sich mit der Hand durchs Haar und hielt die Strähne in der Faust, eine Geste, die sie von Nathan kannte. »Es tut mir so leid, ich habe heute Bereitschaft, aber du weißt, dass ich das Haus nur im absoluten Notfall verlasse. Wenn du heute Nacht irgendwas brauchst …«

»Ich weiß. Danke.«

»Schlaf gut. Deine Mutter kommt gleich noch mal.«

»Warte!« Sie hörte sich selbst dabei zu, wie sie ihn zurückrief, und Sekunden später stand er an ihrem Bett. »Kann ich dich was fragen …?« Sie hatte keine Worte für ihre Frage, doch plötzlich hielt James ihre Hand fest in beiden Händen und schüttelte sie mit jeder Silbe, um das Gesagte zu betonen.

»Du bist nicht daran schuld, hörst du? *Das ist nicht möglich.* Es lag nicht am Kaffee oder daran, was du gegessen oder nicht gegessen hast, nicht an einem schweren Karton, den du getragen hast, oder an irgendetwas anderem in deiner Macht Stehenden. So etwas passiert bei jeder fünften Schwangerschaft, selbst in deinem Alter. Und die Leute schweigen es tot, ich verstehe auch nicht, wieso. Es würde so vielen Frauen eine Menge gefährlicher Schuldgefühle ersparen. Und das habe ich mir nicht aus den Fingern gesaugt, das musst du mir glauben, ja?«

James würde nicht eher Ruhe geben, bis sie nickte.

Er schloss die Tür von außen, und sie atmete tief durch. Er hatte nicht verstanden. Es war ihre Schuld. Sie hatte es provoziert, nicht mit ihrem Körper, sondern mit ihrem Geist. Sie hatte das Baby weggewünscht. Überglücklich, dass die Müdigkeit und die Übelkeit endlich überstanden waren, hatte sie tagelang unwissentlich den Tod in sich gefeiert. Sie hatte sich eine Befreiung von ihren Beschwerden gewünscht und eine brutale Befreiung erhalten.

Unter ihren heißen Händen lag ein flacher, unscheinbarer Bauch. Ein, aus. Erschöpft sank sie in ihr Kissen, und eine Welle aus Tramadol und dumpfer Erleichterung spülte sie in die Bewusstlosigkeit.

40

Vor vielen Jahren hatte Julia auf einer anderen Station desselben Krankenhauses ihre neugeborene Gwen im Arm gehalten und gewusst, was die Aufgabe ihres Körpers war: dieses Kind ein Leben lang vor Schaden zu bewahren. Das Band zwischen ihnen war zertrennt worden, doch ihre Tochter pulsierte in ihren Adern und füllte ihr Herz. Das Leben, versprach sie ihr, würde ein Werk der Schönheit sein – weniger konnte solch makelloser Vollendung nicht zustehen.

Diese Arroganz! Es war unmöglich, ihr Kind vor Keimen, Stürzen oder Spielplatzrowdys zu schützen, vor Allergien und Auseinandersetzungen mit Freunden oder Lehrern, die sie unkonzentriert oder zu bockig fanden, die ihren Charme und ihre Intelligenz nicht erkannten. Julia hatte so oft versagt, und jedes Mal hatte sie nur mit Gwen leiden und ihre kleinen Wunden versorgen können. Und dann war Daniel gestorben, und große feuchte Rehaugen hatten zu ihr aufgesehen und sie durchbohrt, als fragten sie: *Wie konntest du das zulassen?*

Mit ihrer Größe, ihrer Ungelenkigkeit und ihrer giftigen Traurigkeit hatte Gwen ihre Mitschülerinnen im ersten Jahr nach Daniels Tod allmählich vergrault. Am

Schultor gingen die Grüppchen wie zwitschernde Spatzenscharen an ihr vorbei und mieden ihren Anblick: in der Hand eine Kugel Hüpfknete, die sie pausenlos bearbeitete, auf dem gebeugten Rücken einen schmuddeligen Rucksack und das Gewicht der Welt. Mit ihrem finsteren und fast aggressiven Blick wirkte sie nicht so, als könnte man sich mit ihr anfreunden. Julia holte sie jeden Tag mit einem bleischweren Knoten im Magen ab. Sie konnte ihr nicht helfen, also versuchte sie stattdessen zu kompensieren.

Und jetzt das Unglück einer Erwachsenen. Wenn sie Gwens fahles Gesicht in den Laken sah und wie sich ihre Tochter an langen Sommertagen wie ein geprügelter Hund unter einer Winterdecke zusammenrollte, kam es ihr falsch vor, erleichtert zu sein. Julia weinte um die verlorene Unschuld ihrer Tochter, die etwas erleben musste, was keiner Frau jemals zu wünschen war.

Nach einer Woche gelang es Gwen, das Bett tagsüber zu verlassen. Sie stand weiterhin sehr spät auf, doch dann blieb sie bis zum Abend wach, angezogen und gesprächig. Sie fuhr mit Julia zum Einkaufen und zur Post, wartete im Wagen, während Julia in die Reinigung sprang. Wenn Julia unterrichtete, lag sie entweder mit Zeitschriften oder Laptop auf dem Sofa, oder sie saß am Küchentisch und modellierte einen detailreichen Nachbau des Ladies' Bathing Pond in Hampstead Heath. Sie suchte Nähe, und Julia war dankbar dafür. In den letzten Monaten hatte sie sich so oft verbieten müssen, auf sie zuzugehen und sie in den Arm zu nehmen. Jetzt suchte

Gwen den Kontakt, nach dem Julia sich so lange gesehnt hatte. Ihr war klar, dass es nur vorübergehend war, nur bis Nathan nach Hause kam. Aber in der Zwischenzeit kehrten sie in ihren vertrauten Rhythmus zurück, Mutter und Tochter Seite an Seite. Wenn die Umstände es erforderten, wartete die eine geduldig auf die andere, und hinterher fanden sie auf direktem Wege wieder zueinander.

In der ersten Woche hatte James entweder Überstunden im Krankenhaus gemacht oder sich für Schreibtischarbeit diskret nach oben zurückgezogen, um Gwen und Julia ein wenig Zeit füreinander zu ermöglichen. Auf Gwens Anregung hin machten sie Frühjahrsputz. Sie entsorgten alte Klamotten, räumten die Schubladen unter ihrem Bett frei, um ein ordentliches Lager für ihre Modelle zu schaffen, misteten das Gewürzregal, die Besteckschublade und die Bücherregale in Julias vollgestelltem Musikzimmer aus, brachten Ordnung in das ohnehin nur begrenzt vorhandene Chaos. Ihr Kind war vorübergehend zu ihr zurückgekehrt, und Julia hütete jeden Augenblick, der ihr zuteilwurde, wie ein Juwel.

Für den Badeteich packten sie wie immer: Handtücher, Bücher, ein Kartenspiel, warme Kleidung und eine weiche Decke, um sich nach dem eisigen Bad warm einzuwickeln. Fürs Picknick: Erdnussbuttersandwiches, Möhrenstifte, Weintrauben und zwei Äpfel. Der Himmel hatte sich zugezogen, aber sie waren nun mal in England – auf die Sonne zu warten konnte dauern.

Vor männlichen Blicken geschützt, bot der Ladies' Pond eine friedliche Geborgenheit, wie es sie sonst wohl nirgendwo in London gab. Gwen trug den alten schwarzen Badeanzug, den sie für lange zurückliegende Schulschwimmstunden gebraucht hatte, und saß entspannt im Schneidersitz. Die Frauen um sie herum waren ebenso entspannt. Gelöste Bauchmuskeln, nach vorn gesunkene Schultern – schmeichelhaftere Posen hatten sie hinter sich gelassen, hier konnten sie durchatmen. Gwen legte sich auf ihr Handtuch und streckte sich aus, die Stirn ruhte auf einem zusammengerollten T-Shirt. Die Sonne blitzte kurz auf und war gleich wieder hinter Wolken verschwunden, aber sie würde wiederkommen. Julia packte die Sandwiches aus, knüllte die Folie zusammen und kämpfte mit dem Drehverschluss der Cola, die Gwen sich gewünscht hatte.

In ihr Handtuch sagte Gwen: »Kann ich dich was fragen?«

»Natürlich.«

Gwen stützte sich auf die Ellbogen und fing an, Gras auszurupfen. »Katy ist die Einzige, die Bescheid weiß … *wusste*, dass ich schwanger war. Nathans Lehrer wissen es, weil er in der Schule war, als es passiert ist, und James ihn entschuldigen musste, aber sonst weiß niemand davon. Ich überlege, was ich jetzt mit meinen Followern mache. Ich habe immer gesagt, ich will auf dem Blog alles zeigen, was in meinem Leben passiert, nicht nur das, womit ich angeben will, aber es fühlt sich irgendwie komisch an.«

Julia fuhr bei dem Gedanken zusammen. Behutsam tastete sie sich vor: »Das kommt mir ziemlich schonungslos vor … Was willst du denn machen?«

»Ich glaube, ich will gar nichts sagen. Ich meine, wie sollte ich das denn auch darstellen? Ich hatte eigentlich eine große Enthüllung geplant mit einem kleinen Babybauch und einer Ankündigung mit diesen alten Buchstabenbauklötzen. Ich wollte nur noch warten …«, sie schaute flüchtig zu ihrer Mutter herüber, »ich wollte warten, bis ihr euch daran gewöhnt hättet und … euch auf das Baby gefreut hättet, und dann wollte ich allen anderen über den Blog Bescheid sagen, mit Storch und Ballons und so.«

Julia traten die Tränen in die Augen. Gwen hatte sich nicht nur nach Billigung gesehnt, sondern nach Begeisterung. Aber was, wenn sich diese Begeisterung nie eingestellt hätte? Sie wollte ihrer Tochter über die Wange streicheln, doch Gwen sprach weiter. »Aber jetzt ist es … Ich müsste gleichzeitig erklären, dass ich erst schwanger war und jetzt nicht mehr, und das fühlt sich irgendwie … ich weiß nicht … falsch an.«

»Manche Dinge, so intime Dinge, zu teilen, kann sehr wehtun. Und vielleicht ist es auch noch zu früh, um wirklich zu wissen, wie es dir damit geht. Es ist okay, wenn man nicht alles ins Internet stellt, um sich selbst zu schützen. Später kannst du immer noch entscheiden, ob und wem du davon erzählst.«

»Du findest es nicht verlogen, nichts dazu zu posten?«

»Überhaupt nicht«, sagte Julia bestimmt. »Ich finde es mutig.«

Gwen wirkte erleichtert. Sie rollte auf den Rücken und setzte sich auf, um sich ein Sandwich zu nehmen. »Okay. Dann mache ich als Nächstes uns beide hier. Der

Teich wird nämlich richtig gut, er ist fast fertig. Und der Post danach wird kommen, wenn Nathan mit seinen Prüfungen durch ist und wir endlich was machen können, was Spaß macht, und ich nicht mehr sterbend auf dem Sofa hänge.« Sie verdrehte die Augen, und Julia ahnte, wie es sein würde, wenn Nathan wieder da war – die Fehlgeburt würde verdrängt und als zu peinlich oder als Stimmungskiller abgetan werden. »Ich habe ganz viele tolle Sachen geplant. Wir treffen uns erst mal in Westminster, also könnte ich das schon mal nachbauen, aber hinterher wollen wir noch nach Covent Garden. Wusstest du, dass man vorher nachgucken kann, welche Straßenkünstler da sein werden? Ich dachte mir also, ich suche ein paar richtig coole raus. Und dann gibt es noch einen amerikanischen Süßigkeitenladen, den Katy entdeckt hat, das soll eine Überraschung für Nathan werden, da kaufen wir dann Sachen, die er zu Hause gerne isst. Außerdem hat da gerade ein neuer Bubbletea-Laden eröffnet, und James wollte unbedingt grillen, was auch cool ist, wenn Nathan Lust darauf hat. Also, ich organisiere den ganzen Nachmittag, und das Beste baue ich dann nach.« Sie klappte die letzte Ecke ihres Sandwichs auseinander, legte einen Möhrenstift auf die Erdnussbutter und rollte es wie eine Zigarre. Sie runzelte die Stirn. »Es ist ein bisschen komisch, dass er im Prinzip bei nichts dabei war. Wir haben zwar telefoniert, aber eigentlich haben wir gar nicht darüber gesprochen, was passiert ist, weil dauernd Leute bei ihm im Zimmer waren und weil er lernen sollte und es mir unfair vorkam, ihn damit zu belasten, während er sich auf die

Schule konzentrieren musste. Aber er sagt die ganze Zeit, er würde sich so gern um mich kümmern.« Sie biss von ihrer Sandwichrolle ab und sagte mit vollem Mund: »Ich habe mir überlegt, dass wir ein Kind kriegen, wenn ich fünfundzwanzig bin. Vielleicht auch vierundzwanzig.« Das Flackern in ihrem Blick war unübersehbar. Es war ein Test. Julia nahm sich vor zu bestehen.

»Du wirst entscheiden, was sich richtig anfühlt«, sagte sie unbestimmt.

Gwen biss sich auf die Lippe. »Aber es wird nicht das gleiche Baby sein.«

»Nein, Schätzchen.«

»Irgendwie macht ein neues Baby nicht einfach alles wieder gut oder ungeschehen. Du …«, sie hielt inne, »du glaubst wirklich nicht, dass James nur sagt, ich hätte nichts tun können, weil ich mich nicht schlecht fühlen soll? Wenn ich einen Fehler gemacht habe, dann will ich das wissen.« Sie hatten darüber schon mehrfach gesprochen, und jedes Mal schien die Schuld hinterher etwas weniger schwer auf Gwens Schultern zu lasten.

»Nein, er ist immer ehrlich. Aber wenn du lieber noch mal mit Claire sprechen willst, findet sie sicher Zeit für dich.«

»Ist schon in Ordnung. Ich glaube, es war ein Mädchen. Ich bin mir sicher, dass es ein Mädchen war. Glaubst du, eine Mutter hat so was im Gefühl?«

»Ich wusste auch, dass du ein Mädchen bist.«

Gwen nickte erleichtert, weil ihr Instinkt bestätigt wurde, und sie fühlte sich geschmeichelt, schon so früh als sie selbst wahrgenommen worden zu sein. Sie wischte sich die Hände am Gras ab und stand ungelenk auf. Sie werde jetzt schwimmen gehen, verkündete sie, und ihr Ton machte deutlich, dass sie allein gehen wollte. Julia holte ein Buch aus der Tasche, schlug es jedoch nicht auf. Sie beobachtete, wie Gwen in das glitschig grüne Wasser stieg – eine Frau, die sich langsam entfernte. Plötzlich sehnte sie sich zurück in Gwens Babyjahre. Es war so leicht, das alles heraufzubeschwören – die Seligkeit, die ihre neugeborene, schlaff und mit vollem Milchbauch über ihrer Schulter hängende Tochter in ihr erzeugt hatte. Gwen hatte wie eine Droge auf sie gewirkt. Die winzigen Atemzüge an ihrem Hals, das plötzliche Aufschrecken, dann wieder reglose Stille und leise Seufzer aus Babyträumen. Was hätte sie nicht gegeben, um noch einmal von vorn anzufangen, ihre Tochter noch einmal in den Arm gelegt zu bekommen, jeden Augenblick wie einen Schatz wegzuschließen, diesmal alles richtig zu machen. Sie dachte an das Baby, das ihre Tochter beinahe bekommen hätte, und ließ den Tränen freien Lauf. In Zukunft würde sie besser hinhören. Sie würde besser hinsehen. Das nächste Mal würde sie Gwen auffangen, bevor sie überhaupt stolpern konnte.

41

Am Morgen von Nathans letzter Prüfung wusch und glättete Gwen sich die Haare. Er war seit über zwei Wochen nicht zu Hause gewesen, und das letzte Mal, dass sie sich gesehen hatten, war nach ihrer Rückkehr aus dem Krankenhaus gewesen, als sie zusammengerollt auf dem Sofa gelegen hatte und kaum ansprechbar gewesen war. Sie war erschrocken und gerührt über seine Erschütterung gewesen, und automatisch hatte sie die richtige Antwort darauf gekannt. Wie eine Soldatenbraut hatte sie das bisschen Kraft zusammengenommen, das ihr geblieben war, um ihn zu beruhigen, ihn notdürftig zusammenzuflicken und zurück in den Kampf zu schicken. Wenn sie seitdem telefoniert hatten, hatte sie sich alle Mühe gegeben, fröhlich und interessiert zu klingen, wenn er von der Schule erzählte. Mit der Zeit fiel es ihr leichter, denn langsam fühlte sie sich fast wieder normal, aber ein abschließendes Gespräch stand weiterhin aus. Sie hatte ihn getröstet, doch sie selbst war nicht getröstet worden. Sie wollte noch einmal die Sorge spüren, die er an diesem Abend um sie gehabt hatte. Sie wollte für ihre Tapferkeit gelobt und verwöhnt werden. Aber gleichzeitig wollte sie ihn, so sehr es ging, an ihr altes Ich erinnern. Sein letzter Tag in Westminster war ein Meilenstein. Sie hatte Nathan gebraucht, und jetzt konnte sie ihm das endlich sagen und mit ihm zusammen sein. Sie konnten ihre Schlafzimmer wieder zusammenlegen (das würden ihre Eltern jetzt ja wohl erlauben), einander wieder nah sein, miteinander vereint. Er würde begreifen, wie bleiern die Gewissensbisse und die immer wieder aufblitzende Fassungslosigkeit auf ihr lasteten. Nathans Liebe und seine Bewunderung für ihre Tapferkeit würden die letzte Trauer von ihren Schultern heben wie einen Mantel. Er würde galant und aufmerksam sein, und sie würde sich endlich losmachen können und lädiert, aber selbstsicherer, klüger und schöner als zuvor in die Zukunft treten. Sie würde alles vergessen, was sie über Einsamkeit gelernt hatte. In der Dunkelheit würden sich ihre Fingerspitzen berühren, und statt Verzweiflung wären da nur noch Geborgenheit und Verständnis.

Im St. James's Park war das Gras frisch gemäht, und in der warmen Luft hing schwer der Sommer. Die Touristenhorden blieben pflichtbewusst auf den Wegen, blickten konzentriert auf Karten und Handys und waren entweder auf der Suche nach The Mall und dem Buckingham Palace oder nach dem Birdcage Walk und den Houses of Parliament. Die Westminster-Jungs lagen auf der Wiese, unbeschwert und privilegiert in ihren dunkelgrauen Schuluniformen und ihrer neu gewonnenen Freiheit und warfen sich träge einen Ball aus zusammengeknüllten Klausurbögen zu.

Aus der Innentasche seines Jacketts zog Charlie eine Flasche Wodka und ein Päckchen Zigaretten. und Nathan tat es ihm gleich und beförderte einen Flachmann aus seinem knittrigen Jackett ans Tageslicht. Ein Anblick, der Gwen in sich hineingrinsen ließ.

Ein dunkelhaariger Junge kam beschwingten Schrittes auf sie zu und ließ seinen Rucksack in die Mitte des Sitzkreises fallen. Es war Edmund, der in Theoretischer Mathematik neben Nathan saß. Edmund war vor Ewigkeiten einmal kurz mit Valentina zusammen gewesen, was ihn für Gwen interessant machte. Sie suchte sein Gesicht auf mögliche Brandmarkungen der teuflischen Barbierin ab.

»Schampus?«

»Hast du welchen? Du bist der Beste!«

»Geschenk von den Alten. Hab sogar Gläser dabei.« Edmund kramte Plastikbecher aus seinem Rucksack und warf sie in die Runde.

»Hast du was zum Mischen dabei?«

»Das ist Champagner, du Pfeife.«

»Für den Wodka.«

»Nee. Mischen ist für Pussys.«

»Ich geh zum Kiosk«, bot Gwen an, die eine Gelegenheit sah, teilzunehmen und Nathans Freunden trotzdem einen Augenblick lang zu entfliehen. Sie stand auf und blinzelte in die Sonne. Sie hatte ihre Sonnenbrille dabei, doch plötzlich fürchtete sie, die Brille wäre zu kindisch. Als sie sie gekauft hatte, waren ihr die herzförmigen Gläser witzig und originell vorgekommen, aber hier war sie sich nicht mehr so sicher.

»Top! Orangensaft, Cranberrysaft, Sodawasser.«

Gwen sah Nathan erwartungsvoll an.

»Was?«

»Geld?«

»Hast du keins? Hier.« Er gab ihr einen Zwanzigpfundschein. »Kauf dir was Schönes.« Seine Stimme war hart, er wollte cool und distanziert klingen. Er konnte vor seinen Freunden nicht anders. Hinterher würde er gurren und sie hätscheln, würde überkompensieren, damit sie ihn ja nicht auf der Armeslänge hielt, die er selbst zwischen sie gebracht hatte.

Die Läden waren weiter weg, als sie in Erinnerung hatte. Sie beschloss, das Restgeld für Verpflegung auszugeben, woran seine Freunde sicher nie gedacht hätten, also kaufte sie Cheese-and-Onion-Chips, Soft Cakes und drei große Tüten Weingummi. Die Flaschen waren schwer, und die dünnen Plastiktüten rissen schon nach der Hälfte des Weges. Eine Flasche passte in ihre Tasche, aber die anderen beiden musste sie sich ungeschickt unter die Arme klemmen, sodass sich der Rückweg in der Mittagshitze schwerfällig und schweißtreibend gestaltete. Alle paar Meter musste sie anhalten und ihre Ladung neu justieren.

Als sie zurückkam, saßen ungefähr ein Dutzend Jugendliche im Schneidersitz im Kreis, alles Jungs, bis auf zwei Mädchen, die sie nicht kannte und von denen eine mit ihren Füßen Charlies Schritt gefährlich nahe kam. Champagner und Wodka waren ausgetrunken, und eine große Flasche Malibu machte die Runde.

»Man kann doch Malibu nicht mit Cranberry mischen!«, prustete Nathan, als er sie sah. »Was hast du dir dabei gedacht, Weib?«

»Vorhin war nur Wodka da.«

»Wasser zu Wein. Wodka zu Malibu. Die heilige Wandlung.« Er machte große Augen. »Es ist ein Wunder!«

»Bei der heiligen Wandlung wird nicht Wein aus Wasser, Fuller.« Edmund neben ihm lachte beschwipst auf. »Scheißjude.«

Gwen ließ die Flaschen entsetzt in die Mitte fallen, aber Nathan boxte seinen Freund nur träge auf den Oberarm und grinste. »Was denn dann? Das wär schon echt cool. Stell dir vor, du machst aus Evian mal eben Cabernet Sauvignon.«

»Die Hostie wird zum Leib Christi«, Edmund schwang sich das schwere Haar aus der Stirn und griff, ohne zu fragen, in Gwens Chipstüte, »wenn man sie isst.« Zu Illustrationszwecken legte er sich einen Chip auf die ausgestreckte Zunge.

Nathan schlang den Arm um Gwens Hals und zog sie an sich. Sein schwerer Atem an ihrem Ohr war laut, doch ihr gefiel diese Demonstration von Besitz und Begehren. Was ihr weit weniger gefiel, waren seine Alkoholfahne und der glasige Blick. Er lallte, und sein Lachen war zu laut. Die ganze Truppe war aufgedreht, aber Nathan schien weiter fortgeschritten als die anderen. Sein Kopf schwankte, und von Zeit zu Zeit zog er sie zu sich heran und steckte ihr ungeschickt die Zunge in den Mund.

Es wurde Nachmittag. Die Jungs spielten eine Weile Fußball, gaben jedoch in der Hitze schnell auf, knüllten ihre überflüssig gewordenen Jacketts zusammen und streckten sich im Gras aus. Gwen legte sich brav neben Nathan, der sich zu ihr herüberrollte und sie fahrig und demonstrativ küsste, bis Charlie anfing, Weingummi nach ihnen zu werfen, und er zu Gwens Erleichterung aufhörte. Sie setzte sich wieder auf. Eigentlich hatte sie gehofft, mittlerweile allein mit Nathan zu sein, irgendwo hier im Park vielleicht, spazieren zu gehen, sich zu unterhalten, Händchen zu halten und die Köpfe zu schütteln, weil sie nicht glauben konnten, wie tief ihre Bindung nun war.

Ab heute würde alles anders werden. Die Vorfreude auf diesen Tag hatte sie einige ihrer dunkelsten Momente überstehen lassen. Sie hatte sich ausgemalt, wie er durch das riesige Eichenholzportal treten und sie herumwirbeln würde vor Freude über seine Befreiung, nicht nur vom Unterricht, sondern auch von all den anderen akademischen Pflichten, die ihn davon abgehalten hatten, sich um sie zu kümmern. Heute würde sich Nathan die Verantwortung überstreifen wie den Talar bei der Abschlussfeier. Er würde zu Gwen zurückkommen und wieder mit ihr zusammen sein. Es hatte schon auf dem Weg in den Park angefangen, er hatte sich zurückfallen lassen und sie in eine ruhige Seitenstraße gezogen, wo sie in ihm wieder die alte, unverbrauchte Dringlichkeit spürte. Obwohl sie allein den Gedanken an Sex abstoßend fand, machte ihr Herz einen Satz. Nathans schwerer Atem und seine suchenden Hände waren der Beweis dafür, dass sie jetzt wieder ganz normale Jugendliche waren. Am helllichten Tag und mit seinen wartenden

Freunden war sie in Sicherheit, sie konnte also seufzen, ihn näher zu sich heranziehen und seine Frustration imitieren. Währenddessen schwebte sie über der Szene. Sie sah ihr rotes Haar und sein braunes. Beinahe wären sie Eltern geworden, auf ewig untrennbar verbunden. War das zu fassen? Die beiden da unten, die da rumknutschten – für immer vereint!

Um halb fünf machte sich Aufbruchsstimmung breit. Man wollte zurück zur Schule gehen, um diejenigen abzuholen, die am Nachmittag noch Prüfungen gehabt hatten. Die Feierlichkeiten sollten in einen Pub in der Nähe der Victoria Street oder an den Vincent Square in das Haus von Marina, einer Mitschülerin, verlegt werden. Gwen zupfte Nathan am Ärmel und flüsterte: »Können wir jetzt nach Covent Garden fahren?« Es war bereits viel später als geplant, sie würden sich beeilen müssen, wenn sie es noch zu dem Bubbletea-Laden schaffen wollten, bevor James' Grillparty anfing.

»Komm mit, dann lernst du Dom und die anderen aus Erdkunde kennen, *ma petite*.«

Sie schüttelte den Kopf. »Aber wir wollten doch was zu zweit unternehmen.«

»Ich sag dir was.« Nathan taumelte rückwärts und schlang den Arm um Charlies Schulter. »Hier ist der Plan: Du fährst nach Covent Garden und machst da, was du machen musst. Sie muss shoppen«, flüsterte er Charlie zu, »und dann kommst du zurück, und wir treffen uns im Pub.«

»Oder bei Marina«, fügte eins der Mädchen unvermittelt hinzu. Auch wenn die anderen damit beschäftigt waren, ihre Habseligkeiten und Chipstüten einzusammeln und sich das Gras von den Klamotten zu schlagen, waren sie in Hörweite.

Gwen schüttelte wieder den Kopf. »Ich gehe.« Ihre Stimme war lauter als gedacht. »Aber ich komme nicht zurück. Ich fahre nach Hause.«

»Okay, Baby, viel Spaß. Ich komme nach … Bald. Ich muss mich nur erst ums Gefässt … ums *Geschäft* kümmern, ums Feiergeschäft.«

Sie machte sich auf den Weg, und er sprang in wenigen Sätzen hinter ihr her.

»Wie bist du denn auf einmal drauf, Baby?«, fragte er plötzlich besorgt. Sie ging nicht darauf ein. Respekt, den er vor seinen Freunden verbergen musste, hatte keinen Wert. Wollte er denn nicht mit ihr allein sein?

»›Drauf‹ ist ja wohl nur einer von uns beiden«, fauchte sie.

»Da hast du wohl recht«, sagte er. »Aber ich kanns dir nur empfehlen! Komm, sei nicht sauer auf mich.«

»Du hast gesagt, wir reden, wenn die Prüfungen vorbei sind. Du hast gesagt, wir machen was zusammen und reden über alles –«

»Fuck, ernsthaft?« Er ging in die Hocke, um das Jackett in seiner Schultasche zu verstauen. »Doch nicht jetzt! *Heute* will ich darüber ganz bestimmt nicht nachdenken. Das ist echt das Allerletzte, über das ich heute nachdenken will. Ich hab gerade meine letzte Prüfung hinter mir. Ich bin endlich frei. Heute ist mein großer Tag.«

»Ich war nach meiner letzten Prüfung im Krankenhaus. Und P. S.: Ich denke an nichts anderes. Die ganze Zeit. Ist ja nicht so, als hätte ich mir das ausgesucht. Ich kann nicht einfach sagen: ›Ach, heute denke ich mal nicht dran.‹«

»Dann komm halt endlich drüber weg«, erwiderte er schroff.

Sie starrte ihn an, und er nickte heftig, wie um sich selbst beizupflichten.

»Ernsthaft jetzt. Komm drüber weg! Betrink dich mit mir. Trink mit mir darauf, dass meine Prüfungen endlich vorbei sind. Du konntest deine letzte Prüfung nicht feiern, also trink mit mir darauf, dass *deine* Prüfungen vorbei sind! Wir sollten feiern, dass du trinken kannst, Trinken ist geil. Nicht zu trinken ist einfach … Verschwendung. Komm und stoß mit mir drauf an, dass wir noch mal davongekommen sind. Wir haben die Du-kommst-aus-dem-Gefängnis-frei-Karte gezogen, Baby. Prost!« Mit fahrigem Blick erhob er ein unsichtbares Glas.

Vielleicht spürte er, dass er zu weit gegangen war, denn er torkelte auf sie zu und versuchte unbeholfen, sie zu küssen. Doch Gwen machte sich frei und rannte los, sie senkte den Kopf und unterdrückte das Schluchzen nicht mehr. Auf dem Weg angekommen, drehte sie sich um und sah, dass Nathan mit einer brennenden Zigarette im Mundwinkel und überraschend guter Koordination einen Fußball hochhielt. Sie wartete nicht ab, ob er ihr doch noch hinterherschaute. *Noch mal davongekommen.* Sie hasste ihn, und sie hasste sich selbst.

42

Heute würde Nathan nach Hause kommen. Es war schön gewesen ohne ihn, aber Gwen hatte am Morgen so viel Vorfreude versprüht. Sie war endlos die Treppe hinauf- und hinuntergerannt, um Outfits vorzuführen, und hatte sich das blasse Gesicht mit viel zu viel Farbe geschminkt. Für Gwen und für James sammelte Julia ihre Kräfte, als sie den Schlüssel im Schloss hörte, und ging zur Tür, um die Kinder zu begrüßen.

Doch Gwen war allein, und sie hatte geweint.

»Wo kommst du denn her? Was ist los? Was ist passiert, Schätzchen?«

»Alles ist scheiße!«

»Was ist scheiße? Wo ist Nathan?«

»Wen interessierts? Ich hasse Nathan. Ich hasse mein Leben. Und jetzt hör auf, mich auszufragen.«

Julia wartete, bis Gwen ihre Turnschuhe mitten im Eingang abgestreift hatte, wo sie jedem, der hinein- oder hinauswollte, im Weg standen.

»Du musst da auch nicht so blöd rumstehen und mich anglotzen, als würde was nicht mit mir stimmen!« Sie setzte neu an. »Es ist alles in Ordnung, *mir gehts gut*, also hör endlich auf mich anzuglotzen, als wäre ich krank!«

»Das reicht jetzt, so lasse ich nicht mit mir reden. Ich weiß nicht, was mit dir passiert ist, aber du kannst es nicht einfach an mir auslassen. Wo ist Nathan?«

»Gar nichts ist passiert«, jaulte Gwen und dehnte die letzte Silbe über mehrere Sekunden und Tonlagen. Sie zog sich die Schuhe wieder an.

»Wo willst du denn schon wieder hin?«

»Das geht dich gar nichts an! Ich gehe um die Ecke, damit ich beim Telefonieren ein bisschen Privatsphäre habe, ist das noch erlaubt?«

Julia hielt kurz inne, nachdem Gwen die Tür zugeschlagen hatte. Dann riss sie die Tür wieder auf und rief ihrer Tochter hinterher.

»Waa-has?«

»Bring Eis mit, Schätzchen, irgendwas Leckeres, worauf du richtig Lust hast.«

Gwen grunzte unverbindlich, und das Vorgartentor fiel hinter ihr ins Schloss. Julia ächzte besorgt auf. Sie hätte es ansprechen sollen, solange sie noch etwas hätten ändern können: Es war eine dumme Idee, dass Nathan den Sommer zu Hause verbrachte.

In der Küche saß James mit Nathans grünen Kopfhörern auf den Ohren und sang einen Song von Bon Jovi, er hatte nichts von dem Geschrei mitbekommen. Nathan hatte sich gewünscht, dass sie zur Feier des Tages grillten, und James bereitete gerade die Barbecuesoße dafür vor. Saskia war aus Boston gekommen und hatte sich mit ihrer Freundin Rowan, die über Nacht bleiben sollte, nach oben verzogen.

»Warum ist er denn nicht mit ihr zurückgekommen?«, fragte er, als Julia ihm die Kopfhörer abnahm, um ihn zu informieren.

»Ich weiß es nicht. Ich glaube, die beiden haben sich gestritten, jedenfalls hat Gwen eine ekelhafte Laune.«

»Gott steh uns bei. Wo ist denn die Aprikosenmarmelade?«

»Davon sollten wir nicht mehr essen, die haben wir zu Weihnachten aufgemacht.«

»Die Soße wird dich umhauen, versprochen. Worüber haben sie denn gestritten?«

Julia setzte sich auf einen Stuhl. »Keine Ahnung, aber Gwen ist völlig durch den Wind, und jetzt ist sie erst mal wieder abgezogen. Ich glaube, sie will nur in Ruhe mit Katy telefonieren und sich abregen. Ich kann mir vorstellen, dass es schwierig war unter Nathans Freunden. Und sie hat sicher auch ein Problem damit, im Moment überhaupt irgendetwas zu feiern. Sie ist so müde. Und ihr eigener letzter Prüfungstag … Das war kein guter Tag.«

James hatte den Rest Aprikosenmarmelade sowie ein Glas mit der verschnörkelten Aufschrift »Figue« gefunden, das Julia noch nie gesehen hatte, leerte den Inhalt der Gläser nun in eine Edelstahlschüssel und fügte eine komplette Flasche Ketchup hinzu. »Klar, sie ist völlig fertig, sie braucht Zeit. Wir lassen es diesen Sommer ruhig angehen«, sagte er und versuchte, die letzten Reste aus der Quetschflasche zu befördern, »wir geben euch beiden ganz viel Zeit für euch. Ungestörte Mutter-Tochter-Zeit.«

Julia stand auf, legte ihm die Arme von hinten um die Schultern und schaute in die Schüssel. »Danke. Das sieht übrigens fürchterlich aus.«

Er grinste. »Die Soße wird der Wahnsinn, warts nur ab. Das ist Nathans absolute Lieblingssoße. Jetzt haben die beiden es geschafft, ich bin so verdammt stolz. In den letzten Wochen haben sie sich wirklich anständig benommen, alle beide, das muss gefeiert werden. Wir haben die beiden durch … durch Kriegsgebiet geschifft. Überleg mal, womit sie fertig werden mussten, das kann man sich kaum vorstellen. Ich glaube, Gwen kriegt jetzt die Kurve, du wirst sehen. Sie hat ja bisher keine Sekunde Luft zum Atmen gehabt. Meinst du, ich sollte noch Guacamole machen? Die Avocados sind steinhart, ich müsste versuchen, sie in die Mikrowelle zu stecken oder so. Ach, und Gwen mag doch Hotdogs, oder? Ich habe Hotdog-Würstchen und Gurkenrelish gekauft. Nächstes Mal, wenn wir in Boston sind, müssen wir unbedingt zu einem Baseballspiel gehen, du wirst es lieben. Ach, nein, du wirst es hassen, aber *ich* werde es lieben. Vielleicht freust du dich, wenn es vorbei ist.« Er wandte den Kopf, um sie hinters Ohr zu küssen.

Als Nathans Prüfungstermine herausgekommen waren, hatte James unverzüglich eine Vertretung für seine Sprechstunde organisiert, um dieses Festmahl vorzubereiten. Es schien viel zu früh, um irgendetwas zu feiern, aber Gwen hatte es für eine gute Idee gehalten und sogar vorgehabt, Nathan einen Kuchen zum letzten Schultag zu backen – im Internet hatte sie ein Rezept für eine mit Jelly Beans gefüllte Torte gefunden. Gwen hatte sich eine Belohnung viel eher verdient, fand Julia, doch sie war froh, dass ihr Kind seiner Kreativität endlich wieder freien Lauf ließ. Aber bei der Laune, die Gwen heute an den Tag legte, war der Kuchen wohl vom Tisch. Das winzige bisschen Vorfreude, das Julia gehegt hatte, war verpufft. James hatte gute Gründe, dankbar zu sein – seine Tochter war zu Besuch, sein Sohn war mit der Schule fertig. Sie hingegen hatte eine wutschnaubende und erschöpfte Tochter mit dunklen Ringen unter den Augen.

Um neun Uhr war Nathan noch immer nicht zu Hause und hatte sich auch nicht anderweitig gemeldet, sodass Julia James überredete, ohne ihn mit dem Essen anzufangen. Gwen war schon ins Bett gegangen. Es war das erste Mal, dass Julia sie Saskia gegenüber offen feindselig erlebte, die sie hatte überreden wollen, zum Essen zu bleiben. Gwen hatte mit einem gehässigen Kommentar über James' Kochkünste reagiert, sich unter Poltern und Scheppern einen Marmite-Toast gemacht und dabei ein Chaos auf der Küchenanrichte hinterlassen, um dann grollend mit ihrem Teller die Treppe hinauf in ihr Zimmer zu stampfen.

»Ich will einfach nur ins Bett«, sagte sie zu Julia, die besorgt hinter ihr herlief. »Es gibt nichts zu besprechen, das Leben ist scheiße. In vier Sekunden habe ich diesen Toast aufgegessen und schlafe. Bis morgen«, endete sie versöhnlicher und erlaubte Julia widerwillig, sie in den Arm zu nehmen. Julia hielt ihre zarte Tochter, so lange sie es zuließ, und ging dann wieder nach unten zu James und den Mädchen. Ihr Herz jedoch blieb oben bei Gwen. Der Abend wäre deutlich entspannter gewesen, hätte Saskia nicht eine Fremde mit nach Hause gebracht.

Rowan trug eine steife weiße Bluse mit Spitzkragen, eine locker fallende schwarze Stoffhose, die weit über den Knöcheln endete und von schwarzen Schlangenlederhosenträgern gehalten wurde, sowie auf Hochglanz polierte schwarze Brogues. An einem der Hosenträger steckte eine Art-déco-Kristallbrosche in Form eines Scotchterriers, und ihre Blässe wurde durch die fast lächerlich große schwarz gerahmte Brille betont. Gwen hatte misstrauisch auf diese streng gekleidete Elfe hinabgeschaut, als sie sich an Weihnachten kennengelernt hatten, und ihr Blick hatte sich weiter verfinstert, als Saskia auf der Suche nach Gemeinsamkeiten zwischen den beiden erklärte: »Rowan ist superkreativ, sie bastelt alles Mögliche, so wie du.«

Julia hoffte, dass Gwen lange schlafen würde und Rowan schon frühmorgens abfuhr. Das eigene Zuhause sollte ein Zufluchtsort sein, kein Piccadilly Circus. Es reichte schon, dass Saskias Habseligkeiten überall in ihrem Musikzimmer verstreut lagen.

Sie aßen mit den Tellern auf den Knien in ihrem winzigen quadratischen Garten. In seinem Überschwang hatte James zwei Pakete Hotdog-Würstchen gegrillt, die sich jetzt kalt neben einem lauwarmen Haufen gebackener Kartoffeln und einem Tablett mit leicht schrumpeligen Maiskolben auf einem Kartentisch stapelten, in der Mitte das Herzstück: eine gehäufte Platte gegrillter Hähnchenflügel.

»Ab wann machen wir uns Sorgen um ihn?«, fragte James, obwohl er offensichtlich bereits damit angefangen hatte.

»Ich glaube nicht, dass er heute noch nach Hause kommt, Dad.« Saskia schaute angestrengt auf ihr Handy. Sie saß neben Rowan im Schneidersitz auf einer Sonnenliege und tippte rasant auf ihrem Handy. »Ich glaube, er ist ziemlich besoffen.«

»Was schreibt er denn? Ich bin froh, dass er sich wenigstens bei dir meldet.«

»Er ist irgendwo mit Charlie. Es ist alles voller Tippfehler, und dann schreibt er: ›Sag Dad, wir sollen uns morden‹ und dahinter zehntausend Emojis.«

»Wir sollen uns morden?«

»Vielleicht: ›Wir sehen uns morgen‹?«

Rowan legte den Kopf schief wie ein Vogel. »O Gott! Ich stelle mir deinen kleinen Bruder immer noch als Kind vor. Wahnsinn, dass er schon trinken darf, und jetzt ist er auch noch mit der Schule fertig! Superkrass.«

Und beinahe wäre er Vater geworden, dachte Julia. *Superkrass!*

Die Mädchen standen auf und sagten, sie würden ausgehen und irgendwann nachts leise zurückkommen. Keine von beiden bot ihre Hilfe beim Abräumen an. Julia betrachtete Saskia, die neben ihrer schicken kleinen Freundin zerzaust daherkam. Ihr Haar hätte einen Schnitt vertragen können, außerdem hatte sie auf dem College zugenommen, sich aber noch keine neuen Klamotten gekauft, die darauf ausgelegt waren. Alle Knöpfe spannten. Julia verscheuchte den Impuls, Saskias BH-Träger enger stellen zu wollen und ihr einen ordentlichen Zopf zu binden. Rowan hingegen gab sich sichtlich Mühe. Sie wirkte streng und war nicht hübsch, aber sie hatte wirklich etwas aus sich gemacht.

James drückte Saskia ein paar Zehnpfundscheine in die Hand, die ohne Kommentar entgegengenommen wurden, und die Mädchen machten sich aus dem Staub.

»Tja, was soll ich sagen? Wenigstens verhungert bei uns keiner«, sagte James und blickte resigniert auf den ächzenden Kartentisch.

»Ich würde Philip ja etwas vorbeibringen, aber ich weiß gar nicht, ob er meine Lieferungen überhaupt noch braucht. Ich muss sagen, so grotesk diese Situation auch ist, ich finde es schön, dass sich jemand um ihn kümmert. Ich hätte nie gedacht, dass es Iris sein würde, um die ich mir mal Sorgen machen müsste.«

»Musst du dir denn um Iris wirklich Sorgen machen? Sie kommt doch sehr gut alleine klar, seit, wie hieß er noch …?«

»Giles.«

»Genau, seit Giles nach Frankreich gezogen ist.« James grinste verschmitzt, weil er das Familienvokabular übernommen hatte, und Julia ignorierte die kleinliche innere Stimme, die fand, es gehöre sich für ihn nicht, es zu benutzen.

»Sie war doch nie wirklich *ganz* allein. Sie konnte Philip jederzeit per Telefon erreichen. Per Handy, per Computer, per Fax. Selbst als sie mit Giles zusammen war, hatten die beiden ständig Kontakt.«

»Aber sie kann doch nicht geglaubt haben, dass er

immer auf Abruf stehen würde. Was hat *ihm* das Ganze denn eigentlich gebracht?«, fragte James berechtigterweise, und Julia musste darüber nachdenken. Iris und Philip hatten immer fest verbunden gewirkt wie eine Bergkette, und völlig unerwartet hatte Philip sich bewegt. Was einst in Stein gemeißelt gewirkt hatte, war zersplittert wie Glas.

»Ich hätte mir eigentlich denken können, dass er den Tag mit seinen Freunden verbringen will. Gegrillte Hähnchenflügel vom alten Herrn sind nicht gerade die coolste Art, seinen Schulabschluss zu feiern. Wenn das Balg nicht kommt, mache ich mir jetzt noch ein Bier auf. Willst du auch eins?«

Julia schüttelte den Kopf und stellte ihren Teller, den sie bisher auf den Knien balanciert hatte, ins Gras. James ging in die Küche, kam mit seinem Bier und einer Rolle Frischhaltefolie zurück und fing an, die Hähnchenflügel abzudecken. »Ich hätte es mir denken können. Ich meine, wenn man sich die letzten Wochen anguckt – der Junge braucht mal ne Pause.«

»*Gwen* braucht eine Pause.«

Etwas an ihrem Tonfall ließ James innehalten. »Natürlich braucht sie die. Das ist doch kein Wettbewerb. Dieses Spielchen fangen wir gar nicht erst an, Schatz. Hier gibt es nur *ein* Team.« Er zog seinen Stuhl heran und setzte sich ihr mit ernstem Blick gegenüber. »Es war grauenhaft, und sie brauchen beide eine Pause. Zum Glück ist es nicht Gwens Stil, sich volllaufen zu lassen, und mein Sohn … Na ja, hin und wieder bricht eben doch die jugendliche Dumpfbacke aus ihm heraus.«

»Sie hat sich so sehr danach gesehnt, Zeit mit ihm zu verbringen. Du hast es doch gesehen, sie war sehr vernünftig und hat sich erhebliche Mühe gegeben, ihn nicht beim Lernen zu stören. Und jetzt, wo er es hinter sich hat, sollte er das auch erfahren. Sie hat die Tage gezählt, da kann er jetzt nicht einfach Party machen, als wäre nichts gewesen.« Sie konnte sich nicht zurückhalten und fügte hinzu: »Er hat Verpflichtungen.«

James stand wieder auf. Einen Augenblick lang glaubte sie, Schmerz in seinem Blick zu erkennen, doch dann nahm er in jede Hand eine folienüberzogene Schale, um sie in die Küche zu bringen. »Du hast recht, es war mein Fehler, ich hätte ihn darauf aufmerksam machen müssen.«

»Du hast überhaupt keinen Fehler gemacht.«

»Ach, komm schon.«

»Komm schon, was?«

»Komm schon, lass uns nicht die Kämpfe unserer Kinder austragen.«

Sie verstummte. Er hatte natürlich recht, aber Gwens Laune war ansteckend, und Julia spürte den Impuls, weiterzubohren. Stattdessen nahm sie einen Schluck aus seiner Bierflasche, blies in den Hals und erzeugte einen tiefen Ton wie von einem Schiffshorn. »Okay«, sagte sie schließlich bestimmt. »Tut mir leid, ich habe mich von Gwen anstecken lassen. Gib mir mal die Würstchen. Bringst du Ketchup mit raus?«

43

»Das brauchen wir jetzt«, verkündete James am nächsten Morgen und stopfte eine Sporttasche in den Kofferraum.

Nathan murmelte etwas Unverständliches, und James kam an sein Fenster.

»Was?«

»*Wie ein Loch im Kopf*, hab ich gesagt.«

»Das Loch in deinem Kopf nennt sich Kater, mein Sohn. Ich habe dir eine Infusion angeboten, du hast abgelehnt, mein nächstbestes Angebot ist ein Strandspaziergang. Und vorher kannst du zwei Stunden lang gemütlich im Auto schlafen. Also, auf gehts«, fügte er in überschwänglichem Tonfall hinzu. Nathan schloss entnervt die Augen.

Ein Tag in Sussex war ein ehrgeiziger Plan, aber James hatte darauf bestanden. Es war Wochenende, Saskia war da, das Wetter war schön, und es war an der Zeit, zu kitten, was zerbrochen war. Es ging nach Camber Sands. »Diese Familie muss mal gründlich durchgelüftet werden«, hatte er Julia am Morgen erklärt, und in dem Punkt stimmte sie ihm zu. Aber sie war ziemlich sicher, dass Gwen und Nathan noch nicht miteinander gesprochen hatten, und Gwens vorwurfsvolle Blicke über den

Frühstückstisch hinweg waren kaum zu ertragen gewesen. Ein Ausflug innerhalb Londons wäre vielleicht sinnvoller gewesen.

Vom Beifahrersitz aus lächelte Julia den Kindern aufmunternd zu, doch sie erhielt keine Reaktion. Nathan und Gwen vermieden mit finsteren Mienen, einander in die Augen zu sehen. Saskia legte den Kopf auf Gwens Schulter.

»Ich bin so müde«, murmelte sie. »Ro und ich haben gestern noch ewig gequatscht, als wir wieder zu Hause waren.« Sie lehnte sich vor, um ihren Bruder anzusprechen: »Wann bist du noch mal nach Hause gekommen?«

»Keine Ahnung. Um drei vielleicht?«

»Genau. Und dann mussten wir seinetwegen noch aufbleiben, ihm Rührei machen und seinem besoffenen Gelaber zuhören. Du hast stundenlang darüber philosophiert, dass der Egg McMuffin bei dir den Madeleine-Effekt auslöst.«

Gwen starrte in der Mitte finster vor sich hin und lehnte sich schließlich nach vorn, um das Radio lauter zu drehen. Endlich stieg James ein und verkündete, sie seien nun abfahrbereit.

In der ersten Stunde herrschte Schweigen. Die Straße reflektierte die Sonne, und Nathan trat seinem Vater widerwillig seine Sonnenbrille ab, dann legte er den Kopf in den Nacken und den Arm über die Augen. Saskia summte zum Radio, und Julia beobachtete das Gesicht ihrer Tochter im Rückspiegel und machte sich Sorgen. Sie hätte James mit seinen Kindern zum Strand fahren lassen und den Tag allein mit Gwen verbringen sollen.

Das hier war zu viel für sie, Nathan mit seiner Laune, und dann auch noch die nichtssagende, zuckersüße Saskia, die sie seit Monaten nicht gesehen hatte, wodurch sie wieder zu Halbfremden geworden waren.

In Maidstone hielt James an einer Raststätte an. »McDonald's. Sas hat mich mit ihrer Geschichte von gestern Nacht auf die Idee gebracht, ich bestehe darauf. Wer das ungesündeste Menü zusammenstellen kann! Ich brauche so ein Fischding mit Pommes, Chicken-Nuggets und einen Schokomilchshake.« Er drehte sich um und zwinkerte Nathan zu. »Das ist fast so gut wie eine Infusion.« Julia fragte sich, warum er das exzessive Trinkverhalten seines Sohnes nicht im Geringsten verwerflich fand. Nathan stieg wortlos aus.

Wie sich herausstellte, war der Stopp bei McDonald's eine hervorragende Idee gewesen. Als sie mit ihren dampfenden Tüten wieder auf der Straße waren, kehrte Leben in die Kinder zurück. Gwen machte freiwillig den Mund auf, um zu verkünden, ihr Cheeseburger sei »*so* geil«. Als Nathan seinen zweiten Big Mac verschlungen hatte, stellte er fest, dass die Kombination aus Fett und Salz eine magische Anti-Kater-Wirkung hatte, und fing an, seinem Vater Musikwünsche zuzurufen. Saskia dippte ein Chicken-Nugget in Gwens Ketchup und stieß sie liebevoll mit dem Ellbogen an.

Nach einer Weile sagte Gwen: »Ich hätte einen Milchshake nehmen sollen«, und Julia war überrascht, als Nathan ihr seinen anbot, den er sich zwischen die Knie geklemmt hatte. James, der seinen Becher schon aus dem Getränkehalter genommen hatte, um ihn nach hinten zu reichen, warf Julia einen erstaunten Blick zu und lächelte. Julia zuckte kaum merklich mit den Schultern und nippte schweigend an ihrem schwarzen Kaffee. Weiter ging die Fahrt durch Kent und gen Süden nach East Sussex.

Sie waren nicht die Einzigen, die es ans Wasser zog. Der Stau vor dem Parkplatz war fast zwei Kilometer lang, und da Julia um die empfindliche gute Laune der Kinder besorgt war, widersprach sie nicht, als James sagte, sie sollten ruhig schon vorgehen. Sie nahmen mit, was sie tragen konnten, und machten sich an der Straße entlang auf den Weg zum Strand. Gwen und Nathan ließen sich zurückfallen, sodass Julia plötzlich mit Saskia allein war. Sie hatte keine Kraft dafür, sich mit einer fremden Tochter auseinanderzusetzen. Ihr hatte es vor Saskias Ankunft gegraust – eine weitere Persönlichkeit, weitere emotionale, praktische, essenstechnische Bedürfnisse.

Julias Gedanken waren bei der Versöhnung, die sich in ihrem Rücken abspielte. Sie musste sich anstrengen, sich auf das Mädchen neben sich und mögliche Gesprächsthemen zu konzentrieren. Sie entschied sich für die Örtlichkeit, das Wetter, die rosa-weißen Blüten der Strandwinde, die am Wegesrand wuchs. Und all das so nah, daran müssten sie demnächst öfter denken und einfach herkommen – und die ganze Zeit dachte sie: *Hat das kleine Arschloch sich jetzt entschuldigt? Hat er sie ausreden lassen? Ihr Gelegenheit gegeben, ihm zu erklären, wie sehr sie gelitten hat und was das für sie bedeutet?* Als sie die Dünen emporstiegen, blieb sie kurz stehen und drehte sich um. Gwens rotes Haar war noch ein gutes Stück entfernt.

Saskia bohrte ihren Zeh in den feinen Sand. »Es war komisch, so weit weg zu sein, während in meiner Familie so viel passiert ist. Ich habe mir Sorgen um meinen Bruder und Gwen und euch alle gemacht, und, ich weiß auch nicht, es ist irgendwie gut, jetzt hier zu sein. Jetzt weiß ich, na ja … Obwohl diese supertraurige Sache passiert ist, weiß ich jetzt, dass alles wieder gut wird.«

Julia war perplex, einen Augenblick zuvor hatten sie noch über Dünengras gesprochen und darüber, ob es am Strand wohl eine Umkleide gab. Sie hatte mit Saskia noch nie ein Gespräch mit echtem Inhalt geführt.

»Ist das dein Eindruck? Dass alles wieder gut wird?«

Saskia nickte. »Auf jeden Fall. Dabei kann ich mir nicht mal im Entferntesten vorstellen, was sie durchgemacht haben muss. Und obendrauf muss sie auch noch solche Schuldgefühle gehabt haben, weil sie überhaupt erst schwanger geworden ist und euch damit so enttäuscht hat, sie muss sich damit so gequält haben. Und dann kommt aus dem Nichts dieser krasse Schlag, der mal wieder zeigt, dass wir überhaupt nicht die Entscheidungsmacht haben. Es liegt nicht in unserer Hand. Man erwartet doch nicht, dass man mit sechzehn eine Fehlgeburt haben kann. Meine Mom sagt zwar, das ist genauso wahrscheinlich wie in jedem anderen Alter, und so was passiert eben, aber das macht es ja nicht einfacher, wenn es *dir* dann passiert und nicht all den anderen Leuten. Ich habe einfach ein besseres Gefühl, wenn ich hier bei euch bin und die beiden im Blick habe. Und ich glaube wirklich, dass es wieder gut wird. Es ist etwas unglaublich Trauriges passiert, an dem niemand schuld war, aber die beiden lieben sich. Es wird vorbeigehen.«

So lange hatte Saskia in Julias Gegenwart noch nie gesprochen. Sie war beeindruckt von ihrem Einfühlungsvermögen. Jetzt gab etwas in ihr nach. Sie erinnerte sich wieder, dass sie James' Tochter eigentlich mochte. Saskia würde Gwen guttun.

»Sie lieben sich wirklich«, wiederholte Saskia, als sie Gwen und Nathan über den Parkplatz kommen sah. In ihrer Stimme schwang Bewunderung mit. Sie gingen Arm in Arm, und Nathan hatte Gwen die Tasche abgenommen, damit sie nichts tragen musste. Sie waren ins Gespräch vertieft, lachten nicht, stritten aber auch nicht. Julia wandte sich ab. Jugendliebe war immer ein Auf und Ab, aber wie hatte es passieren können, dass die ganze Familie diese Achterbahnfahrt mitmachte?

Am Strand war es voll, ganz anders als bei ihrem letzten Besuch mit James, bei dem sie kilometerweit über weißen Sand spaziert und dabei nur vereinzelten Hundespaziergängern und ein paar hartgesottenen Enthusiasten begegnet waren, die im steifen Winterwind ihre Drachen steigen ließen. Heute hatte die Hitze Hunderte von Familien an den Strand gelockt, die sich in Grüppchen hinter bunt gestreiften Windfängern und auf im Sand versinkenden Plastikstühlen ausbreiteten. Es gab nicht genug Sonnenschirme, und das zarte englische Fleisch briet in der ungewohnten Hitze und färbte sich rot. Julia und Saskia rollten ihre Handtücher aus. Als Gwen und Nathan Händchen haltend ankamen, hatte Julia bereits ein ganzes Kapitel gelesen. Sie musste immer wieder zu dem Baby nebenan hinüberschauen, das zu einer großen Familie gehörte. Bis auf einen rosa Sonnenhut auf dem Kopf war es nackt, haute unermüdlich mit der Sonnencremetube auf das Handtuch, auf dem es saß, und hielt nur inne, wenn seine Mutter ihm einen Löffel Bananenbrei in den Mund schob. Sie fragte sich, wie Gwen wohl auf dieses auf dem Silbertablett präsentierte Leben mit Kleinkind reagieren würde, das sich neben ihnen abspielte – das endlose Trösten, Wickeln, Füttern –, aber Gwen schien überhaupt nichts bemerkt zu haben.

44

»Ich freue mich so, Sie kennenzulernen!« Joans blonde Locken wippten beim Nicken. An ihrem Arm hing eine pinke Papiertüte, aus der cremefarbene Papierwolle quoll. In der Hand hielt sie einen Strauß langstieliger Sonnenblumen, den sie Julia schüchtern überreichte.

»Danke, die sind wunderschön. Kommt rein«, flötete Julia überflüssigerweise, denn sie standen ja schon im Flur. Philip zuliebe hatte sie beschlossen, diese neue Frau willkommen zu heißen, aber sie konnte das Gefühl nicht abschütteln, etwas Verbotenes zu tun. »Wenn sie will, dass du sie Oma nennst«, hatte Iris Gwen eingebläut, »rufe ich sofort meine Anwälte an.« Iris war erst am Morgen zu Besuch gewesen, und ihre Gegenwart hing noch immer in der Luft wie der Rauch eines Holzfeuers. Julia fragte sich, ob Philip wohl noch ihr Chanel No. 5 und ihre nachhallende Herablassung riechen konnte. Doch Philip, über dessen Arm ein Mantel und ein mintgrünes Straußenlederhandtäschchen an einer langen Goldkette hingen, konnte kaum den Blick von Joan abwenden. Sein Haar fiel jetzt in die Stirn und war moderner geschnitten, und er trug Jeans, wie Julia entsetzt feststellte.

Schritte donnerten auf der Treppe. Es war Nathan, der mit ausgestreckter Hand auf Philip zuging, als wolle er ihn zum Vorstellungsgespräch begrüßen. Gwen kam hinterhergetappt, und mit ihr wehte der Geruch von Nagellack und Aceton herunter. Die Fingernägel ihrer einen Hand waren grün mit weißen Punkten. Nathan hatte einen grünen Daumennagel. Julia stellte Joan die beiden vor, und sie gingen in die Küche, wo James gerade Tee aufgesetzt hatte und ein Bananenbrot vom Markt auspackte. Er wischte sich die Hände ab und kam zur Begrüßung auf sie zu.

»Und, wie ist es so, endlich frei zu sein?«, fragte Philip Nathan. Er trug noch immer Joans leichten Regenmantel, den er ab und zu glatt strich wie ein geduldiger Diener. Julia nahm ihm den Mantel ab und hängte ihn mit der Tasche über einen Stuhl, während Joan etwas Hektik verbreitete, da sie zwar einerseits sagte, Julia solle sich bloß keine Umstände machen, und dann doch anfing, die Stühle umzustellen, damit Philip einen Stuhl mit Armlehne bekam.

»Superkalifragilistikexpialigetisch«, erwiderte Nathan. Gwen setzte sich neben ihn, und er zog ein weißes und ein grünes Nagellackfläschchen aus der Hosentasche und stellte sie auf den Tisch. »Bitte sehr, nichts verschmiert. Aber ich kann keine Klausuren mehr sehen. Studieren fällt also flach, ich habe meinem Vater schon Bescheid gesagt, ich werde lieber Krabbenfischer in Thailand.«

»Als meine Jungs ihren Abschluss gemacht haben, war es auch ein einziger Albtraum«, sagte Joan und gab die

Tasse Tee, die James ihr gereicht hatte, an Philip weiter. »Aber dann es ist vorbei, bevor es richtig angefangen hat, und schon ist man fertig. Bei den vielen Ärzten in der Familie wirst du das Studium doch mit links schaffen.« Sie blickte von James zu Philip und wieder zu Nathan. »Findest du es nicht auch lustig, dass die halbe Familie aus Gynäkologen besteht? Deine Mutter, dein Vater und Phil.«

Iris wäre tot umgefallen, dachte Julia und wandte sich ab, um ein Grinsen zu verbergen. Philip Alden – *Phil*?

»An einem guten Tag ist es der beste Job der Welt«, erklärte James, »an schlechten wünschte ich manchmal, ich wäre Klempner.«

»Willst du auch Babys zur Welt bringen, wie deine Eltern?«

»Nein«, sagte Nathan beinahe zu hastig. »Ich will in die Onkologie.«

»Ach, ist das nicht toll? Junge Männer wie dich braucht das Land.« Joan legte eine Hand aufs Herz. »Mein Steve hatte Lunge. Und dein Daniel hatte Leber, hat Phil erzählt.« Sie blickte Julia fragend an, die nickte und gleichzeitig besorgt zu Gwen hinüberschaute, die normalerweise allergisch darauf reagierte, wenn über die Krebserkrankung ihres Vaters gesprochen wurde, erst recht in dieser leger abgekürzten Form. Doch Gwen war nichts anzumerken.

»Ein richtiges Vorbild.« Joan schaute Bestätigung suchend in die Runde und fand sie bei Gwen, die Nathan mit irritierendem Stolz ansah. Nathan selbst schaute bescheiden auf seine Hände. Er rieb über seinen grünen

Daumennagel, und der Lack verschmierte. Gwen kicherte und schickte ihn nach oben, um Nagellackentferner und Watte zu holen.

»Da hat er ja Glück, dass er in London lebt.« Joan nahm Philips Hand und drückte sie. »Josh, mein Ältester, war am Guy's and St Thomas und hat dort wunderbare Freundschaften geschlossen, auch wenn es da ganz schön streng zugeht. Natürlich ist das nicht die Hauptsache, aber es ist schon schön für die Eltern, dass die besten Medizinfakultäten so nah sind, oder? Josh hat sechs Monate lang Gaumenspalten in Guatemala operiert, aber die meiste Zeit war er in Lambeth, und selbst das kommt einem weit weg vor, wenn es der älteste Sohn ist und man ihn sonst immer im Haus hatte. Aaron hat in Birmingham studiert. Hat Nathan sich schon für eine Uni entschieden?«

»Er hat einen Platz in Oxford«, erwiderte James, und gleichzeitig sagte Gwen: »Er bleibt vielleicht in London.«

»Meine Güte, das ist ja toll«, sagte Joan und blickte unsicher von Gwen zu James.

James ging nicht darauf ein, sondern stand auf und begann am Kopf des Tisches, das Bananenbrot aufzuschneiden wie einen Braten. Gwen fuhr mit dem Finger den Rand ihres leeren Tellers ab. Es gab keinen Grund mehr für Nathan, in London zu bleiben, Gwens Unfall hatte ihn befreit. Er würde aufs New College in Oxford gehen, und Gwen würde sich ihr ganzes letztes Schuljahr nach ihm verzehren.

James verteilte den Kuchen und machte sich dann auf den Weg ins Krankenhaus, wofür er sich bei Joan entschuldigte, die sich wiederum dafür entschuldigte, ihn so lange von seinen Patienten ferngehalten zu haben. Als er weg war, warf Joan Philip einen fragenden Blick zu. Philip nickte, und sie wandte sich an Gwen. Sie reichte ihr die Papiertüte, die sie die ganze Zeit auf dem Schoß gehalten hatte.

»Ich hoffe, das geht in Ordnung, es ist nur eine kleine Aufmerksamkeit. Ich hatte eine Vorlage, und ich dachte, das könnte dir gefallen. Zum Auf-dem-Sofa-Lümmeln.«

Es war eine weiße Strickdecke, auf der mittig ein Regenbogen im Zopfmuster prangte. »Die ist wunderschön!«, hauchte Gwen. »Das ist so cool, dass Sie so was können! Danke, danke, *danke*!« Sie umarmte Joan, die rot wurde, aber zufrieden wirkte.

»Ach, mit ein bisschen Übung kriegt das jeder hin. Ich kann es dir beibringen, wenn du willst, das hast du in Nullkommanichts gelernt. Phil hat erzählt, dass du Regenbogen magst, daher …«

»Stimmt, und ich liebe Stricken, aber das muss ich noch üben. Meistens bastle ich mit Modellierknete, und ganz selten male ich mit Ölfarben. Aber Stricken ist cool, weil man dabei noch andere Sachen machen kann, Fernsehen zum Beispiel. Die letzten Wochen habe ich viel zu Hause rumgesessen, da hätte ich mir ein ganzes Haus zusammenstricken können.«

Joans Ausdruck wurde milder. »Weißt du was? Als ich frisch verheiratet war, war ich richtig im Babyfieber, ich wollte unbedingt ein Kind, und erst ging alles ganz leicht, ich wurde sofort schwanger. Aber in der achten Woche hatte ich aus heiterem Himmel eine Fehlgeburt.«

Julia erstarrte. Gwen blickte auf die gefaltete Decke auf dem Tisch und rührte sich nicht, Julia konnte ihr Gesicht nicht sehen. »Das war die bis dahin schlimmste Zeit meines Lebens. Und damals hat ja niemand darüber gesprochen. Man sollte einfach weitermachen wie vorher, sich am Riemen reißen und es weiter versuchen, es dadurch ungeschehen machen. Ich weiß gar nicht, warum immer alle denken, das wäre die Lösung. Das ist es nämlich nicht. Jedenfalls nicht für alle. Ich wollte es nicht weiter versuchen, also haben wir es gelassen, fast zwei Jahre lang. Ich hatte Angst, dass mein Körper grundsätzlich nicht in der Lage wäre, ein Kind zu bekommen, und dass es wieder passieren würde. Und eine Zeit lang war ich sehr traurig. Entsetzlich traurig. Doch irgendwann wurde es besser, und als ich all die Jahre später meinen Steve verlor, dachte ich: Diese ersten Jahre zu zweit waren so wertvoll – wir hatten die Zeit, einfach nur für uns verheiratet zu sein. Wir konnten uns kennenlernen, erwachsen werden. Ich möchte sie nicht missen.« Sie fuhr mit den Fingern nacheinander die Regenbogenstreifen entlang. »Ich mag Regenbogen auch. Sie strahlen Hoffnung aus. Meine erste Schnauzerdame für die Zucht hieß Rainbow, weil sie so schöne Streifen hatte. Das ist eigentlich nicht das Zuchtziel bei reinen Zwergschnauzern, aber deswegen habe ich sie am Ende genommen. Der Züchter sagte, niemand wolle so einen merkwürdig aussehenden Krümel haben, sie sei ein Ladenhüter. Aber mit dem eingekreuzten Pudel sieht es wunderbar aus. Und was für ein Temperament! Zwölf Jahre alt ist sie geworden. Sie war ein ganz großer Schatz.

Nach Steves Tod hat sie mir das Leben gerettet. Sie hat mich wirklich gerettet.«

Julia konnte kaum hinsehen, sie wartete nur auf irgendeine unverzeihliche Grobheit von Gwen und spürte die Wut schon in sich aufsteigen, als Gwen den Kopf hob und ihr eine Träne über die Wange lief. Sie sah Joan eindringlich an und sagte leise: »Wir hatten Mole, der hat mich auch gerettet.«

»Hunde spüren es einfach, nicht wahr?«, bestätigte Joan, und die beiden lächelten einander an.

45

1, 1, 1, 2, 3. Oxford würde ihn nicht nehmen, das Imperial College würde ihn nicht nehmen, es würde aufs King's College in London hinauslaufen. Eine Weltklasse-Uni, und für Nathan trotzdem das Ende der Welt. Am Telefon mit Nathans Hauslehrer hatte James sich noch unter Kontrolle gehabt, doch dann hatte er aufgelegt, kurz innegehalten und mit der flachen Hand gegen den Türrahmen geschlagen, den nun ein feines Netz aus Rissen zierte. Über die Erinnerung an die nächsten Minuten legte sich bei Julia ein dichter Nebel, nur grob konnte sie sich ihrer tröstenden Worte entsinnen – es sei eine Frage des Blickwinkels, die Umstände seien schwierig gewesen, es sei als Erfolg zu werten, und charakterliche Entwicklung sei ohnehin viel wichtiger als der Name einer Universität –, doch kurz darauf hatte sie auf einmal geschrien, er könne sich verdammt glücklich schätzen, dass sein Kind überhaupt an einer Uni studieren dürfe, während das Leben *ihres* Kindes beinahe vorbei gewesen wäre. James hatte zurückgebrüllt, sie freue sich wohl, Nathan scheitern zu sehen, weil Gwen zerstörerische Entscheidungen traf. Diese haltlose Behauptung hatte sie natürlich lautstark abgestritten, damit aber weder James noch sich selbst überzeugt.

Sie hatte gehofft, dass Nathan es nicht schaffte. Gwen hatte so sehr gelitten, und Nathans ewig gute Laune, sein bevorstehender Erfolg, die neue Lebensphase, die er so dringend beginnen wollte, all das hatte sie mit Neid erfüllt. Er schien unverletzbar, und sie konnte nicht darüber hinwegsehen, wie ungerecht das war. Es war Gwens größte Stärke und gleichzeitig ihre größte Schwäche, selbst einen Streifschuss bis ins Mark zu spüren, während Nathan die Existenz seines Kindes so effektiv verdrängt hatte, dass sein Verlust keinen bleibenden Eindruck bei ihm hinterlassen hatte. Und wegen so einer Kleinigkeit wie Noten war die Trauer groß – wie konnte James eine Universität für dermaßen wichtig halten? Es war absurd. Was vermittelte seine Enttäuschung seinem Sohn denn darüber, was im Leben zählte? Nein, Julia konnte kein Mitleid für Nathan empfinden. Sie konnte ihn nicht einmal mögen, auch wenn seine Zuneigung zu Gwen in den letzten Wochen doppelt und dreifach zurückgekehrt war.

Sie gingen eisig schweigend zu Bett, was für beide ungewohnt und beängstigend war. Nie zuvor hatten sie die Stimme gegeneinander erhoben, und erst jetzt, nachdem sie ihren Beziehungsmythos zerstört hatten (»Wir sind ein Paar, das nie streitet, wir sind ein Paar, das jeden Abend Arm in Arm einschläft, wir sind anders als andere Paare«), wurde ihnen bewusst, wie erstaunlich das war. Sie hatten schließlich schon schlimmere Stürme überstanden. Zugegeben, als Eltern trafen sie sehr unterschiedliche Entscheidungen, doch James hatte sich als klug und zutiefst wohlwollend erwiesen, er war ein noch besserer Mensch, als sie geahnt hatte. Und insbesondere die Dankbarkeit hatte Julia nie verlassen. Sie hatte damit gerechnet, den Rest ihres Lebens ohne Liebe zuzubringen, und James gefunden. Nie zuvor hatte sie das aus dem Blick verloren. Doch heute Abend hatte sie ihre Dankbarkeit über Bord geworfen, als James seine eigene vergessen zu haben schien. Er hatte klar und deutlich gesagt, dass er Gwen die Schuld gab. Ein Sabotageakt. Hatte er das wirklich gesagt? Nicht wörtlich, aber fast.

Mitten in der Nacht wachte sie auf und stellte fest, dass sie sich im Schlaf aufeinander zubewegt hatten. Ineinander verschlungen lagen sie da, die Decken abgestrampelt und verdreht am Fußende. Schläfrig küsste James ihr Gesicht, die Lider, den Mund, und sie weinte, bekundete fieberhaft ihre Liebe und entschuldigte sich, bevor ihnen allmählich dämmerte, dass wütendes Geschrei von unten sie geweckt haben musste. Sie erstarrten Brust an Brust und hielten den Atem an. An ihrer Wange spürte Julia, wie James die Brauen beim Horchen zusammenzog. Er ließ die Stirn auf ihr Schlüsselbein sinken und rollte sich mit einem erschöpften Ächzen aus dem Bett. Julia fischte auf dem Boden nach ihrem Bademantel und folgte James nach unten. Als sie am Musikzimmer vorbeikam, öffnete sich die Tür. Saskia schaute blinzelnd und zerzaust heraus und murmelte etwas Unverständliches.

»Ist schon gut, leg dich wieder hin«, flüsterte Julia,

und Saskia nickte und machte Augen und Tür wieder zu.

Es war drei Uhr morgens, und im Erdgeschoss schrien sich ihre Kinder wortreich und bühnenreif an. Über James' Schulter erblickte Julia Gwen in karierten Pyjamashorts und ausgebleichtem Regina-Regenbogen-T-Shirt am Fuß der Treppe. Dieses T-Shirt hatte sie mit sieben oder acht Jahren bekommen und trug es inzwischen wieder als ironisches Retro-Teil, dabei kam es Julia so vor, als wäre sie erst gestern sieben gewesen, und an einem Kind, das Kinderkleidung trug, war rein gar nichts ironisch, egal, wie viel Bauch es dabei zeigte. Gwens Haar stand in allen Richtungen von ihrem blassen Gesicht ab, und sie tigerte hektisch auf dem schmalen Flur auf und ab, als wolle sie Nathan den Weg nach draußen versperren.

»Das kannst du nicht machen! Das kannst du so nicht sagen, du kannst … Du kannst nicht einfach die ganze Geschichte umschreiben!« Gwens dicke Brille war ihr durch Tränen und Schweiß auf die Nasenspitze gerutscht, sie musste innehalten, um sie mit dem Zeigefinger wieder zurückzuschieben. »Das ist nicht fair!«

»Hey, das geht doch auch leiser! Was ist denn hier los? Wo warst du so lange, Nathan? Ich konnte dich den ganzen Tag nicht erreichen. Komm her, ich habe mir Sorgen um dich gemacht. Wir hätten uns heute unterhalten müssen.«

Keiner der beiden schenkte den Worten von James Beachtung. Nathan kam aus der Küche getorkelt und wiederholte, Gwen sei wahnsinnig geworden, übergeschnappt, man könne mit ihr nicht mehr vernünftig reden. Er sprach mit lauter, vor Alkohol und Entrüstung lallender Stimme und hatte sich die Kapuze seines Pullis tief ins Gesicht gezogen, sodass sein Gesicht im Schatten lag und er wirkte, als wollte er gleich einen Überfall oder Vandalismus begehen. Die Anschuldigungen und die überbordende Wut ließen Gwen hyperventilieren.

James stürzte auf seinen Sohn zu und umarmte ihn ungestüm, während Julia ihre Tochter ebenfalls in den Arm nahm, die jedoch nur steif dastand und weiter hektisch atmete.

»Schhh! Atme, Schätzchen. Was ist denn los?« Julia strich Gwen die feuchten Locken aus der verschwitzten Stirn, als James sich umdrehte und in weniger versöhnlichem Ton fragte: »Also, was ist hier los? Warum schreist du Nathan so an?« Er hatte Nathan einen Arm um die Schulter und eine Hand auf die Brust gelegt, auf sein vermeintlich gebrochenes Herz. Nathans Augen waren blutunterlaufen. Vom Weinen? Vielleicht Drogen? Julia hatte in beiden Fällen nicht sonderlich viel Mitleid für ihn übrig. Sie blitzte James wütend an.

Mit galliger Stimme sagte Nathan: »Die hat nen Nervenzusammenbruch. Die ist völlig psychotisch. Ich hab gar nichts gemacht. Dank dir ist mein Leben jetzt offiziell vorbei, danke, echt, vielen Dank, aber du kannst mich nicht mehr an dieses Haus fesseln, ich bin nicht deine Geisel, ich habe mir ja wohl mal eine beschissene kleine Pause für gute Führung verdient. Außerdem darf ich sagen, was der Grund dafür ist, dass mein Leben vorbei ist, nämlich –«

»Dein Leben ist doch gar nicht vorbei! Du hast tolle Noten bekommen –«

»O ja, die sind wirklich toll. Toll für einen Zurückgebliebenen. Toll für eine Schule wie deine, wo alle nur Ziegenmelken und Sachkunde und verdammte *Kunst* haben, toll für dich mit deinem ›Ach-ich-interessiere-mich-nur-für-Regenbogen-und-Glitzer-und-ups-dafür-kriege-ich-lauter-Einsen!‹«

»Kunst ist genauso wichtig wie deine Fächer.«

Nathan drehte sich schwankend auf dem Absatz um und ging auf die Haustür zu. Gwen kreischte wütend auf, schüttelte Julia ab und stürzte hinter ihm her. »Hör auf, vor mir wegzulaufen! Komm zurück! KOMM ZURÜCK!«

»Das reicht«, zischte James und stellte sich Nathan in den Weg. Gwen und Nathan hielten inne und sahen ihn an. »Nathan, ich möchte mich mit dir unterhalten, aber vernünftig. Das hier ist nicht vernünftig, und du verlässt dieses Haus heute Nacht nicht mehr, hast du das verstanden? Ihr beide werdet das wie Erwachsene klären.«

Nathan, der vorübergehend zerknirscht gewirkt hatte, lachte jetzt höhnisch: »Ach, weil wir Mom und dich nie haben schreien hören. Nie! Es war immer heile Welt bei uns zu Hause. Ein endloses Picknick. Wie bei den bekackten Waltons.«

James warf ihm einen warnenden Blick zu. »Ihr. Hört. Sofort. Auf. Zu fluchen. Ihr werdet euch in diesem Haus wie zivilisierte Menschen benehmen, wie die Erwachsenen, die ihr behauptet zu sein. Mir ist egal, ob ihr siebzehn oder siebzig seid, das Verhalten, das ihr an den Tag legt, ist unmöglich. Wir setzen uns hin und reden in Ruhe darüber, ich verspreche dir, es wird alles wieder gut, wir müssen nur –«

»Wovon redest du überhaupt? Nichts wird gut! Außerdem kannst du mir gar nichts versprechen, weil mein Leben schon vorbei ist. Sie hat mir die Eier abgenommen. Eins nach dem anderen hat sie mir die Eier abgebissen wie ein Rottweiler. ›Das ist ziemlich unerwartet und enttäuschend, Fuller‹«, zitierte er seinen Hauslehrer, schüttelte dabei kummervoll den Kopf und strich sich übers Kinn, als hätte er einen Bart, »›wirklich unerwartet und enttäuschend, aber *unter diesen Umständen* …‹ Ich wusste, du hättest es Markham nicht erzählen sollen, jetzt kommt er mir mit: ›Unter diesen Umständen können wir froh sein, dass Sie nicht irgendwo im Straßengraben liegen‹, ›Unter diesen Umständen können wir froh sein, dass Sie nicht cracksüchtig sind und unter der Waterloo Bridge im Müll wühlen‹, ›Unter diesen Umständen wären wir schon froh gewesen, wenn Sie die Schule abgebrochen hätten, um bei McDonald's die Toiletten sauber zu lecken. Wir wären sehr stolz auf Sie gewesen – *unter diesen Umständen.*‹«

Gwen schnappte nach Luft, Fassungslosigkeit mischte sich mit Wut. »Du bist so ein Snob! Es *gibt* keine Umstände! Die Umstände sind genauso wie vorher, dein Leben hat sich nicht um ein Prozent verändert. Wir haben alle einen Eiertanz für dich aufgeführt, um es so aussehen zu lassen, als wären deine *Schulprüfungen* das Wichtigste auf der Welt. Weißt du überhaupt, wie dämlich das ist? Weißt du irgendwas über das echte Leben?

Ich sag dir was: Keine Sau interessiert sich für deine Abschlussprüfung, niemand. Du hast nie mit mir darüber geredet, dass wir unser Baby verloren haben, es ist dir egal, du hast einfach alle so tun lassen, als wäre es nie passiert, als hätte es *unser Baby* nie gegeben, das ist echt das Dämlichste, was ich je gehört habe, es ist das Egoistischste … Und jetzt gibst du mir auch noch die Schuld und … und du bist echt der unreifste, ekelhafteste –« Laut schluchzend brach sie ab. Julia wollte ihr wieder den Arm um die Schulter legen, sie nach oben geleiten, doch sie wurde erneut abgeschüttelt.

Nathan breitete die Arme aus und gestikulierte wild, suchte Mitleid in einem imaginären Publikum, dabei sahen ihn nur Gwen und Julia an, und keine von beiden war geneigt, ihm zu geben, was er suchte. Julia übernahm das Kommando. »Ihr geht jetzt ins Bett«, befahl sie und versuchte, genauso entschlossen zu klingen wie James wenige Augenblicke zuvor. »Es reicht. Wir sprechen morgen früh als Familie darüber. Es tut mir leid, dass du so einen schlechten Tag hattest, Nathan. Ich weiß, du willst das gerade nicht hören, aber irgendwann wirst du bestimmt stolz auf dich sein. Du stehst unter Schock, aber jetzt ist es drei Uhr in der Nacht. Geh ins Bett. Jetzt. Bitte.«

»Ich hatte den Eindruck, dass wir in einem freien Land leben.« Nathan sah ihr nicht in die Augen, sondern führte stattdessen seine gelallte Ansprache an das unsichtbare Publikum fort. »Ich hatte den Eindruck gewonnen, die Menschen dürften in ihrem eigenen Zuhause dreckige Wäsche waschen. Und das hier ist doch mein Zuhause, oder nicht? Ich hatte den Eindruck gewonnen, dass es gut ist, über Gefühle zu sprechen. Sich *auszudrücken.*«

»Genau, Julia«, sagte Gwen. Julia erschrak, sie hatte nicht erwartet, dass Gwen ihr in den Rücken fiel. »Das geht dich eigentlich gar nichts an. Ich hab mich ja auch nicht eingemischt, als ihr euch vorhin angeschrien habt.«

»Wir haben nicht geschrien«, widersprach Julia, und Nathan lachte trocken auf.

»Esel und Langohren überall. Als würden wir auf dem Bauernhof leben. Wir sind hier nämlich alle verrückt«, fügte er hinzu und grinste, als hätten die Zuschauer in den ersten Reihen sein Zitat erkannt. »Ich bin verrückt. Du bist verrückt. Die beiden sind der Märzhase und der Hutmacher, Baby. Beide verrückt.«

»Sie haben geschrien«, erklärte Gwen, »als du weg warst. Weil sie dich nicht erreichen konnten und sich Sorgen gemacht haben, und dann haben sie in der Schule angerufen, und danach haben sie sich die Seele aus dem Leib geschrien.«

»Junger Liebe Traum! Die Lektion aus all dem, Baby, ist doch, dass es *perfekt* nicht gibt, das ist alles nur PR-Gelaber, das hab ich dir die ganze Zeit schon gesagt, wenn du dich erinnerst, aber du wolltest ja nichts davon hören. Ich bin nicht zynisch, ich habe einfach meistens recht. Zynisch ist das Gleiche wie realistisch. Da, das kannst du dir auf die Stoßstange kleben. Zynisch ist realistisch. Es sieht immer alles rosig aus, bis man anfängt zu streiten, und die nächste Stufe ist dann: ›Es liegt nicht an dir, es liegt an uns, Mami und Papi haben dich immer noch ganz doll lieb.‹ Das sind doch alles Klischees. Hier habt ihr noch eins: Das Leben ist hart. Das Leben ist hart, und dann stirbt man. Ihr wisst, dass ich recht habe, wir tanzen auf der Titanic und keiner will zugeben, dass der Kaiser allen seinen Pimmel zeigt. Und jetzt komm her.« Nathan breitete die Arme aus, und Julia staunte, dass Gwen, ohne zu zögern, hineinfiel. Sie hatte sich automatisch kleiner gemacht, damit er den Arm um ihre Schulter legen konnte. Wenige Augenblicke zuvor war sie in ihrem gerechten Zorn beinahe durchgedreht, und jetzt hatte sie das Gesicht an seinem Hals vergraben, kraulte ihm den Kopf und murmelte Unverständliches. Julia meinte, die Worte »Es wird alles …« und »Ich hasse …« zu verstehen, aber den Rest konnte sie nicht ausmachen, sie wusste also nicht, wen oder was Gwen hasste. Wen Julia hasste, war klar: Nathan. Noch immer so betrunken, dass er seine Stimme nicht unter Kontrolle hatte, flüsterte er Gwen laut und inbrünstig ins Haar, er liebe sie, es tue ihm so leid wegen des Babys, ihres armen Babys, er habe es nicht so gemeint, er sei noch nie so unglücklich gewesen. »Ich verstehe das nicht«, wiederholte er immer wieder. »Ich verstehe das einfach nicht.« Julia beobachtete, wie seine Hände über ausgeblichene Baumwolle fuhren, darunter der schmale Rücken und die spitzen Schulterblätter, die knochige Wirbelsäule ihrer Tochter, die Geste eine tröstende – und vielleicht auch eine anzügliche? Julia wandte angewidert den Blick ab. Sie hörte Schritte und sah James auf der Treppe. Er lächelte grimmig und gab Julia ein Zeichen, aufzugeben und mitzukommen. Gemeinsam zogen sie sich in ihr Schlafzimmer zurück und fühlten sich dünnhäutig und bezwungen. Im Wohnzimmer küssten sich und weinten und weinten und küssten sich Nathan und Gwen, klammerten sich aneinander, als würden sie sich im Krieg auf einem zugigen, grauen Bahnhofsgleis begrüßen oder in eine ungewisse Zukunft verabschieden.

46

»Nicht gut«, sagte Julia auf die Nachfrage ihrer Schwiegermutter. Sie hörte sie lautstark ausatmen. Ohne Vorwarnung war Iris allein nach Frankreich abgereist. Ihr Missfallen drang mit einem typisch französischen angedeuteten Schulterzucken und dem Duft von Lavendel und Pastis durch die Telefonleitung. Julia trat aus dem Aufzug, mit dem sie aus der Tiefgarage kam, und versuchte einhändig, einen Einkaufswagen von der Kette zu lösen. »Du kannst dir nicht vorstellen, wie schrecklich das gestern war. Als wären plötzlich alle verrückt geworden. Ich habe schlimme Dinge gesagt, James hat so verletzt gewirkt, doch ich konnte einfach nicht aufhören. Und das Einzige, was ich wirklich sagen will, aber nicht kann, ist, dass ich seinen Sohn hasse und ihn aus dem Haus haben will. Gwen ist sich sicher, alles würde wieder gut werden, sobald Nathan über gestern hinweg ist, doch das wird nicht passieren, ich habe sein Gesicht gesehen. Er wird ihr nie verzeihen – nicht für Oxford, nicht dafür, schwanger geworden zu sein, und nicht für ihre eigenen Noten. Auf die ich übrigens verdammt stolz bin.« Julia biss sich auf die Lippe. »Aber lange nicht so stolz wie darauf, dass sie die letzte Zeit so tapfer durchgestanden hat. Anders als James habe ich meine Tochter nicht in dem Glauben erzogen, Schulnoten würden den Wert eines Menschen widerspiegeln.«

Bei diesem Gedanken wurde ihr schwindelig. Sie hatte sich bislang stets auf James verlassen, doch jetzt ging es um seinen Sohn, und fast ohne es zu merken, hatte sie begonnen, sich aus ihrem heiligen Zweierbund zurückzuziehen. Sie wandte sich mit ihren Ängsten an Iris und äußerte James gegenüber nur das Alltägliche, das Beschönigte, die schützenden Notlügen, die so wichtig für eine Patchworkfamilie waren. Es geht uns gut. Alles ist wunderbar. Dein Sohn ist ein toller Mensch, ich mag ihn wirklich. Natürlich muss er auch mal Dampf ablassen. Eine Kluft hatte sich zwischen ihnen aufgetan, ein Riss in der Erde, nur wenige Zentimeter breit, aber kilometertief. Sie war in den Supermarkt gefahren, um Obst, Eier und Thunfischsteaks fürs Abendessen zu kaufen und sich in Ruhe abreagieren zu können. Die Einkäufe waren ihr völlig egal. Sie wanderte die Gänge bei Waitrose auf und ab, starrte mit leerem Blick in die Regale und lud ihre Ängste bei Iris ab. Iris, die sie so gern in Parliament Hill besucht hätte, deren Gesicht sie vermisste. Iris, die nicht mehr in Parliament Hill wohnte, die so würdevoll Neuanfänge wagte, die den Kummer, den sie sich nicht eingestehen wollte, mitgenommen hatte auf die andere Seite des Ärmelkanals.

Es war Jahre her, seit Julia in Giles' Haus in Bargemon gewesen war. Gwen war acht gewesen und vom Häkeln besessen. Giles hatte ihr das Tennisspielen beibringen und Julia ihr die Teiche mit den dicken Kröten zeigen wollen, aber all das hatte sie nicht interessiert. Gwen hatte im Schneidersitz am Pool gesessen, lila Topflappen in Form vierblättriger Blüten gehäkelt und die Zunge dabei konzentriert herausgestreckt. Sie machte nichts anderes. Es war, wie Daniel bemerkt hatte, als hätten sie ihren eigenen kleinen Sweatshop, in dem nur ein extrem fleißiges Kind angestellt war. Als Gwen alle Wolle verhäkelt hatte, dachte Julia, der Topflappen-Tick hätte sich damit erledigt, doch Gwen war von einem Bein aufs andere gehüpft und hatte gebettelt und gefleht, sodass sie am Ende anderthalb Stunden nach Nizza gefahren waren, um einen Kurzwarenladen zu finden.

Das Haus habe sich seit jenem Sommer kaum verändert, erzählte Iris. Es sei nicht viel los, aber einige Dorfbewohner erinnerten sich noch an sie. Julia stellte sich ihre Schwiegermutter auf der höchsten der Terrassen an einem Terrakotta-Mosaiktischchen im Schatten des uralten Feigenbaums vor. Iris selbst war in diesem Bild nur eine Silhouette. Es war Hochsommer und wahrscheinlich vierzig Grad heiß, aber Iris trug doch sicher nichts so Würdeloses wie einen Badeanzug. Weite Leinenkleider wohl eher, und einen breiten Strohhut. Ob sie sich auch schick anzog, wenn sie allein war? Iris holte sie zurück in den grellen, kühlen Supermarkt, indem sie sagte: »Ihr habt nun mal ziemlich unterschiedliche Erziehungsansätze, um es mal so zu formulieren. Es ist schwierig, so spät noch zwei Wertesysteme unter einen Hut zu bekommen, aber ich muss sagen, ganz verkehrt ist Dings' Ansatz nicht –«

»Und das ist ja auch gut so. Aber sollte man Kinder nicht auch zu liebenswerten, rücksichtsvollen, verantwortungsbewussten Menschen erziehen, die ihrem Bauchgefühl trauen können? Ich verstehe einfach nicht … Ihm ist Nachsicht so wichtig, aber seine Kinder sind, was das angeht, ein einziger blinder Fleck. Das Wichtigste ist, dass man fleißig in seinem Hamsterrad fährt. Er kann doch nicht ernsthaft glauben, dass es darauf im Leben ankommt. Das ist so kurzsichtig. Ein Abschluss allein macht doch nicht glücklich.«

»Hamster *fahren* nicht. Ich glaube auch, dass man mit und ohne Abschluss aus Oxford unglücklich sein kann, aber du kannst doch wohl seine Enttäuschung nachvollziehen, wenn es so knapp war. Und die Exfrau hat sicher auch ihre Erwartungen an den Jungen.«

Julia blickte finster in ein Kühlregal mit Cheddar, Wensleydale und Red Leicester. Brauchten sie Käse? Sie konnte sich nicht erinnern. Sie warf ein paar Packungen in den Einkaufswagen und legte dann eine zurück. Als sie am Ende des Gangs angekommen war, zögerte sie und ging noch einmal zurück, um sie doch zu holen, den Wagen zog sie rückwärts hinter sich her. »Mir ist völlig egal, was diese Bekloppte dazu sagt. Ich weiß gar nicht, was die Schwangeren in Boston heute machen, wenn sie den ganzen Tag entweder mit Nathan oder mit James am Telefon hängt – oder mit mir, um herauszufinden, wie es Nathan und James geht. Und währenddessen muss James endlich der Tatsache ins Auge sehen, dass sein Sohn – Schreck, o Schreck – vielleicht doch kein Genie ist. Hätte er unter anderen Umständen tatsächlich bessere Noten bekommen? Vielleicht hat er ja gar nicht versagt, sondern nur die Noten bekommen, die er verdient. Bis gestern war James steif und fest davon überzeugt, Nathan würde die letzten Monate völlig unbeschadet überstehen, solange wir uns nur alle genug anstrengen, als könnten wir alles irgendwie wegläсheln, damit auch ja niemand irgendwelche Unannehmlichkeiten hat. Aber jetzt muss er seinem Sohn mal ordentlich in den Hintern treten und ihn dazu bringen, sich nicht wie ein verdammtes Kleinkind aufzuführen, nach Hause zu kommen, mit dem Saufen aufzuhören und sich objektiv mit der Sache auseinanderzusetzen. Auf lange Sicht wird das alles keine Rolle spielen – Oxford oder nicht Oxford, wen interessierts? Er befindet sich in einer lächerlich privilegierten Situation. Aber er kann Gwen nicht in dieser Ungewissheit lassen, die sie ja nicht mal zugibt. Er muss es ihr sagen, wenn es vorbei ist. Ich habe wirklich die Nase voll. Ich fände es schön, wenn hier alle etwas mehr Achtung vor *echten* Werten hätten und nicht immer nur vor Noten.«

»Hast du heute schon mit Dings gesprochen?«

»Worüber denn? Was gibt es denn noch zu bereden? Mir kommt es vor, als würden wir zwei unterschiedliche Sprachen sprechen. Aber klar ist, dass sein Sohn sich nicht so verhalten und gleichzeitig unter meinem Dach leben kann.«

»Das Dach gehört nicht dir allein.«

»Ganz genau«, sagte Julia und ignorierte bewusst, was Iris wohl eigentlich gemeint hatte, »es ist Gwens Elternhaus. Sie hat ein Recht darauf, sich hier sicher, geborgen und beschützt zu fühlen. Wenn sich die beiden trennen –«

»Hör zu, Liebes.« Julia hörte die Eiswürfel in Iris' Glas klimpern und war plötzlich neidisch. Sie stellte sich milden provenzalischen Sonnenschein vor, eisgekühlten Rosé in einem beschlagenen Glas, Blauschimmelkäse, der auf einem Olivenholzbrettchen dahinschmolz, *Magret de Canard*, in der Luft der schwere Duft von reifen Feigen und Citronella – eine honigsüße Flucht aus der trüben Realität. Iris war unglücklich gewesen, hatte sich einen Ruck gegeben und ein Ticket nach Frankreich gebucht, auf die Frage nach ihrer Rückkehr gab sie keine klare Antwort. Sie hatte ihr Haus verkaufen wollen, also hatte sie es getan. Sie hatte nach Frankreich fahren wollen, also hatte sie ein paar Wochen später in Bargemon Residenz genommen. Jeder Neuanfang wirkte bei ihr mühelos. Mit unnötig viel Schwung warf Julia ein paar Becher fettfreien Joghurt in den Wagen.

»Ich bin froh, dass du mich angerufen hast«, fuhr Iris fort, »du solltest dir das von der Seele reden, und ich muss sagen, ich bin erleichtert, dass du ausnahmsweise mal nicht grundlos optimistisch durch die Gegend läufst, aber ich werde dir jetzt mal das Gegenteil von dem raten, was ich dir sonst immer rate. Es ist schön und gut, in einer Beziehung offen über alles zu sprechen, aber diesmal geht das einfach nicht. Du musst mich oder notfalls auch Philip Alden anrufen, wenn er nicht gerade damit beschäftigt ist, Viagra-Rezepte einzulösen oder Pudeln die Krallen zu schneiden, aber um Gottes willen, sprich zu Hause kein Wort davon laut aus. Das wird er dir nicht verzeihen. Du fühlst dich von seinem Kind geschädigt und er sich von deinem, also hört bitte auf, über sie zu reden. Ihr seid zwei sehr unterschiedliche Eltern, das stimmt, aber das Schöne an eurer Situation ist doch, dass ihr überhaupt keine gemeinsame Position finden müsst, weil ihr niemanden gemeinsam erzieht, daher spielt das alles überhaupt keine Rolle. Also lasst euch einfach gegenseitig in Ruhe. Du musst deine Energie wieder auf deine eigenen Angelegenheiten richten.«

Julia schob den Wagen langsam durch den Gang mit den Backwaren und entschied sich nach langem Zögern für eine Rolle trockener Kekse. Philip brachte Joan zum Tee mit. »Wir gehen morgen Abend essen. James hat darauf bestanden.«

»Geht ihr nicht andauernd essen?«

»Ich kann mich überhaupt nicht … Wir waren nicht mehr zu zweit aus, seit das alles passiert ist. Das ist Monate her. Und in ein paar Wochen sollen wir übers Wochenende alleine nach Mailand fliegen – Rossini, du erinnerst dich –, aber ich kann mir das noch gar nicht vorstellen.«

»Hör dir doch mal zu, man könnte meinen, ihr hättet den nuklearen Holocaust überlebt. *Das alles*, wie du es so schön genannt hast, ist nun mal passiert, und es war grauenhaft, aber das echte Leben muss jetzt weitergehen. Mir fällt ein Riesenstein vom Herzen, dass ihr bald endlich ein Wochenende für euch habt. Pass auf, zieh dir was Schönes an, geh zum Friseur, und geht morgen um

Gottes willen aus. Dieses Kontrollierenwollen von fast Erwachsenen ist ungesund für alle Beteiligten. Warum bucht ihr euch nicht noch ein Hotel für die Nacht?«

»Das *geht* nicht.«

»Ich verstehe nicht, warum, aber was weiß ich schon? Also, genießt den Abend. Ich muss los, ich habe beschlossen, jeden Tag auf dem Marktplatz zu Mittag zu essen. Ich kann mich nicht in diesem Haus verkriechen, nur weil ... Ich kann hier nicht einfach *herumsitzen*. Kommt mich mal besuchen!«

Iris hatte aufgehängt, und Julia war wieder allein. Sie ging zur Kasse und legte ihre Einkäufe aufs Band. Sie hatte fast alles vergessen, wofür sie eigentlich gekommen war.

47

Gwen schlief den ganzen Nachmittag und wachte nur kurz auf, als ihre Mutter vom Einkaufen zurückkam, eine Zeit lang schweigend neben ihr am Bett saß und ihr den Kopf streichelte. Als sie das nächste Mal aufwachte, war sie allein, und es war kälter als vorher, durchs Fenster sah sie dichte, blutergussdunkle Wolken Von unten hörte sie Stimmen und wusste sofort, dass Nathan im Haus war.

Der Boden unter ihr hatte sich verschoben. Als sie am Abend zuvor endlich ins Bett gegangen waren, hatte er sie voller entschlossener, unkoordinierter und zorniger Leidenschaft zu sich herangezogen, aber mit echter Zuneigung hatte das wenig zu tun gehabt. Hinterher hatte er ihr den Rücken zugedreht und geschwiegen, und irgendwann musste er aus dem Zimmer geschlüpft sein, denn sie war allein aufgewacht. Eine neue, böse Vorahnung hatte sie im sicheren Kokon ihrer Bettdecke bleiben lassen. Seine Abwesenheit erfüllte den Raum. Sie hockte bleischwer auf ihrer Brust, und plötzlich verstand Gwen, dass ihre Beziehung den Umzug nach Oxford hätte überstehen können und dass sie, hätte er den Studienplatz bekommen, trotzdem noch seine Freundin gewesen wäre. Jetzt blieb er hier, aber in seiner Enttäuschung entglitt er ihr immer weiter.

Sie hatte sich umziehen wollen. Sie hatte sich die Haare kämmen wollen. Sie hatte sich die Nägel lackieren und den Push-up-BH finden und schwarzen Eyeliner über die roten Ränder um ihre Augen malen wollen. Aber dann ging sie doch als sie selbst nach unten, wo sie ihn vermutete.

Gwen betrat die Küche, wo Rowan wie eine Elfe im Schneidersitz auf Saskias Koffer saß. Sie trug ein weißes Top und eine schwarze Jeanslatzhose, eine Sonnenbrille mit kreisrunden, verspiegelten Gläsern und weinroten Lippenstift in einem sehr blassen Gesicht.

»Nur eine Woche ist eine Farce«, jammerte Rowan. »Hi Gwen, süßes Armband! Kannst du mich nicht in deinem Koffer mitnehmen? Oder in der Hosentasche?«

»Au ja, komm mit!«, rief Saskia, und Rowan sprang auf, um sie zu umarmen. Übermütig wiegten sie sich von einer Seite auf die andere. Nathan saß in einem Sessel und sah nicht auf, als Gwen hereinkam, sondern lächelte väterlich in Richtung seiner Schwester. Hinter ihr kam James mit dem Autoschlüssel.

»Tut mir leid, Leute, es ist so weit, ich muss Miss Saskia jetzt leider entführen.«

Rowan schob die Unterlippe vor. »Buh!«, sagte sie. »Buh, buh! Lassen Sie sie hier! Für immer!«

»Glaub mir, das würde ich, wenn ich könnte. Aber das musst du mit dem College ausmachen, die behaupten, sie bräuchten sie zurück.«

»Du kannst doch auch am Magdalen studieren«,

schlug Rowan vor, nahm endlich die Sonnenbrille ab und ließ sie fallen. Jetzt erst sah Gwen, dass sie an einer Goldkette mit eingeflochtenem schwarzem Band hing. »Dann gehen wir zusammen zur Uni, du weißt genau, dass das die einzig sinnvolle Lösung ist.«

»Magdalen? Nur Loser studieren in Oxford. Die coolen Kids sind am King's College.« Nathan fuhr sich durchs Haar. Wenn man ihn jetzt so hörte, dachte Gwen, hätte man nicht meinen sollen, dass er die halbe Nacht geweint hatte.

»Ich nehme den Koffer schon mal mit, wir fahren in fünf Minuten. In vier. Wer kommt mit?«

Nathan hob die Hand. »Ich komme mit. Rowan, bist du dabei?«

»Oh, das wäre schön, aber ich weiß nicht, wie ich hinterher nach Hause kommen soll.«

»Kein Problem«, sagte James und stellte den Koffer wieder ab. »Ich bringe dich nach Hause. Aber wenn ihr mitkommt, fahren wir jetzt sofort. Gwen?«, fragte er und drückte ihr die Schulter. Gwen schüttelte den Kopf. Vor den anderen würde sie sich zusammenreißen müssen, um Nathans Ignorierspielchen zu ertragen. Er hatte sie noch immer nicht angesehen. Wenn sie das nächste Mal allein waren, würde er Dinge sagen, die sie nicht hören wollte.

Draußen hupte James, und Nathan joggte hinter den anderen her. Plötzlich stand Saskia wieder in der Küche. Gwen musste schlucken. Saskias Abreise zerschnitt ein weiteres Band zwischen Nathan und ihr.

Saskia nahm Gwens Gesicht in beide Hände und

drückte ihre Wangen. »Bitte lass nicht zu, dass mein Bruder sich wie ein Arschloch verhält.«

»Ich weiß nicht, wie ich das verhindern soll.« Über ihre Wangen rollte jeweils eine einzelne Träne.

»O nein, nicht traurig sein, das wollte ich nicht. Wir bleiben doch Schwestern, bitte nicht weinen. Wir sind Schwestern, das meine ich ernst, das ist doch was Tolles. Du wirst immer meine Schwester sein, egal, was passiert. Wirklich.«

Gwen nickte verkrampft. Das stimmte natürlich nicht. Saskia war Nathans Schwester, und Gwen hatte niemanden.

»Ich dachte, ich könnte auf dem Rückweg mit ihm sprechen, aber dann ist Rowan mit nach Heathrow gekommen, und ich musste sie noch nach Hause bringen. Stattdessen durfte ich mir die ganze Zeit ansehen, wie er so tut, als wäre alles wie immer.«

»Und wo ist er jetzt?«, fragte Pamela. Sie klang vorwurfsvoll, als hätte er ihren Sohn verlegt wie eine Reinigungsquittung oder einen Schlüsselbund.

»Im Bett, es ist zwei Uhr nachts.«

»Arbeitest du, oder warum bist du noch wach?«

»Ja«, log James, zog die Küchentür hinter sich zu und senkte die Stimme. »Ich hatte Bereitschaft, mein Assistenzarzt hat mich gerufen. Schulterdystokie und postpartale Blutung, aber ich kann das nicht noch mal alles besprechen«, sagte James, der in Wirklichkeit noch nie darüber gesprochen hatte und ein schlechter Lügner war. Er hatte keinen Bereitschaftsdienst, und die

Dystokie war heute Morgen gewesen, eine unschöne Geburt. Er hatte ein schlechtes Gewissen, dass er sie jetzt als Vorwand benutzte. Die Mutter war stark übergewichtig gewesen und hatte unter Schwangerschaftsdiabetes gelitten. Er hätte von vornherein auf einen Kaiserschnitt bestehen müssen, aber sie hatte geweint und gefleht, und James hatte nach den aufreibenden Szenen der Nacht nicht die Energie gehabt, ihr standzuhalten. Sie hatte versucht zu pressen, wodurch es zu einer Plexusparese beim Säugling gekommen war. James bereute seine Entscheidung.

Die Wahrheit war: Er konnte nicht schlafen und hatte mit jemandem reden wollen, aber er wollte auf keinen Fall Julia wecken, denn er wusste nicht, ob er ihr gegenüber sachlich bleiben konnte. Sie hatte ihm vorgeworfen, er lebe auf einem elitären Planeten und habe kein Gefühl mehr für Verhältnismäßigkeit und »für das, was wirklich zählt«. Hatte sie denn überhaupt nicht zugehört, als er ihr von seiner Herkunft erzählt hatte? Von seiner eigenen Kindheit? Diese Vorwürfe waren lachhaft, und ihre Scheinheiligkeit hatte ihm den Atem geraubt. Wenn er seinem Sohn eins beigebracht hatte, dann den Wert von harter Arbeit, Disziplin und Ehrgeiz. Es war doch ein viel größerer Luxus, sein Kind in dem Glauben zu erziehen, akademische Bildung sei unwichtig, solange man nur an sich selbst oder woran auch immer glaubte. *Das, was wirklich zählt?* Was für ein Schwachsinn. Und nebenher hatte Julia ein paar Adjektive über seinen Sohn abgefeuert, die er ihr vierundzwanzig Stunden später noch immer nicht verzeihen konnte.

Egoistisch. Unreif. Ichbezogen. Rücksichtslos. Und das an einem Tag, an dem Nathan Trost gebraucht hätte, an dem die Erinnerung an Gwens ungeheuerlichen Egoismus so deutlich war, die Konsequenzen ihm so lebhaft und frisch vor Augen standen. Nathan hatte sein ganzes Leben noch vor sich, es war verständlich, dass er keine freudlose Pseudo-Ehe mit einem kindischen, verwöhnten, bedürftigen kleinen Mädchen führen wollte, das nicht aufhörte zu jammern. James betrauerte Oxford noch einmal von Neuem. Diese Universität hatte ihm vor allem absolute Freiheit von Gwen garantiert.

Er war nach unten gegangen und hatte erwartet, dass Julia sich abregen und bald nachkommen würde. Als sie das jedoch nicht getan hatte, war er noch wütender geworden. Pamela, die Nathan genauso liebte wie er, würde ihn verstehen.

»Geht es dem Baby gut?«

»Welchem Baby?«

»Dem mit der Schulterdystokie. Egal. Nathan klingt gar nicht gut. Meinst du, ich sollte kommen?«

»Nein«, sagte James reflexartig, doch dann dachte er darüber nach. »Vielleicht wäre das wirklich gut. Ich glaube, wir sollten uns mal mit ihm zusammensetzen. Ich kann es immer noch nicht glauben. Mr Markham ist auch schockiert, wir haben heute zwei Mal telefoniert. Wann hast du mit Nathan gesprochen?«

»Mein Lieber, ich habe heute fünfundzwanzig Mal mit ihm telefoniert, deswegen mache ich mir ja solche Sorgen. Den ganzen Sommer über hat er sich kaum gemeldet, und jetzt steht mein Telefon nicht mehr still.

Heute Morgen habe ich bei einer von Beths Geburten mitgeholfen, und als ich das Handy wieder angemacht habe, hatte ich elf Anrufe in Abwesenheit. Ich glaube, ich sollte kommen. Es sind ohnehin nur noch drei Wochen bis zur Tagung in Paris, dann bleibe ich einfach bis dahin. Gehts dir gut? Du klingst sauer.«

»Du meinst also, ich würde mich nicht richtig um ihn kümmern.«

»Jamesy, ich weiß nicht, welche Laus dir über die Leber gelaufen ist, aber das habe ich nicht gesagt. Ich habe gesagt, der Junge ruft seine Mutter an.«

»Julia hat ihn rachsüchtig genannt, weil er Gwen die Schuld gibt, aber ich wüsste nicht, wer sonst schuld sein sollte.«

»Julia spinnt«, sagte Pamela knapp.

»Wir hatten gestern einen heftigen Streit«, gestand James.

»Ich bin überrascht, dass ihr neben allem anderen noch die Energie zum Streiten findet. Ich glaube, ich sollte etwas Nettes für Gwen tun. Ich verabscheue ihre verwöhnte Art zutiefst, und das Karma muss ausgeglichen werden, damit ich nicht durchdrehe. Am besten bringe ich ihr ein Geschenk mit.«

James, der schon lange mit Pamelas komplexer Schenkungstheologie vertraut war, reagierte nicht darauf. Oft war er selbst Empfänger dieser Karma-Umkehrgeschenke gewesen, und normalerweise trugen sie eine Schleife aus ätzender Säure.

»Hör zu, wenn du wirklich glaubst, dass es zwischen den beiden vorbei ist, dann lass sie um Gottes willen keinen Trennungssex haben, sie wird sofort wieder schwanger, das sage ich dir. Lach nicht. Ich meine das völlig ernst, die zieht das durch. Sie ist ein hinterhältiges kleines Biest, das sich langsam damit abfinden muss, nicht der Nabel der Welt zu sein«, erklärte Pamela, die offenbar jeden Gedanken an gutes Karma über Bord geworfen hatte. »Es reicht jetzt mit dem Ophelia-Theater und den guten Noten, die sie aus dem Zylinder zieht. *Ihr* Leben ist nicht aus der Bahn geraten. Wie man sich bettet, so liegt man nun mal.«

»Ja, aber sieh dir an, was es Nathan eingebracht hat, sich in dieses Bett zu legen. Man ist doch nicht automatisch glücklich«, fuhr James erleichtert und doch mit schlechtem Gewissen fort, »wenn alle Bedürfnisse augenblicklich erfüllt werden wie bei einem Kleinkind. Erfüllung im Leben findet man, wenn Anstrengung belohnt wird. Bei der Arbeit, in Beziehungen, in der Ehe …« Hier brach er ab, es war unklug, vor seiner Exfrau eheliche Erfüllung zu zitieren.

»Zufriedenheit kann man nicht essen«, sagte Pamela. Pragmatisch war sie immer gewesen, wobei ihr Pragmatismus auch oft fehl am Platz war. »Eine fröhliche Kindheit mit Play-Doh bezahlt die Gasrechnung auch nicht. Und viel wichtiger: Irgendwann wird jemand mal Nein zu dem Mädchen sagen, und was passiert dann? Sie wird daran kaputtgehen.«

»Julia findet, ich bin ein Helikoptervater. Und sie hat mich als Snob bezeichnet.«

»Nimm es als Kompliment. Hat Nathan etwas wegen der amerikanischen Unis gesagt?«

James öffnete den Kühlschrank und starrte abwesend hinein. »Die Einschreibefrist ist doch schon vorbei, oder nicht? Ich dachte, wir hätten uns darauf geeinigt, das zu lassen.«

»Das war mitten im Debakel, falls du dich erinnerst, als die Fesseln der Teenie-Vaterschaft ihn an London zu binden drohten. Er kann auch erst im Sommersemester anfangen, dafür braucht er nicht viel, er holt schnell die SATs nach und setzt ein Motivationsschreiben auf. Wentworth schreibt ihm eine Empfehlung, mit der wäre er überall ein sicherer Kandidat. Mit guten Referenzen ist selbst Harvard noch nicht aus dem Rennen. Was kaust du denn da so laut?«

»Hähnchenflügel von gestern, ich verhungere. Mein Gott, das wäre unglaublich. Das hätte meine Mutter glatt umgehauen: Ihre beiden Enkelkinder auf dem College. Ein Sohn und ein Enkel in Harvard! Dafür hat sie sich den Allerwertesten aufgerissen, um mich aus Dorchester rauszuholen, dafür hat sie mir beigebracht –«

»Jetzt stell dein Licht mal nicht unter den Scheffel, du hast dich da ganz alleine rausgeholt. Du hast dir die Stipendien selbst erarbeitet. Und«, sie nutzte die Gelegenheit für einen dezenten Seitenhieb auf Julia, »deine Mutter hat dir den Wert harter Arbeit beigebracht. Wir kriegen das schon hin, es gibt genug Ivy-League-Unis. Ich komme erst mal nach London, und dann halten wir Kriegsrat.«

James war nicht der Einzige im Haus, der wach war. Er hörte die Dielen über seinem Kopf knarzen, als eines der Kinder ins Bad ging.

»Ich muss auflegen.«

»Viel Glück. Und ich weiß nicht, ob ich das Hähnchen von gestern noch essen würde, wenn ich du wäre«, sagte Pamela, und James war verwirrt, bis er sich daran erinnerte, dass er ja offiziell im Krankenhaus war. »Das ist schon am ersten Tag schlimm genug. Denk doch vielleicht mal über ein paar Wochen veganer Ernährung nach. Oder zumindest einen fleischfreien Freitag. Du wirst dich besser fühlen, das verspreche ich dir. Ich schicke dir eine E-Mail, wenn ich den Flug gebucht habe. Küsschen! Ciao, ciao!«

48

Zwischen Julia und James herrschte ein brüchiger Waffenstillstand. Julia fürchtete sich vor der zusätzlichen Stunde ohne Gwen ebenso sehr, wie sie sich danach sehnte, daher hatte sie vorgeschlagen, mit dem Auto zu fahren, aber James bestand darauf, zu Fuß zu gehen. Also spazierten sie in der Spätsommerdämmerung durch Hampstead Heath, das Schweigen zwischen ihnen vielleicht die Nachwehen des Streits, vielleicht neue Gehemmtheit. Sie wollten auf Räucherlachs, warmes Sodabrot und Gin Tonic ins Bull & Last – endlich etwas Freiraum, frischer Wind und vor allem eine Atempause von zu Hause, wo die Anspannung greifbar war. Julia hatte sich auf Protest gefasst gemacht und nicht damit gerechnet, dass Gwen mit tonloser Stimme »Okay, Mami« flüstern und so voller Elend zurück aufs Sofa sinken würde, dass sie fast doch geblieben wäre. Aber dann hatte sie James' ernsten, müden Blick gesehen und sich auf die Zunge gebissen.

»Ich weiß, ich weiß, wir müssen über die Kinder reden«, hatte sie gesagt, als der Tisch reserviert war. Gekränkt hatte er erwidert: »Wir müssen endlich mal *nicht* über die Kinder reden.« Das stimmte, aber das brachte ihr schlechtes Gewissen auch nicht zum Schweigen, als sie die Tür hinter sich zuzogen.

Es würde guttun, aus dem Haus zu kommen, Gwens verquollenes, bettelndes, unversöhnliches Gesicht nicht mehr sehen zu müssen. Die Stille würde im Gegensatz zu ihrem Gejammer wie Musik in Julias Ohren klingen. Endlich wieder mit James allein sein – Julia wollte unbedingt zu Hause bleiben, und sie wollte unbedingt weg.

Sie durfte nicht vergessen, dass Gwen sich diese Beziehung mit Nathan ausgesucht hatte. Aber wer suchte sich so etwas aus? Ein verletztes, wütendes kleines Mädchen konnte nicht wissen, wofür es kämpfte, und die, die es wussten, hätten härter durchgreifen müssen, um es davon abzubringen. Doch Gwen hatte aufgestampft und verlangt, als Erwachsene behandelt zu werden. Und so ging es immer weiter, auf dem selben alten ausgetretenen Pfad unbewältigter Schuldgefühle.

Sie saßen gerade, als Julia eine Vorspeise ablehnte und damit beinahe einen neuen Streit ausgelöst hätte. Sie könnten das Essen ja auch gleich zum Mitnehmen bestellen und mit dem Taxi nach Hause fahren, sagte James gereizt. Am besten brächen sie sofort auf, es sei ein wunderbarer Abend gewesen, und ihr jährliches Spaßpensum sei damit ohnehin ausgeschöpft. Er funkelte sie an und hatte schon wieder recht. Julia fiel auf, dass er sich rasiert und eins seiner guten weißen Hemden angezogen hatte, die er in die Reinigung bringen musste. Am Nachmittag war er mit einem Strauß lilaweißer Lisianthus nach Hause gekommen, der jetzt in einer Vase auf dem Klavier stand. Eilig erklärte sie, sie habe einfach keinen großen Hunger, aber sie müssten sich natürlich nicht beeilen, sie nehme dann eben einen kleinen Salat. Sie konnte förmlich beobachten, wie er beschloss, ihr zu glauben und dem Streit aus dem Weg zu gehen. »Und vielleicht noch ein paar Oliven«, fügte sie hinzu, als die Kellnerin ihren Notizblock schon fast wieder in der Schürze verstaut hatte. Als die Drinks kamen, erhob Julia ihr Glas, sagte: »Auf uns«, und sah Erleichterung in James' Gesicht. Sie roch sein Aftershave, Zitrus und Holznoten. Langsam entspannte sie sich, schob die Kerze zur Seite und nahm seine Hand.

»Darauf, dass wir zuerst da waren«, sagte James und stieß noch einmal mit ihr an. Unter dem Tisch drückte er ihre Knie mit seinen leicht zusammen. »Wir dürfen nicht vergessen, wie das alles überhaupt zustande gekommen ist. Wir lieben uns. Alles Weitere wird sich finden.«

Julia lächelte erleichtert, und als das Essen kam, merkte sie plötzlich, was für einen Appetit sie hatte. Zum ersten Mal seit Monaten konnte sie eine Mahlzeit wieder richtig genießen.

Sie wusste nicht, was sie sagen sollte, außer immer wieder zu beteuern, wie erleichtert und dankbar sie war, aus dem Haus zu sein. Wenn sie zu sprechen ansetzen wollte, lag ihr jedes Mal auf der Zunge zu sagen: »Gott sei Dank sind wir nicht zu Hause.« Doch ihre Kinder hatten einander Schaden zugefügt, was Julia und James automatisch in gegnerische Lager versetzte. Er war ihr bester Freund, doch manche Geheimnisse konnte sie jetzt nicht mehr mit ihm teilen. Wie gern hätte sie gesagt: *Ich ertrage Gwens passives Elend nicht mehr, es erstickt mich. Ich bin ihr Leben lang krank vor Sorge gewesen, und jetzt bin ich müde.*

Eine Weile lang aßen sie schweigend, bis James Messer und Gabel fallen ließ, den Kopf in den Nacken warf und sagte: »Gott, es tut so gut, mit dir allein zu sein, ich ertrage die verfluchten Kinder nicht mehr! Das sollten wir öfter machen, ehrlich. Lass uns Mailand verlängern, lass uns eine Woche draus machen. Ich brauche dich. Ich vermisse dich. Ich weiß, die Kinder haben uns auch gebraucht, aber es hört einfach nicht auf – sie sind wie Vampire.«

Julia traten die Tränen in die Augen. »Ich vermisse dich auch, und ich kann nicht mehr. Du hast recht, ich fühle mich richtig blutleer.« So würden sie wieder zueinanderfinden. Nicht mit »mein Kind – dein Kind«, sondern mit einem unverfänglichen Plural. *Die Kinder.* Sie ging das Risiko ein und stellte eine Frage, vor deren Antwort sie sich fürchtete. »Hast du auch manchmal das Gefühl, wir würden dafür bestraft, dass wir als Menschen und nicht nur als Eltern gehandelt haben? Ich habe mir immer gesagt, es würde auch Gwen guttun, einen Mann im Haus zu haben, eine Vaterfigur, eine Familie und … Aber vielleicht habe ich mir das nur eingeredet, weil ich es selbst so sehr wollte. Weil ich *dich* so sehr wollte. Mit dir war auf einmal alles anders als vorher, und ich war berauscht davon. Ich habe wie ein Mensch gehandelt und nicht mehr wie eine Mutter. Ich habe mir erlaubt, an mich selbst zu denken.«

»Du solltest *immer* an dich selbst denken«, erwiderte

James entschieden. »Mein Gott, Julia, du *bist* nun mal ein Mensch.«

»Wir hätten warten können. Vielleicht lag es daran, dass wir es so überstürzt haben. Wir hätten zusammenziehen können, sobald die Kinder aus dem Haus und wir unter uns gewesen wären … Warum haben wir nicht gewartet?«

James schüttelte schon den Kopf, bevor sie zu Ende gesprochen hatte. »Das Leben ist so verdammt kurz, Julia. Ich wollte dich nicht *daten*, ich wollte mir ein Leben mit dir aufbauen. *Dieses* Leben, das Leben, das wir jetzt zusammen führen.« Er nahm ihre Hand. »Mit dir bin ich der Mensch, der ich schon immer sein sollte – du bringst mir bei, wie das geht. Deine Ehrlichkeit, deine Liebenswürdigkeit, deine Großzügigkeit – ich habe noch nie jemanden gekannt, der so liebt wie du, du gibst dich uneingeschränkt hin, ganz leise und ohne Hintergedanken. Das macht mich demütig. Als ich Philip kennengelernt habe, hat er mir eine Geschichte über dich erzählt – noch bevor es um die Klavierstunden ging. Er sagte, du würdest ihm seit über zehn Jahren Essen bringen und hättest noch nie zugegeben, extra für ihn gekocht zu haben. Immer hättest du aus Versehen zu viel gemacht, und er würde dir sozusagen einen Gefallen damit tun, dir das Essen abzunehmen. ›Meine Schwiegertochter ist wirklich schlecht im Mengenabschätzen‹, hat er gesagt, und das mit einer Zuneigung in der Stimme! Ich weiß noch, wie ich dachte: Das ist mal eine Frau mit Stil. Und ich hatte recht. Ich habe dich gefunden, und du bist in jeder Hinsicht schöner, als ich es mir je hätte erträumen können, und plötzlich merke ich, dass ich in ein paar Jahren sechzig werde, dabei war ich doch letzte Woche erst zweiundzwanzig. Ich habe keine Lust mehr zu warten. Ja, ich hätte ausziehen können, als wir die Kinder erwischt haben, wir hätten sagen können: ›Okay, wir haben es versucht, wir gehen wieder zurück in unsere alte Wohnung, um die Kinder auseinanderzuhalten, und ich komme jeden Dienstag und Freitag zum Essen oder wie auch immer, und wenn sie aus dem Haus sind, ziehe ich wieder ein.‹ Aber wir haben uns für eine gemeinsame Familie entschieden. Wir leben zusammen, und wir arbeiten als Familie an unseren Problemen. Wenn wir gewartet hätten, würden wir das jetzt noch tun.« James schloss kurz die Augen. »Weißt du was? Mir reicht es jetzt. Wir haben das Richtige für uns getan, und wir können es sowieso nicht mehr rückgängig machen. Tut mir leid, Schatz, können wir jetzt aufhören, darüber zu reden? Ich habe keine Lust mehr, auch nur eine Sekunde länger an die Kinder zu denken. Können wir nicht einfach …«, er schielte auf die Dessertkarte, »dieses Rocher-Eis bestellen und uns *darauf* konzentrieren? Ich nehme einen Sauternes dazu.«

Am Anfang, erinnerte sich Julia, war familiäre Harmonie ihr Ziel gewesen, sie hatten es kaum erwarten können, bis diese hergestellt war – aus dem Anfangschaos würde sich irgendwann eine widerwillige, gemeinsame Normalität entwickeln. Liebe verlockte immer zum magischen Denken, aber wie hatten sie an ein solches Märchen glauben können?

Sie küsste seine raue Hand, die ihre noch immer festhielt. Um ihn zu beschwichtigen und ihm zu zeigen, dass sie den Abend genoss, bestellte sie ein Rhabarber-Crumble, auf das sie keine Lust hatte, und konnte anschließend tatsächlich zusehen, wie seine Stirn sich glättete. Sie entschuldigte sich. Auf der Toilette schaute sie aufs Handy. Sie hatte eine Nachricht von Gwen, die ebenso schlicht wie vernichtend war: »Ich hoffe, du hast Spaß. Ich hab dich lieb, Mami.« Julia wollte sich nicht manipulieren lassen, doch die Nachricht entfaltete trotz allem ihre Wirkung. Sie steckte das Handy wieder in die Tasche und kehrte steif zu James zurück. Als er fragte, ob sie noch nachsehen wolle, was im Everyman Cinema lief, schüttelte sie den Kopf und sagte, es tue ihr leid, aber dafür sei sie wirklich zu müde. Die Woche sei lang gewesen. »Es war sehr schön«, sagte sie und strich ihm über die rasierte Wange. »Ehrlich.« Sie tat, als bemerke sie seinen enttäuschten Blick nicht, und als er um die Rechnung bat, legte sie keinen Einspruch ein.

Es war nicht ihr romantischstes Abendessen gewesen, aber sie hatten wenigstens nicht gestritten, und das war momentan das Beste, was sie sich erhoffen konnten. James und Julia spazierten Hand in Hand und in weniger angespanntem Schweigen als zuvor nach Hause.

Die Läden am Queen's Crescent waren abends geöffnet und gaben den herumziehenden Jugendlichen ein Ziel. Im Hähnchengrill bekam man bis in die frühen Morgenstunden Pommes frites und Würstchen im Teigmantel, aus dem Radio hinter der Theke beim Halal-Metzger ertönte bis Mitternacht der Gesang des Muezzins, und nebenan beim Gemüsehändler wurde mit gleicher Andacht einem Kricketspiel gelauscht. Die schmale Ladentür war von gestuften Pressspanauslagen flankiert, auf denen Taros, Okraschoten, Jamswurzeln und Jackfrüchte auslagen, daneben Plastikwannen mit weniger exotischer Ware wie roter Paprika, Granny-Smith-Äpfeln und blassen Tomaten, abgerundet wurde das Angebot durch Alkohol und Zigaretten. Hier trafen sich die einheimischen Jugendlichen, und um ungestört Zärtlichkeiten austauschen zu können, zogen sie sich in die dunkleren Seitenstraßen zurück.

Als sie von der Malden Road abbogen, blieb James unvermittelt stehen. Er fasste Julia am Ellbogen, zog sie zu sich heran und sagte: »Wir haben keine Eile.« Er flüsterte ihr ins Haar: »Zu Hause läuft uns nicht weg.«

Sie schmiegte sich an ihn. Reglos standen sie da, und Julia spürte seine Wärme. Ihr Blut beruhigte sich, ihr Atem wurde langsamer und tiefer. Das war es, worauf es ankam. Dafür war der Abend da gewesen, für diese kurze Verschmelzung, jetzt war der Energiefluss zwischen ihnen wiederhergestellt. Der Körper wurde erinnert. Er und sie.

Über ihre Schulter hinweg sah James, wie sich im Dunkel auf der anderen Straßenseite etwas bewegte. An der Ecke zum Markt standen zwei ineinander verschlungene Jugendliche. Ein Junge mit Kapuzenpulli, dessen Hände unter der Jeansjacke des zierlichen, schwarzhaarigen Mädchens verschwunden waren, das er küsste.

Jetzt verschränkte er die Hände unter ihrem Po, hob sie hoch, sie schlang die Beine um seine Hüfte, und er machte ein paar Schritte vorwärts, um sie gegen eine Hauswand zu drücken. In der Dunkelheit wurden sie fast unsichtbar. Kleine weiße Hände fuhren über seine gerundeten Schultern. James erkannte den Pulli des Jungen und wandte ruckartig den Blick ab, wodurch er Julia beinahe umgestoßen hätte. Hastig nahm er ihre Hand.

»Komm«, sagte er schnell, »wir gehen nach Hause.« Sein Blick hatte sich verfinstert, und als er sich in Bewegung setzte, schaute Julia in die Richtung, in die er bis eben gesehen hatte. Sie erkannte, was er vor ihr hatte verbergen wollen – Nathan, der sich in pornoinspirierter Pose an eine nicht minder lüsterne Rowan drängte. Ehe James reagieren konnte, machte Julia reflexartig einen Schritt nach vorn, auf die Straße. Ein Auto musste ausweichen, und der Fahrer hielt wütend die Hupe gedrückt.

Nathan wandte den Kopf und wurde bleich. Er flüsterte Rowan etwas zu, die das Gesicht an seinem Hals vergrub und den Kopf schüttelte. Fast sah es aus, als würde sie lachen. Julia stolperte zurück auf den Gehweg und fing an zu rennen. An ihrem Tor holte James sie ein und legte ihr die Hand auf den Arm. Sie drehte sich nicht um und schüttelte ihn wütend ab, doch als sie an der Haustür angekommen war, zögerte sie und trat einen Schritt zurück. Sie stemmte die Hände in die Hüften und versuchte, wieder zu Atem zu kommen.

»Julia.«

Sie blickte an ihm vorbei, die Straße hinunter. »Ich kann da nicht reingehen. Ich weiß nicht, was ich zu ihr sagen soll.« Ihre Stimme war belegt und ausdruckslos. »Du musst … mit deinem Sohn reden. Er muss jetzt natürlich ausziehen. Er muss weg.«

49

Ihr kleines Mädchen hatte sich zusammengerollt, den Daumen schlaff im Mund, der Zeigefinger lag auf dem Nasenrücken. Im Schlaf hatte sie die Stirn in Falten gelegt und die andere Hand auf dem Kissen zur Faust geballt. Die Luft im Zimmer war warm und stickig, die Fenster gegen die kühle, klare Sommernacht geschlossen. Gwen hatte ihre Decke weggestrampelt und die langen, sommersprossigen Beine schützend an die Brust gezogen, das unbezähmbare rote Haar breitete sich um ihren Kopf herum aus. Wie Boudicca, dachte Julia und strich Gwen die Locken aus der heißen Stirn. Eine junge, träumende Kriegerin. Der Anblick der schlafenden Gwen versetzte Julia zurück in die Vergangenheit. Schon kurz nach der Geburt hatte sie sich vor dem Moment gefürchtet, in dem Gwen sie verlassen würde. Vor ihrem inneren Auge sah sie Gwen krabbeln, laufen, ihre Hand am ersten Kindergartentag loslassen und eines Tages ihre Koffer packen. Sie hatte die sechs Wochen alte Gwen im Arm gehalten und mit hängendem Kopf geweint, und als Daniel ihr das Baby abnehmen wollte, um zu helfen, hatte sie Gwen verbissen umklammert und nur schluchzen können: »Sie ist so perfekt«, was so viel heißen sollte wie: *Bitte, lieber Gott, bitte, bitte lass das niemals enden.* Auch dieser Moment würde viel zu schnell vergehen, und schon war ihre Tochter achtzehn oder zwanzig oder fünfundzwanzig und brauchte sie nicht mehr.

Auf dem Nachttisch stand ein neues Modell für den Blog, das nun vom Mondschein beleuchtet wurde. Der Rahmen der Szene war ein Schuhkarton mit Deckel, es gab zwei Ebenen. Oben auf dem Deckel hatten sich alle versammelt. Es sollte eine Party oder Parade darstellen, den Hintergrund bildete eine Pappwand mit Luftballons, Glitter und Feuerwerk. Iris, mit Sonnenbrille auf der Nase, hatte ein riesiges Croissant in der Hand. Philip und Joan standen Arm in Arm, vor ihnen tollten vier schwarz-weiße, flauschige Hunde an pinken Baumwollleinen. Saskia hatte ein Einkaufsnetz voller Bücher über der Schulter und einen Ringbuchblock in der Hand und tanzte zu Musik, die sie über winzige Kopfhörer hörte. Nathan, der vor ihr stand, trug einen weißen Kittel, grinste breit und hörte mit einem Stethoskop die aufgepumpte Brust einer Bikinischönheit ab – anders als die Familie war sie aus Pappe und nur zweidimensional. Etwas abseits standen James und Julia und sahen einander tief in die Augen.

Das Innere des Schuhkartons war weiß und schien auf den ersten Blick leer. Julia bückte sich, um besser sehen zu können. Gwen hatte für diese Szene ein neues Gwen-Püppchen entworfen, nur ein Zehntel so groß wie die anderen und grob modelliert. Es hielt sich die Hände vors Gesicht. In dem großen leeren Raum wirkte es einsam. Vor seinen Füßen lagen ein Papierschnipsel und ein winziger Bleistift. Auf dem Schnipsel stand in Puppenhandschrift: »Tut mir leid.« Die Partymeute bekam davon nichts mit. Julia berührte das winzige Püppchen – die Knetmasse war noch feucht. In ihr zerbrach etwas, kaum wahrnehmbar, es knackte wie ein trockener Zweig unter ihrem Schuh.

Ein Kissen war aus dem Bett gefallen, und Julia setzte sich mit dem Rücken ans Bett gelehnt auf den Boden, schnappte sich das Kissen und klemmte es unter ihre verschränkten Arme.

Als sie die Augen öffnete, wurde es draußen schon hell. Die Vögel fingen an zu zwitschern. Sie hörte den Dieselmotor des 24ers auf der Malden Road und das Quietschen und Zuschlagen eines Nachbartors. Philip war anderswo in London bestimmt schon aufgestanden, vorsichtig, damit er Joan nicht weckte, und nach unten geschlichen, um die Zeitung hereinzuholen und Tee aufzusetzen. Jeden Morgen brachte er ihr eine wackelige Tasse Tee ans Bett, das machte ihn glücklich. Iris war ihnen an ihrem piniengrünen französischen Berghang eine Stunde voraus. Auf sie wartete wohl ein weiterer Tag mit goldenem Sonnenschein und vollkommener Stille, die nur von Fröschen und Grillen und dem Ticken des Rasensprengers vor ihrem Fenster durchbrochen wurde. Sie würde sich einen Kaffee auf dem Herd kochen, Milch heiß machen und Tasse, Untertasse, einen Teelöffel und ein angewärmtes Kännchen auf einem Tablett mit nach draußen nehmen. Später würde sie sich auf den Dorfplatz setzen und das Stück lesen, das sie sich ansehen wollte, wenn sie wieder in London war. Kerzengerade und würdevoll, so würde sie dasitzen in ihrem weißen Leinen und ihrer Einsamkeit.

Und unten war James. Julia konnte ihn in der Küche hantieren hören, obwohl es noch so früh war. Sie fragte sich, ob er überhaupt geschlafen hatte. Er war genauso wütend wie sie gewesen, als sie nach Hause gekommen waren – sie hatte in sein Gesicht geschaut und ihn kaum wiedererkannt. Er war wütend auf Nathan, noch wütender auf Gwen und absolut rasend, weil Julia dieses Zeugnis der Unreife seines Sohnes mitangesehen hatte. Sie hatte ihn bei einem Fehltritt erwischt, und sie wusste aus Erfahrung, wie schwer es war, dem anderen zu verzeihen, dass er die Verfehlungen des eigenen Kindes bezeugt hatte.

Doch Stunden waren vergangen, und inzwischen hatte er sich bestimmt beruhigt. Wahrscheinlich hatte er sich ein Glas Wein eingeschenkt und das mit sich selbst ausgemacht. Julia war kurz davor gewesen, seinen Sohn aus dem Haus zu verbannen. Er musste diese Worte, die eigentlich undenkbar gewesen waren, verdrängen, um überhaupt weitermachen zu können. Für seinen Sohn würde seine Tür immer offen stehen – anders ging es nicht.

Ihre Liebe hatte ausdauernd und unveränderlich, groß und stark wie ein Mammutbaum gewirkt, und am Ende wurde er so spielend gefällt. Egal, wie dick der Stamm war, jeder noch so leichte Axthieb vertiefte die Kerbe, und der Baum kam zu Fall. Sie würde nicht zusehen, wie er langsam verfaulte. Im Halbdunkel von

Queen's Crescent hatte sie in James' Gesicht gesehen und verstanden, was sie sich vorher nie hatte eingestehen können: Er hasste Gwen. Schmerzhaft wurde ihr klar, dass er Gwen genauso hasste, wie sie Nathan hasste. Er hatte so hochgegriffene, unrealistische Ziele für seinen Sohn gehabt und mitansehen müssen, wie sie an Gwens Dummheit zerschellt waren. James hasste ihre Tochter. Dieser Gedanke fiel in ihr Bewusstsein wie ein Stein in klares Wasser, der schwarz und schwer auf den Grund sank. Sie hatte seinen Hass gesehen und konnte es nicht rückgängig machen. Inzwischen würde er ihn bestimmt überspielen und unter den richtigen Worten verstecken können, um wieder den Verständnisvollen zu mimen. Doch sie würde ihre Tochter ausschließlich mit Liebe großziehen, und dafür, das verstand sie jetzt, musste sie ihre Tochter allein großziehen.

Sie würde nicht mehr lange gebraucht werden. Drei Jahre, vielleicht vier, in denen Gwen ihre zehrende, unelegante Verwandlung zur Frau machen und mit großen Schritten, auf Zehenspitzen oder humpelnd in die Welt zurückfinden würde. Irgendwann würde sie auf eigenen Beinen stehen, und Julia wäre dann – wo? Darüber konnte sie jetzt nicht nachdenken. Dieser Kummer war unvermeidlich, und er konnte und durfte ihren Kurs jetzt nicht mehr verändern. Julia atmete tief durch und stand auf. Sie ging nach unten, um sich ihr eigenes Herz zu brechen. War nicht genau das wahre Mutterliebe? Gwen konnte das noch nicht wissen, doch auch sie würde es eines Tages lernen.

TEIL IV

50

»Ich wollte dir nur viel Spaß wünschen, meine Liebe.«

Es war Iris. Julia stand im Foyer des Everyman Cinema, hatte das Handy zwischen Schulter und Ohr geklemmt und suchte in den Untiefen ihrer Handtasche nach der Eintrittskarte. Wie immer hatte ihre Schwiegermutter sie in einem chaotischen Moment erwischt. Julia trat zur Seite, um die besser organisierten Kinogänger durchzulassen. Sie fand Kulis, Kassenbons, lose Pfefferminzdrops, Autoschlüssel, einen frischen, in gestreiftes Butterbrotpapier eingewickelten Karamellblock, ein kleines Töpfchen Streichrahm und eins mit Erdbeermarmelade. Und unter diesem seltsamen Arrangement hatte sich das Ticket versteckt. Julia kam von einem frühen Abendessen mit den frisch vermählten Aldens, die gerade von einem Wochenende in Cornwall zurückgekehrt waren. Es lag in Joans Natur, dass ihre Mitbringsel aus jenen Sachen bestanden, die sie selbst im Urlaub kaum hatte genießen können – so hatte Julia eine Tüte mit Scones überreicht bekommen, in der sich auch Mosaikuntersetzer aus grünem und blauem Meerglas und ein Geschirrtuch mit aufgedrucktem Rezept für Cornish Pastys mit Zwiebel-Käse-Füllung befanden.

»Sie sind seit heute Morgen schon ganz hart geworden«, hatte Joan enttäuscht gesagt und gezögert, während sie die Geschenke verteilte, als würde sie im letzten Moment noch darüber nachdenken, das unzulängliche Gebäck zurückzunehmen. »Du musst versprechen, sie kurz in den Ofen zu schieben, bevor ihr sie esst.« Bei Fish and Chips (»Damit wir so tun können, als wären wir noch am Meer«) erzählte Joan von ihren Abenteuern in Tintagel, wo der Erwerb dieser Souvenirs, neben unzähligen weiteren für ihre Söhne, Schwiegertöchter und Enkel, ihr bevorzugter Zeitvertreib gewesen zu sein schien. Philip und sie schwärmten vom Wetter und der Küste. Der einzige Wermutstropfen für Joan war, dass sie die Hunde hatten zu Hause lassen müssen, die vom Strand begeistert gewesen wären. Als kleine Wiedergutmachung war Daisy beim Essen dabei und stupste Philips Beine zum Dank für jeden Happen, den er für sie unter den Tisch fallen ließ, sanft mit der Nase an. Philip hatte sogar etwas Farbe bekommen, stellte Julia fest.

»Danke. Ich bin schon wieder spät dran, ich weiß gar nicht, wie ich das immer schaffe.« Julia klemmte sich das Handy unter das andere Ohr und hielt dem Platzanweiser ihr Ticket hin.

»Na dann, Beeilung«, kommandierte Iris. »Ich muss sagen, ich bin ein wenig neidisch. Hier draußen kommt man ja, was Theater und Oper angeht, wirklich nicht auf seine Kosten. Rossinis Desdemona ist viel lebendiger als Verdis, findest du nicht? Die Wiederaufführung in Mailand letzten Sommer soll großartig gewesen sein, aber die Met ist natürlich die Met. Diese Live-Übertragungen sind so clever. Ich wünschte nur, die Leute würden nicht die ganze Zeit mit ihrem Popcorn rascheln, es ist schließlich immer noch eine Oper, auch wenn sie im Kino gezeigt wird. Ach, wenn du mit Gwendolen sprichst, sag ihr, dass sie einen pinken Strohhut in ihrem Zimmer vergessen hat, ich habe ihn leider erst entdeckt, als ich Katy und sie schon zum Bahnhof gebracht hatte.«

»Ich schreibe ihr eine SMS, sie hat mir verboten anzurufen.«

»Richtig so. Ist ja auch nicht so wichtig, in Italien kann sie sicher einen genauso hässlichen Hut kaufen. Der fühlt sich an wie aus Plastik – auf jeden Fall wirkt er sehr gut brennbar. Den beiden geht es übrigens bestens, obwohl Gwens Haare grässlich aussehen Hast du das mitbekommen?«

»Sie hat mir letzte Woche ein Foto geschickt, aber ich dachte, es sieht vielleicht nur auf dem Foto so schlimm aus.«

»In Wirklichkeit ist es noch schlimmer. Orangeblond und fleckig. Aber vielleicht schreckt das wenigstens die italienischen Verehrer ab. Viel Spaß, meine Liebe. Bei so vielen tollen Tenören kann es gar nicht schlecht werden.«

Julia schaltete ihr Handy aus und betrat den Saal. Ihr Platz war ein breites Ledersofa in der letzten Reihe, auf dem sie es sich mit angezogenen Beinen bequem machte. Sie hatte sich noch einen Pinot Noir bestellt – und was wollte man mehr, wenn man Wein und Rossini hatte? Eine nette Begleitung vielleicht, aber der Platz neben ihr war leer. Anne hatte im letzten Moment abgesagt, und Gwen ließ sich nicht mal in die Oper schleppen, wenn sie in London war. Es wurde langsam Zeit, sich daran zu gewöhnen, Dinge allein zu machen.

Sie entdeckte ihn, kurz bevor das Licht ausging. Er teilte sich weiter vorne ein weinrotes Samtsofa und eine Tüte Popcorn mit Claire, die ihr kurzes Haar offensichtlich hatte wachsen lassen. Sie lachte, als sie in die Tüte griff. Der Blick auf ihre andere Hand war versperrt, aber es sah aus, als würde sie auf James' Knie liegen.

Ein Jahr war vergangen. Es war ja nur zu erwarten gewesen, sagte Julia sich. Und doch sammelte sie ihren Blazer und Joans Geschenke vom Boden auf. Sie hörte, wie Münzen und andere Kleinteile aus ihrer Tasche fielen, als sie sich vorbeugte. Claire war jung, trug Lederleggings und war bedingungslos aufmerksam, teilnahmsvoll und hilfsbereit gewesen, als sie sie letztes Jahr an einem sehr düsteren Frühlingsmorgen gebraucht hatten. Julia würde nach Hause gehen. Sie würde Rossini nicht hören, ihr wurde jetzt klar, dass das ohnehin ein Fehler gewesen wäre. Im Schutz der Dunkelheit verließ sie den Saal, stieß dabei ihr Weinglas um, das sich auf den nun leeren Sitz ergoss, und flüsterte dem Platzanweiser im Vorbeigehen eine hektische Entschuldigung entgegen. Sie würde nicht allein im Kino sitzen und die beiden die ganze Vorführung über von hinten beobachten.

James bekam sie in der Lobby am Handgelenk zu fassen.

»Julia.«

»Hallo.«

»Du gehst.« Es hörte sich an wie ein Vorwurf, und sie wurde rot.

»Ich dachte, du hättest mich nicht gesehen.«

»Habe ich auch nicht, Claire hat dich entdeckt.«

»Wie geht es Claire denn?«

»Was? Äh, gut. Ihr gehts gut, sie arbeitet jetzt am Homerton. Und wie ist es bei dir?«

Julia versicherte ihm, es sei alles bestens, ohne weiter darauf einzugehen. Sie sagte nicht: *Ich habe vor, jemand anders zu werden.* Nachdem sie es monatelang vor sich hergeschoben hatte, war der Friseurtermin für den nächsten Tag angesetzt – ihre Haare sollten deutlich kürzer werden und endlich richtig blond, wie es sich Iris und der Friseur schon immer gewünscht hatten. Morgen würde sie ein anderer Mensch sein. Stilvoller, definierter, bestimmter. Heute ähnelte sie äußerlich dummerweise noch dem Menschen, der sie immer gewesen war. Aber das konnte sie ihm jetzt wohl kaum alles erklären. Stattdessen sagte sie: »Eigentlich sollte Anne … Sie musste am Ende doch arbeiten, also bin ich allein gekommen. Wie gehts dir denn? Und Nathan?«

»Ihm gehts gut. Sehr gut. Er ist total begeistert von der Uni. Mit Rudern und allem. Ich treffe mich nächste Woche mit ihm, ich mache einen Zwischenstopp auf dem Weg nach Kalifornien.« Er schien kurz zu zögern und sprach dann weiter. »Ich habe einen Job an der University of California in San Francisco angeboten bekommen, da werde ich mich mit ein paar Leuten unterhalten, mir Wohnungen ansehen, alles mal auf mich wirken lassen ... Wieder eine Forschungsstelle. Da drüben ist es wärmer, und chinesisches Essen schmeckt auch viel besser, das sollte man wirklich bedenken.« Er hatte sehr schnell gesprochen und merkte das jetzt selbst. Leise fügte er hinzu: »Vielleicht ist es einfach Zeit für etwas Neues.«

Julia zog ihre Jacke enger um sich. Aus dem Saal hörte sie das Orchester die Instrumente stimmen, laut und unharmonisch – ein schwüler Nachmittag im New Yorker Lincoln Center, der live in diesen milden Londoner Sommerabend gebeamt wurde. Die Ouvertüre würde jeden Augenblick beginnen, und sie würde die Fassung nicht länger wahren können.

»Schöne Grüße an Claire und ... ich freue mich für euch.«

Er runzelte die Stirn. »Danke.«

Sie ging weiter, doch nach ein paar Schritten rief er ihr hinterher: »Ich ... Wir sind nur Freunde!«

Sie drehte sich um und sah, wie sich sein Gesichtsausdruck von Verlegenheit zu Zögern oder vielleicht Trotz wandelte. »Ich war einsam.«

Leiser wiederholte sie: »Ich freue mich für euch.«

»Hör auf, das zu sagen«, verlangte er. Julia fing an, nach ihren Schlüsseln zu suchen, doch James trat ihr in den Weg. »Wo willst du denn hin?«

»Nach Hause.«

»Wie gehts Gwen?«

»Solltest du nicht langsam wieder reingehen?«

Er winkte ab. »Wo wird sie studieren?«

»Am Ende hat sie sich für Leeds entschieden. Im Moment macht sie InterRail mit Katy. Als ich das letzte Mal von ihnen gehört habe, waren sie irgendwo zwischen Bargemon und Dubrovnik.«

»Ganz schön ruhig ohne Kind, oder?«

»Ja. Und weniger Wäsche.«

»Und weniger Wäsche«, pflichtete er ihr bei und hielt ihrem Blick stand, sodass sie es schließlich war, die wegsah. In der Spiegelwand, vor der sie standen und die das Foyer verdoppelte, sah Julia eine zierliche, blasse Frau und einen großen Mann mit neuen Silberfäden im hellen Haar, Daumen in den Hosentaschen, die Schultern angespannt hochgezogen. Sie wandte sich ab, um diese beiden unbeholfenen Fremden nicht mehr sehen zu müssen.

James sprach nicht weiter, machte aber auch keine Anstalten, zurück in den dunklen Kinosaal zu gehen, aus dem nun deutlich hörbar die galoppierenden Anfangstakte der Ouvertüre drangen und rasch in wehmütige Klänge voll Hoffnung und Sehnsucht übergingen. Dann die Vorboten des Blutvergießens zwischen Takten voller Pomp und Schnörkel. Bezwungene wahre Liebe. Unnötiger, sinnloser Tod. James blickte zu den geschlossenen Saaltüren, und Julia wagte es, ihn genauer zu betrachten, sein Profil nach Anzeichen abzusuchen – nur Anzeichen wofür? Er hatte sich nicht verändert. Das war das Gesicht, nach dem sie immer noch in jeder Menschenmenge Ausschau hielt.

Sie sagte: »Ich glaube, ich kann Jago hören.«

»Na und? Ich habe doch schon einmal deinetwegen das ganze Stück verpasst, in Mailand.« Als er merkte, wie betroffen sie ihn ansah, beeilte er sich zu sagen: »Tut mir leid, das war nicht lustig. Ich bin nervös.«

»Dich macht gar nichts nervös.«

»Das stimmt nicht. Illegales Feuerwerk macht mich nervös. Und Tauben. Und du.«

Sie lächelte. Im Saal ging Otello von Bord und wurde vom Dogen dankbar als Sohn Venedigs willkommen geheißen. Die Liebe, hoffte Otello, würde seine Kriegserfolge krönen. Sein Publikum in Belsize Park wusste es besser.

»Es klingt so optimistisch, schwer zu glauben, dass das eine Tragödie ist. Der arme Otello.«

»Die arme Desdemona«, entgegnete James.

»Beide Opfer des eigenen fehlerhaften Charakters.«

»Meinst du? Nicht eher der Umstände?«

»Das eine führt zum anderen.«

»Ich finde, du gehst ganz schön hart mit den beiden ins Gericht«, sagte James sanft.

Unvermittelt ging das Paar im Spiegel aufeinander zu. Sie schloss die Augen und spürte seine Arme, eine warme Hand im Nacken, seine Stirn auf ihrer. Ihre Lunge füllte sich mit seinem Duft: Holz, Zitrus, Haut. Er griff ihr ins Haar, ballte eine Faust. Und plötzlich machte er sich wieder los und ging. So lange sie konnte, hielt sie den Atem an. Sie blieb stehen, bis sich die Saaltür hinter ihm geschlossen hatte.

Draußen dämmerte es, die Geräusche der Stadt wurden von der hereinbrechenden Dunkelheit gedämpft. Julia wollte nach Hause, wo alles sauber und ordentlich war, die Gegenstände unberührt, seit sie sie das letzte

Mal selbst angefasst hatte. Wo die Luft still und drückend stand. Doch heute, ehe sie ihm den Brief schreiben würde, für den sie nun die Worte gefunden hatte, konnte sie hoffen. Ein Auto bremste ab, um sie queren zu lassen, sie nickte zum Dank, und auf der anderen Straßenseite angekommen merkte sie, dass sie lächelte. James. Vielleicht liebte er sie noch. Und selbst wenn nicht – sie würde ihn für den Rest ihres Lebens lieben. Ihr Brustkorb wurde weit und füllte sich. Heute würde sie die Terrassentür aufmachen. Sie würde sich in den Garten setzen, und sie würde doch noch Rossini hören.

FRANCESCA SEGAL BEI KEIN & ABER

Die Arglosen

»Ein kluger und in seinen Porträts und Milieuskizzen auch ausgesprochen komischer Gesellschaftsroman.«
NDR Kultur

Adam und Rachel stecken mitten in ihren Hochzeitsvorbereitungen. Doch mit der Rückkehr von Rachels unangepasster Cousine Ellie kommen Adam plötzlich Zweifel – Zweifel an einer Beziehung, die eingebettet ist in den Charme Nordwestlondons, in gesellige jüdische Feiertage und allgegenwärtige Mütter.

Roman, 432 Seiten
ISBN 978-3-0369-5914-6

auch als eBook erhältlich
ISBN 978-3-0369-9241-9